梁溪历史文化丛书

梁溪历史文化丛书五

政协无锡市梁溪区委员会 编

凤致

梁溪街巷掌故丛谈

顾颖 著

广陵书社

图书在版编目（ＣＩＰ）数据

风致 ： 梁溪街巷掌故丛谈 / 顾颖著. -- 扬州 ：广
陵书社，2023.12
　（梁溪历史文化丛书 ；5）
　ISBN 978-7-5554-2156-6

　Ⅰ．①风… Ⅱ．①顾… Ⅲ．①区（城市）－城市道路－
史料－无锡 Ⅳ．①K925.34

中国国家版本馆CIP数据核字(2023)第228165号

目 录

留
芳
声
巷

　　留芳声巷旧名集贤坊、杨家巷，宋代巷内有赵福王庄和尚书李琳宅第。光绪《锡金县志》作刘芳声巷，后逐步因谐音而演变为流芳声巷、留芳声巷。巷位于旧城东南部，东抵进士坊巷，西至新生路，长三百多米，西口与岸桥弄东口斜对，北面是东河头巷，南面为槐树巷，中有天官弄连接东河头巷。留芳声巷南侧是四箭河，后来成为一个小河浜，1948年左右浜底大致在天官弄东侧杨宅对面，1954年被填没。留芳声巷处闹中取静之地，门前有水道，堪称便利，所以留芳声巷也是锡城大族聚居地之一。

　　巷东首靠近进士坊巷，有陆氏太史第，是清末进士陆士奎的故居，陆士奎因曾被选翰林院庶吉士，故也被称为太史。陆士奎，字耀星，号涤如，生于同治五年（1866）二月廿四日，卒于1920年十二月廿一日，邑增生，光绪己丑举人，光绪甲午（1894）进士，翰林院庶吉士。历任安徽英山、桐城、

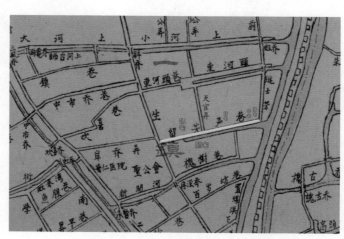

1948年无锡地图中的留芳声巷位置

凤阳、蒙城、怀宁、宣城、舒城知县。民国后任江西吏治研究所所长、广德县知事。陆士奎工书擅吟咏，著有《颐萱堂诗文集》。陆士奎共四子，均学业有成。长子陆鼎揆，字叙百，生于1897年，卒于1942年，东吴大学毕业后留美，获密歇根大学法学博士学位，是民国著名律师，曾在留芳声巷本宅设事务所。次子鼎煌，生于1899年，卒于1942年，交通大学毕业后入日本东京帝国大学，后因病居家。三子鼎传，字抱轩，生于1900年，东吴大学理学士，美国华盛顿大学硕士，创设孔雀化工社，是著名的化学家。四子鼎萱，字荣北，生于1906年，震旦大学毕业，法国巴黎政治大学商业经济系毕业，曾任中央合作金库主任稽核。第三代也人才济济，如陆兆敏，是化学工业部上海化工研究院新型材料研究室高级工程师。

陆士奎　　　　　　　　　　陆鼎揆

　　留芳声巷陆家，属无锡陆氏斗山支友桧公派二房河南分支，陆士奎高祖陆纯于清嘉庆十年（1805）从无锡北乡斗山东房桥迁至城内。太史第当时规模可观，门前三级花岗岩街沿石，进门有轿厅。20世纪50年代后，大宅改成杂院，门牌为留芳声巷2号。陆士奎长女乔新（字静兰，生于1890年，夫高昌祚）一家居住在此，陆乔新于1972年去世。

　　陆宅西邻是华氏通四三省公支对桥玉庵派迁锡城的一支族人，这是一个诗书世家。清末民初,留芳声巷华保祺、华申祺和华文祺三位同族兄弟是当时比较有名的文人,其中华申祺是举人出身,华文祺、华保祺均为邑庠生,在《锡金游庠续录》中两人住址为留芳声巷,华申祺和华文祺是亲兄弟,华保祺是他们的堂兄。华保祺,字子勤,生于咸丰三年(1853),光绪元年(1875)入庠。华文祺,字纯甫,生于光绪元年,卒于1947年,光绪二十一年入庠。从民国初年到抗日战争前长期在上海文明书局、中华书局任编辑,为中华书局第一套《辞海》编者之一,因佛学造诣深厚,主要编有关佛学方面的条目。华文祺嫡兄华申祺,字实甫,生于同治八年(1869),光绪甲午举人,留日学生。1909年主持创办无锡私立女子职业学校,曾任无锡县教育研究会第一任会长、劝学所总董、理科研究会主讲讲师等职,译日本《初等实验化学教科书》。他同时也是一位名医,担任过中医讲习所所长,曾成功医治患伤寒的好友杨荫杭(杨绛之父)。和弟华文祺合译有《中学生理卫生教科书》。华申祺于1948年去世。他们另一位堂兄弟华祖械,字慎初,号甕春,生于同治九年(1870),著有《甕春吟草》。保祺父(申祺、文祺之伯父)华黻臣,字仲庚,邑庠生,生于道光八年(1828),著有《元明清诗选三百首笺注》。申祺、文祺父华冕臣(华黻臣弟),字帽山,生于道光十一年(1831),卒于光绪十五年(1889),附贡生,官至候补道、署理河南开封府下北河同知,有三首诗收录于《续梁溪诗钞》。黻臣、冕臣父华尧衢,字吉卿,号荫泉,邑庠生,生于嘉庆十二年(1807),卒于咸丰二年(1852),著有《灵兰书屋诗钞》;华尧衢母(保祺、申祺、文祺之曾祖母)周佩苏(华芸楼妻)有《浣馀集诗钞》《浣馀集词钞》留世,是当时比较著名的女诗人,入光绪《锡金县志·列女传》。

华文祺子华立,毕业于上海交通大学,是锡社重要成员,曾就职于中华书局、上海市公用局、北京铁道学院等处。华文祺孙觉培毕业于上海交通大学,任炮兵指挥学院射击指挥学教授;觉明毕业于清华大学,任中国科学院自然科学史研究所副所长、研究员;觉源、觉本和孙女觉勤、觉定均大学毕业,分别任高级工程师、副教授等职。华申祺女婿顾毓璪(顾毓琇弟),是著名纺机制造专家。

留芳声巷华氏世系简图

留芳声巷华氏世系简图

到20世纪80年代,门牌为4号的华宅大院内,还有华衮臣的孙子华孟调一家居住,而华文祺是荣德生女婿李国伟的姑父,后人大多于1951年随李迁居汉口。华觉本不久前还回锡将新续修的家谱捐赠给无锡图书馆。

过华家往西隔几户,是侯家,侯焕(字策三),光绪元年入庠;侯炳(字星若),光绪三年入庠,廪贡生。清末无锡自治公所议事会议长史问耕也居留芳声巷,史问耕,名济良,是邑庠生,辛亥革命无锡光复后,在锡金军政分府司法部任职。

有不少书籍文章称杨绛故居在留芳声巷,其实这是把其父杨荫杭误认为杨荫溥、杨荫浏的同辈兄弟。虽然杨荫杭与杨荫浏同属鸿山杨氏寺头分城支,但各自宗支已远,杨荫杭比杨荫浏低一辈,杨荫杭的祖居大致在北门外长安桥。但杨绛丈夫钱钟书与留芳声巷却有不少渊源,首先钱家与留芳声巷杨荫浏家是姻亲(下文详述),其次是在民国八年(1919),钱氏一家曾从师姑河上迁到留芳声巷,赁居在一户朱姓的宅院。钱钟书伯父(又是嗣父)钱基成认为此宅"首尾锐而腹广,状如巴蛇,傥入居,必主伤人",钱基博等亲属则不信"凶宅"之说。入住一年后,钱孙卿得病卧床,再过半年,钱基成急病去世,这

华家合影(二排左四为华申祺,左五为华文祺)

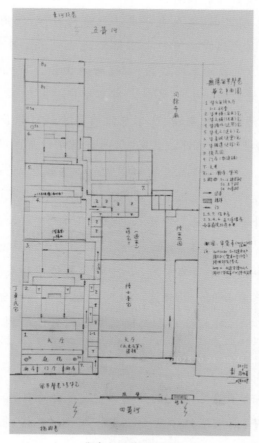

华家与陆家平面图

些不幸似乎坐实了钱基成原先的预言,因而钱钟书幼时借此经常以"鬼来了"吓唬戏弄怕鬼的堂兄弟钱钟韩。杨绛少时曾随母亲到留芳声巷看房子途经钱家,此次虽未见到钱钟书,但却是钱杨前缘。1923年,钱家最终迁居自建的七尺场新宅。

中国当代经济学家之父——陈翰笙,1897年出生在无锡北门城头弄,他外祖家在留芳声巷。他在《四个时代的我》中回忆:

我的母亲姓顾,出身于无锡富商之家。外祖父顾卓楚,拥有相当于15亩地面积的大糟坊,酿造酱油和各种酒类,家富业大,店号叫顾万昌。住家在留芳声巷。我母亲没有读过书,也没有学名。她自幼丧母,但由于家庭富有,父妾"好婆"通情达理,因此婚前一直过着富裕舒适的生活。外祖父对这个小女儿也十分疼爱,从糟坊里拿回来的现款,都交给她收管。外祖父可能是看中了父亲的学问,才将心爱的小女儿嫁给了没有多少产业的陈家。婚后父亲经常在外面工作,不大过问家中的事情,陈家又没有多少钱可供使用,生活的重担子就压在我母亲的身上。虽然外祖父家有钱,好婆对母亲也很好,但母亲生性要强,绝不轻易求人。我小的时候,母亲常常一边哄我玩,一边不停手地帮助缝纫铺扦衣边儿、锁扣眼儿,或给南货店敲瓜子仁,挣点零花钱贴补家用……我最喜欢的还是去外婆家中玩。外婆家的住宅很大,有东西两处宅院。两宅的布局完全一样,进门处有门房,里面是大厅,后面为三进住房,每进有四开间宽的前后八间房。每进房之间都有院子,院中栽着桂花和果树。东西两面另有些房屋,是厨房、浴室和佣人的住房。此时外祖父母已去世,由好婆管家。好婆自己生有三男二女,对前房的儿女们也都照顾得很周到。外婆家十分阔绰讲究,有保姆、奶娘、丫头以及园丁、厨师、伙夫等许多雇工、仆人;1932年任江苏警察厅厅长的缪斌,就是外婆家伙夫头缪福官的孙子。

在外婆家,我除了喜欢善良的好婆外,最喜欢的要算六舅顾保连了。他是好婆生的小儿子,南京陆师学堂毕业生。人长得魁梧,性格豪爽,每次我去了,他都将我抱起来,抛起好几尺高,再伸开两只大手接住,那滋味,像腾云驾雾似的，好玩极了！后来辛亥革命中，他在陆军当团长，参加了革命，曾带着队伍炸断蚌埠铁路桥，以阻止清兵南下。

顾卓楚，本名峻，字道周，以号行。生于道光丁未（1847），卒于光绪乙酉（1885），系东林领袖顾宪成仲兄顾自成十一世孙，属顾氏泾里二房。顾卓楚九世祖顾桼（顾自成孙）由泾里迁无锡东门城内苏家弄，东林书院北侧的顾允成小辨斋房产就一直是顾桼的后裔所有，20世纪50年代房产所有权者为顾桼十一世孙女顾婉贞。顾卓楚祖居也在苏家弄，后定居留芳声巷。陈翰笙六舅顾保连，名乃铸，字更生，号葆廉，生于光绪癸未（1883），卒于民国丁卯（1927）。江南陆师学堂毕业，参与辛亥革命无锡光复，后在军界和山东地方任职，官至山东省督办公署咨议、青岛港政局代局长。陈翰笙母亲为顾自成十二世孙女，妻子顾淑型为顾宪成十一世孙女，陈翰笙与东林顾氏渊源深矣。

留芳声巷中段，有一幢建于1935年著名的洋房，即薛祖康故居。进门是东侧一条备弄，备弄尽头出门是一个很大的院落，洋房坐落在院落北面，院内有几棵高大的雪松。此宅后来门牌为33号，先后用作幼儿园、居委会等。薛

薛祖康故居

薛祖康与夫人陆沼

祖康,北乡寺头人,清光绪二十五年(1899)生于县前街。幼年丧父,由母抚养,自幼读书聪颖,后在薛南溟资助下,考入公立清华大学,毕业后,赴美国麻省理工学院深造。回国后,先后任省立南京东南大学、国立浙江大学教授。1929年,应薛寿萱邀请,至无锡永泰所属丝厂工作,负责改进、设计、研制厂内缫丝机。1930年,任无锡华新制丝养成所所长、永泰丝厂总工程师。当时华新制丝养成所生产的"金双鹿"牌生丝,匀度高达94分,质量居世界先进水平。1932年,受薛寿萱委派,薛祖康赴美国纽约访问永泰丝厂产品用户,调查生丝市场供需情况和推销现货,并代薛寿萱向美国生丝交易所购买经纪人执照。事后,他又访问永泰丝厂在英国的主要客户茄顿公司,至法国会见西蒙公司经理,商定西蒙公司为永泰丝厂在法国的总代理商,扩大生丝的对外贸易。1935年3月,永泰丝厂成立总管理处,统一采购原料,安排生产和销售,薛祖康任管理处协理。次年,又担任兴业制丝股份有限公司协理。抗日战争期间,他拒绝与日本华中蚕丝公司合作。抗战胜利后,坚持整修厂房设备,力图恢复生产。1949年后,任永泰丝厂厂长。1954年,任公私合管无锡永泰丝厂副厂长,后又被选为无锡市政协常委。1956年,任江苏省丝工业局高级工程师。以后又调至无锡市机械工业局、无锡市压缩机厂等单位任高级工程师。1983年病逝于无锡,终年84岁。妻陆沼,字镜湖,百岁坊巷庠生陆绍宣三女。

薛祖康洋房往西是天官弄,天官弄西侧之间住着"花卉盆景大王"李梦菊,李家园子和杨荫浏东部的院落仅一墙之隔,李家在北,杨家在南。李梦菊,名恩荣,1901年生于小三里桥。原是五金商,爱好收藏,早年与内山书店老板内山完造相熟。又精于盆景、盆栽，杜鹃花、兰花等栽培技术造诣也很深，李家小院万紫千红、花木错落，给到访的人留下深刻印象。李梦菊后在锡惠公园担任园艺工作，1973年去世。李宅西临天官弄，弄西隔开一个宅院，是1938年由北乡长安桥迁来的季家。户主名季烈臣，子季国标，1932年出生，是化纤工程技术专家，曾任纺织工业部副部长，1994年被选为中国工程院院士。

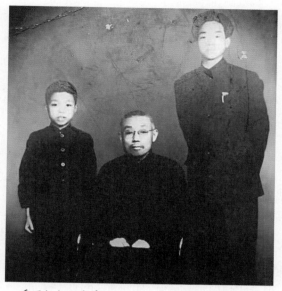

季国标与父亲季烈臣(中)、弟弟季国星(左)合影

留芳声巷新生路口南侧的一个院落，内有一幢三层楼房，住着周氏宅基支分留芳声巷的一族，其中周祖年、周祖培兄弟均是中学教师，两人之父周湘曾历署河南中牟、尉氏等县知事。留芳声巷西段北侧，以前大致是杨家大宅的范围，杨家是鸿山杨氏寺头分城支在留芳声巷一族，留芳声巷杨氏主要集中在两个门头里，一户为门牌号41号的杨氏诒清堂，另一户为44号，两家是近支亲戚，均为锡邑比较著名的家族。从《鸿山杨氏宗谱》看，留芳声巷杨氏主要是迁城始祖杨英之孙杨心尼(杨荫浏六世祖)的后裔，是整个宗族的小房，故杨荫浏虽然年龄不大，但却是同时期很多年长同族名人的长辈。留芳声巷44号、52号西院聚居杨心尼长子思俊的后裔，荣毅仁的岳父杨干卿就是44号里的主人。杨干卿，名道枢，号筱泉，生于同治甲戌(1874)，担任过省议会议员，是锡城著名士绅。他经营源春隆油行，也是无锡艺兰大家，宅内举办过兰花展。

艺兰家逸兴遄飞

　　无锡市副董杨干卿君为吾邑有名之艺兰家，浸沉于花畦凡二十年，每当春秋佳日,岁有兰菊二卉之名种异花供吾人浏览。近日杨君又在其留芳声巷私宅厅事陈列蕙兰多盆,其间最名贵者为新种江南极品,与新种万全梅两株。其次则为吴中第一梅与梅瓣莲心等,再次为陈关程黄八大家之旧种。陈列一室,馥郁芬芳,极古色古香之致。并闻江南极品经杨君栽培七年而始发花,万全梅则自民国二年至今始露头角,阅时已十易星霜,故杨君对于此二花甚为珍重。亲友之造府赏兰者更逸兴遄飞云。

(1922年4月26日《新无锡》)

　　杨干卿长女永璋适晚清无锡著名文人刘继增孙刘干甫,次女杨鉴清(小名清保)嫁荣毅仁。杨干卿近支族弟杨赞柱(字介辰)之女杨芙清,1932年11月生,是计算机软件专家,1991年当选为中国科学院学部委员。20世纪50年代宅内除杨氏后裔,如承绪、同武、辑周、赓械、赞柱、赞枬等居住外,已为大杂院,租户很多,著名书画家张涤俗也赁居其间。张涤俗,名孟震,字志奋,1900年10月12日出生在无锡大王庙弄,去世于1984年。张涤俗擅长行书与小楷,宗师王右军、颜鲁公,小楷出入晋唐之间,秀雅隽永,一笔不苟,颇得晋唐风韵,是无锡著名书法家;并通晓音韵,既是江南诗词学会发起人之一,也是天韵社早期成员,担任过安达钱庄(位于江阴巷)经理、化工锯木业公会职员等职。

　　而41号是著名民族音乐奠基人、音乐学家杨荫浏故居。杨荫浏,字清如,号次公,乳名二壮。幼聪颖,喜音乐,小时常到留芳声巷东头进士坊巷南药师禅院听和尚奏乐。六岁从邻居道士颖泉学笙、箫、笛、胡琴。十二岁随堂姐夫章蕴宽学古琴,同时期入天韵社,从社长吴畹卿学昆曲及琵琶、三弦、笙、笛。美国人郝路义女士于1913年9月27日到无锡圣公会担任传教士和圣婴小学(在新开河)校长,圣公会与圣婴小学离留芳声巷杨家很近,杨荫浏两个妹妹杨荫华、杨荫芬均就读于圣婴小学,郝路义是她们的老师,因此郝路义与杨家就有了交往,郝路义与杨荫浏之相识即源于此。1920年杨荫浏受洗,郝路义成为杨荫浏之教母,郝路义对杨荫浏从事音乐研究和人生道路的选择有非常重要的影响。杨荫浏1915年毕业于东林小学,1916年考入江苏第三师范,1923年考入上海圣约翰大学,1925年"五卅惨案"期间因参加爱国运动而被校方压制,愤而转至爱国人士创办的光华大学。1926年后因家贫辍学,先后在无锡的辅仁中学、公益商业中学、县中、荣氏女学、无锡美专等校任教,1928年8月到宜兴县中任训育。1929年夏应基督教圣公会聘请,任赞美诗《普天颂赞》编辑。1941年应国立音乐学院之聘,任教授兼国乐组主任及研究室主任。中华人民共和国成立后,任中央音乐院研究员、中国音乐研究所所长、中国艺术研究院顾问等职。1950年他到无锡采集民间音乐,采访阿炳并录下《二泉映月》等二胡、琵琶曲。杨荫浏在乐律学和古谱学方面有开拓性贡献,有《中国音乐史纲》《中国古代音乐史稿》等四十余种音乐学著述。

杨荫浏故居堂号名"诒清",匾额由晚清名臣李鸿章所书,挂放在大厅正中,左侧挂袁世凯所题杨氏列女贞节旌表的匾额。杨荫浏1899年出生在这个"五代游庠"的诒清堂,即从杨荫浏父亲往上五代,代有庠生。诒清堂居住的是心尼次子汇川的裔孙,诒清堂很可能初立于汇川时,故距今已二百多年,到杨荫浏曾祖杨儁(字鹤秋)时又有整修。杨儁育有六子,两子殇,存四子,长子为昌祐(字子丞,举人),次子为昌礽,三子为昌祺(字子登),四子昌禧。杨荫浏父亲杨锺琳是杨昌祺子登公所生,但因杨昌祐子杨曾鑅未婚而卒,故将杨锺琳嗣于其名下,杨荫浏因父而与伯祖父紫丞公存在嗣继的祖孙关系。因是城中名门,留芳声巷杨氏与城中其他望族如顾氏、窦氏、华氏等普遍反复联姻,故杨荫浏的亲戚关系很复杂。

根据《鸿山杨氏宗谱》《堠山钱氏宗谱》,杨荫浏父亲杨锺琳配钱熙元长女为妻,钱氏即杨荫浏母亲。钱熙元谱名钱福煐,为钱锺书祖父钱福炯之兄,所以杨荫浏母亲与钱锺书父亲钱基博是亲堂姐弟关系;钱熙元原配许氏未育早卒,子女都出自继配诸氏,诸氏是东亭杨亭人,与无锡中医外科名医诸竹生同族。钱熙元次女凤音是曹同文的原配,此原配生子曹曾祥后,于1900年去世,曹同文再续娶诸果如,1905年生曹安和,而钱熙元妻诸氏与曹安和母亲诸果如可能为姑侄关系,所以曹安和与杨荫浏一方面确是名义上的姨表亲,另一

留芳声巷41号杨荫浏故居旧影（1992年摄）

方面又存在来自双方生母的另一重亲戚关系，故可能有一点比较远的血缘关系。

钱锺书夫人杨绛与杨荫浏同为鸿山杨氏寺头分城支族裔，杨荫浏比杨绛长两辈，所以杨荫浏与钱锺书之间也是多重亲戚关系。

此外，杨荫浏二伯祖杨昌礽之女嫁给晚清无锡著名数学家周道章，生子周伯符，周伯符即杨荫浏堂表兄，正是这位周伯符，资助杨荫浏上了上海圣约翰大学，为杨荫浏后来成为一位学贯中西的音乐大家提供了重要条件。周伯符早先从事外交工作，曾任驻墨西哥领事馆文化参赞，抗战前夕进入荣氏企业申四、福五两厂担任管理工作，而其真正的兴趣在数学和古文字学上，晚年钻研于此。周道章的三女、周伯符之妹周邈清嫁给了王守其，生子王选，王选被称为"汉字激光照排系统之父"，周伯符即王选的亲舅舅。

杨荫浏有一姐两妹，姐杨荫清，生于1891年，去世于1973年，后嫁王勋（字友涵）。王勋出自无锡望族嘉乐堂王氏，为无锡县商会王劼（字克循）之弟、"西安事变"亲历者王劲（字中权，时任西安电台台长）之兄，子王逸，与"汉字激光照排系统之父"王选是族兄弟，这也是杨荫浏与王选第二层亲戚关系。杨荫清做过女子职校和中心学区中心小学教师，一家居通汇桥花园弄。

大妹杨荫华，生于1904年，卒于1986年。毕业于圣婴小学，嫁东乡石塘桥华寿昌，华寿昌就职于浙江兴业银行南京、上海等分行，在外工作回锡后居留芳声巷祖宅。

幼妹杨荫芬，生于1906年11月15日。护士专科学校毕业，曾任协和医院

杨荫浏全家照

护士长、上海第二医学院附属护士学校教授。嫁镇江屠家骅。1935年,屠曾任苏皖邮务管理局邮务长。杨荫芬晚年全家定居镇江伯先路,住宅"屠公馆"被镇江市人民政府列为市级文保单位。

张菊仙是杨荫浏的妻子,杨荫浏后来取得了令人瞩目的音乐学术成就,与这位贤内助的无私付出与默默支持有密切的关系。张菊仙1901年9月25日出生在无锡开源乡大张巷,大张巷是锡山三知堂张氏的聚居地,也出了一些张氏地方名人。大张巷与荣巷、孙巷等相邻,彼此间宗族通婚频繁。根据《三知堂锡山张氏宗谱》可以确定,荣氏女学校长、民国时著名的女教育家张浣芬(1884—1973,荣巷富商荣瑞麟遗孀)父张彦臣即《三知堂锡山张氏宗谱》(1909年版)的续修者,举人出身,其二兄张义昭之子张乃铨长女张菊仙适杨荫浏,故张菊仙为张浣芬的堂侄女。

张菊仙1925年7月毕业于无锡县立女子师范（无锡第一女子中学前身），无锡县立女子师范成立于1912年，到1925年时，共毕业三届学生，张菊仙是第三届，也是此校旧式师范的最后一届，无锡教育名人胡通祥、孙汝舟以及后来著名的妇科专家钱葆真（唐翔千姨婆、世泰盛老板钱葆稚之姊）均是校友。张菊仙毕业后先在荣氏女学和小娄巷小学短时担任过教员，又于1928年前后到宜兴女校担任教职，与当时任教于宜兴中学的杨荫浏在当年12月底结婚。1930年生育后一直居家，共养育四女两子。抗战期间一度避难上海，局势稳定后于1941年由上海萨铺山路、劳神父路迁回无锡留芳声巷，靠杨荫浏寄回的款项艰难养家，抚育子女。

1949年后，杨荫浏在北京工作，张菊仙与子女仍住留芳声巷老宅，后子女渐次到外地求学成家，外孙女杨小兰、外孙荣申宏等与张菊仙长期生活在一起。其间张菊仙也会到北京居住一段时间，因起居饮食等不习惯，住不久即回锡。

杨荫浏于1984年在北京病故，张菊仙也在留芳声巷家中卧病多年后于1989年4月19日去世，享年89岁。

杨荫浏子女中除一女早逝外，其余五位均受过高等教育，长子杨国柱是轻工业部规划设计院教授级高级工程师，次子杨国桢为著名光物理学家、中国科学院院士。

杨荫浏兄杨荫溥，字石湖，生于光绪二十四年（1898），卒于1966年。1914年毕业于东林小学，同年考入南洋公学中院，1920年7月毕业于清华大学，公费选送美国留学，获劳伦斯大学经济系学士、西北大学商学院硕士学位，留美期间受洗为基督徒。1925年9月回国，先后任上海光华大学商科副教授，兼工商管理系主任、教务主任、代理院长，同时兼任国立中央大学商学院教授，国立劳动大学、暨南大学、上海法学院教授，讲授中国金融和经济学课程。1931年4月任浙江兴业银行南京分行经理，1934年2月调任总行总务处长，后又兼任总行储蓄部经理和经济研究室主任。兼任中央大学法学院、上海交大管理学院教授及光华大学商学院院长等职。1936年10月被国民政府外交部委任为驻日内瓦中国国际联盟办事处经济专员。1941年1月回国后，历任邮政储金汇业局首席秘书兼经济研究部主任、总务处长、四联总处秘书和银行人员训练所教育长。1942年任国民党中宣部党报社论委员会委员，兼任重庆大学商学院、复旦大学商学院、中央大学等校教授。1945年10月起历任中央信托局储蓄所经理、上海证券交易所协理、上海现代经济通讯社和金融日报社社长、光华大学商学院教授等职，1952年后任上海财经学院教授、上海社会科学院经济研究所研究员。和弟杨荫浏一起拜吴畹卿为师，加入天韵社。杨荫溥业余爱好集邮、丝竹，常拉二胡，支持并参加光华大学国乐会活动，还担任过上海华光乐会指导。

杨荫浏叔父杨锺钰，字章甫，拔贡出身，是外交家许珏的长女婿，佛学造诣深厚，是著名居士。长期从事慈善事业，系溥仁慈善会（在希道院巷）的骨干。杨锺钰有子杨荫鸿、杨荫渭，长子杨荫鸿，字志周，生于1907年，毕业于上海大夏大学哲学系，后笃信佛教出家；次子杨荫渭，字渔滨，生于1908年，在抗战时期从事隐蔽战线工作，后任江南大学、上海华东纺织工学院教授，1960年12月去世。杨荫鸿、杨荫渭在各自领域均有建树，兄弟曾合译出版《西方哲学史话》等哲学著作。

杨荫渭与沈承琪结婚照（杨明提供）

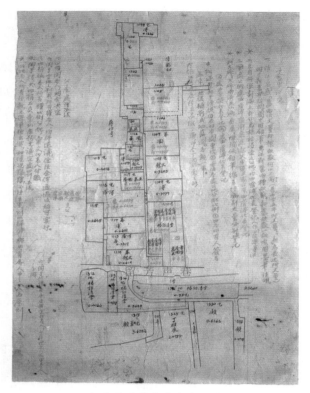

杨氏诒清堂房地产平面图

诒清堂杨家门口有两个土墩,对面是四箭河,河北岸是顾道生(顾宪成十一世孙)宅的后门,杨、顾两家在河附近都有地产。

笔者在20世纪80年代末的两三年时间里,因朋友在留芳声巷2号之一的能源研究所工作,三天两头去他单位玩,虽从未进入过巷中的住户,但对巷子的旧貌印象不浅。2018年11月18日,笔者与陈倩陪同中国艺术研究院音乐研究所原所长张振涛教授,从杨荫浏故居旧址冒雨步行至他受洗的中山路教堂,在这条杨荫浏所走过的中西音乐初径上,我们体悟到了"留芳声"这个巷名的深意。

百岁坊巷

　　百岁坊巷以坊而名,巷东起旧城墙下弓河(今为解放东路),西到新生路,与沙巷东口相对,长约二百米。北面平行的是槐树巷,南面是置煤浜。清嘉庆年间巷中黄嵩来妻陆氏,寿登百岁,建百岁坊于南门三下塘(今新生路)冉泾桥南之巷口,故改旧称泥巷的南仓厅巷为百岁坊巷。

　　黄嵩来,名洛源,生于清康熙四十三年(1704)十一月二十二日,卒于乾隆元年(1736)六月十八日。配陆氏,陆氏生于康熙四十二年(1703)五月二十日,卒于嘉庆十二年(1807)七月二十一日,寿一百零五岁。嘉庆九年黄陆氏逾百岁时,由江宁巡抚汪志伊题奏,诏旌寿妇,给帑建坊,例封黄陆氏为安人。因黄嵩来早逝,夫妇仅育一女,由侄子本裕承嗣,黄本裕孙女嫁监察御史、北京锡金会馆创设者俞肯堂三子俞镇。

　　由于乏嗣等原因,留芳声巷黄宅的宅基上迎来新的主人卫家。无锡卫氏源于洛阳,南宋时南渡,后在无锡北乡仓桥头(今堰桥刘仓卫更巷)定居繁衍。清末,其中一支迁城中百岁坊巷,其中有两个比较著名的人物卫质文和卫机平,两人的祖父共有四子,其中两子清末迁城,两子留乡。卫质文父亲一房后居百岁坊巷三下塘(今新生路)路口,卫机平父亲一房留在巷偏东段(即黄氏宅基上)。卫机平(名柠)是卫质文的堂弟,著名教育家,毕业于上海南洋公学(交通大学前身)银行学系,获商学士学位,曾是校国乐团成员。民国时担任过税警总团总团长王赓(陆小曼前夫)秘书以及正风、锡光等中学校长。卫机

平与民国许多无锡名人都是交往密切
的近亲，如顾忠琛、王赓、秦邦宪、程敬
堂等，与陆定一还是大学同学兼挚友。
卫机平有卫焘、卫然等子女。

卫质文，名彬，又名锡良，号潜盦，
生于光绪十六年（1890）12月，卒于
1956年7月。早年就读于两江师范学
堂，因参加反清活动，被迫辍学回锡。
随即卫质文在三下塘内城河边华氏宗
祠设光华小学，自任校长，南门希夷道
院当家道长缪建章（黄土塘人）是其好
友，故其子缪斌受照顾入学。民国初
年，卫质文赴上海南洋医学院学医，获
医学学士学位。北伐时期，因其学生
缪斌的援引，卫质文任国民党军事委
员会经理处粮服科科长。缪斌任江苏
省民政厅厅长时，委任卫质文为厅第
三科科长。卫质文又于1929年2月被
委为常熟县县长，同年9月告退。在常
熟任县长七个月期间，卫质文厉行禁
赌查毒，但因缺乏经验，成效甚微，反
而引发各种矛盾，自身因此欠下不少
债务，后被迫将祖宅卖出偿还。回锡
后在新生路百岁坊巷路口挂牌行医，
并积极参与慈善、教育、佛学、市政建
设、党部等多种地方管理事务。抗战
前，历任无锡时疫医院院长、医学会会

卫机平家中留影

卫质文

长、佛学会会长等职,还在江苏省教育学院任教一年多,并创办能仁医院。汪伪时期,任南京市卫生局局长、省立医院院长、考试院参事等职。抗战结束,回锡行医。晚年先后居南市桥上塘和神仙桥街。

卫质文爱好古琴,据他同僚兼朋友金国书(绍兴人,毕业于日本法政大学)写于1941年的一文叙述,卫质文仰慕陶渊明,喜好音律,早年曾研读《大还阁琴谱》《五知斋琴谱》《琴学入门》等多种琴谱,颇有心得,但手头一直没琴可弹,感到十分遗憾。直到1938年,卫质文忽然在南京先后得到一批珍贵名琴,其中有晋代圣寿堂王氏"万籁鸣秋"琴、唐代三慧大师"秋籁"琴、宋代苏东坡"珊然"琴、明代天籁阁"鸣涛"琴和潞王琴等,共计十二张。卫质文将这批琴专室存放,并请来精于琴学的无锡琴家阚献之,两人一起日夜观摩、按谱操弄。

卫质文这批藏琴后来去向不明,直到2013年,有一张卫质文款的琴在苏州出现。琴为暗红夫子式,底板有"颐和"琴名,题"温然其人,澹然其心,何以寄兴,颐和之琴"等铭文,刻有"锡山卫氏玉棠精舍珍藏"等印鉴,落款时间为1939年。

卫质文妻子名薛佩铭,出于礼舍薛氏,育有卫烈、卫熹、卫照、卫煦等子女。

卫机平家西隔壁是顾家,祖上是嘉庆时南河苇荡船务营守备顾宝(字存之)。顾宝在光绪《锡金县志·耆宿》中有传:

> 顾宝,字存之。幼孤贫,弱冠投效河工,官至苇塘营守备。四十后即告归。慷慨好施,遇所当意,千金弗吝,捐田千亩,独建义庄。优游林下五十年,亲见元孙。有司循例以闻,给區嘉奖。年九十三卒。

顾宝父亲是顾大本(考选钦天监博士)。顾宝一族和西溪顾氏一样,是亭子桥顾氏的一个分支。顾宝和薛福成外祖父顾钧同是杭州知府顾岱(1625—1697,字商若,号止庵,顺治十五年进士,有《青霞集》)五世孙,顾起佐(字右丞，号蔗轩）玄孙。道光二十三年，顾宝旨请捐田设义庄获准，顾氏义庄设在槐树巷东头，捐田设义庄事略碑立于顾宅仓厅壁中。顾宝家与留芳声巷杨荫浏家族通婚频繁。同治八年，杨荫浏高祖、生员杨万藻为顾宝上表五世同堂请旌表，经江苏巡抚丁日昌题奏获准。

市政协原副主席顾磐曾是顾宝五世孙，其父顾壤（字十洲），祖父顾敬莹（字钦明，号清民）系邑庠生，后为附贡，共有四子，长子顾九峰，曾参加辛亥革命；次子顾堃（字百甸），业医；三子顾埼（字三谷）。顾宅居住子孙分五房，顾磐曾属长房。1908年，竢实学堂成立十周年，时任两江总督的端方再次抵锡视察该校，因与顾家四房长辈有故交，其间还到访百岁坊巷顾宅。三房长辈顾济川（名敬德，1876年生），其父曾在宝应开设当铺。五房顾剑寒（生于1893年）因事涉社会新闻而多次出现在民国锡报报端。二房顾鸿志（名坚，1891—1956），曾任无锡三皇街小学校长、无锡县中教员、无锡市教育会执委，1920年代初在无锡组织新教育学会，1927年秋被聘为竞志国文、图画教员，也担任过中三镇镇长。

顾鸿志

顾宝宅第大约初建于道光年间，整体建筑有十一间宽，原有大厅，为楠木所建，太平天国时期被拆毁。大厅后中路为长房所居，东路为二、三房，西路为四、五房。西侧有花园，园名也带顾氏特征的"辟疆"，叫"辟疆小墅"。原来园内假山亭台池塘一应俱全，且花木繁茂，规制和范围都不小。1949年后，因外来住户进入，渐被侵占而分隔破坏，假山群于1958年被拆除，至90年代末百岁坊巷拆迁前，尚存池塘、船厅和一个亭础。幸顾氏后人留下了当时残园的珍贵录像资料，能让我们窥得旧园一角。

五世同堂顾家之西邻也姓顾,但两家同姓不同宗,此家是明代广东按察副使顾可久(字与新,号洞阳)后裔,其中著名的人物就是被誉为"钢琴天使"的钢琴演奏家顾圣婴,她的祖居就是百岁坊巷的这个顾家。顾圣婴1937年7月2日出生于上海,名字由祖父顾纯湖所取。顾圣婴自幼就表现出很高的音乐天赋,3岁时开始学琴,5岁时进入中西女中附小钢琴科进行学习。9岁时获中西小学琴科主任邱贞葛的耐心辅导之后,技艺得到很大进步。除钢琴以外,顾圣婴在书法、绘画、中外文学等方面均有所涉猎。1949年时,顾圣婴就读于中西女中,跟随杨嘉仁学习钢琴演奏。1953年5月,又得到著名钢琴家李嘉禄的指导,并且也从马革顺、沈知白教授那里学习音乐理论与音乐史的相关知识;同年则和上海的交响乐团进行了合作,并首次演出了莫扎特的《D小调钢琴协奏曲》,获得了广泛的赞誉。1954年,顾圣婴从女中毕业之后,考入了上海交响乐团担任独奏演员。1956年,顾圣婴又到中央音乐学院进修学习,师从苏联著名钢琴教授塔图良和克拉芙琴柯,之后则到莫斯科学习钢琴演奏。1957年,在莫斯科举办的第六届世界青年联欢节钢琴大赛中荣获一等奖。1958年,顾圣婴又参加了日内瓦举办的第十四届国际音乐比赛,获得女子钢琴比赛最高奖。作为新中国的一位音乐使者,她曾经先后到苏联、瑞士、波兰、匈牙利、芬兰等十多个国家访问交流,在波兰期间还被赠予肖邦的石膏手模。同时也在中国的香港、澳门等地区进行了演出,引起了社会的极大反响。1966年,顾圣婴在政治运动中遭到残酷的迫害,1967年1月31日,她和母亲秦慎仪、弟弟顾握奇选择自杀,年仅30岁,这是中国钢琴音乐发展史上的一大损失,1979年1月平反昭雪,恢复名誉。顾圣婴父亲顾高地后来写了一篇回忆文章。

回忆我的女儿——圣婴

清晨,一缕阳光透过浓重的阴霾,照进我的书房,照在我女儿顾圣婴的像上,这是一天之中最充满希望的时刻,我打开了收音机……耳边响起了肖邦

《幻想波兰舞曲》熟悉的曲调，这是圣婴早年演奏的录音，凄怆、激愤，我沉醉在肖邦乐曲特有的如泣如诉、似诗似歌的意境之中。我仿佛感到圣婴就坐在这儿，坐在她深深怀念之中的父亲身旁。是的，圣婴年轻聪慧，富有才华，如果她不是过早地逝去，今年也才47岁。

圣婴5岁开始学琴，中学时代就在课余修完了音乐学院钢琴系的全部课程，1954年她还不满18岁就考入了上海乐团，担任独奏演员。1957年她参加第六届世界青年联欢节钢琴比赛，以出色的技艺获得金质奖章，为祖国初次夺得这么高的荣誉。第二年她赴日内瓦参加十四届国际音乐比赛，是60多位女钢琴家中唯一的获奖者。1964年她又在比利时伊莉莎白皇太后国际钢琴比赛中得奖。她六次出国，先后在苏联、波兰、匈牙利、保加利亚等十

顾圣婴

多个国家和香港地区进行访问演出，被国外音乐界誉为"天才的肖邦演奏家""真正的钢琴诗人""罕见的音乐奇才"。圣婴出生在我这样的家庭里，有她幸运的一面，也有不幸的一面。发现圣婴在摇篮里就对音乐有特殊感受，因而决意要培养她为音乐家的是妈妈；3岁时抱着她接触琴键，教她听音识谱的是妈妈；长期陪她去上琴课，指点她练琴，为她誊抄琴谱的也是妈妈。她真是把全部的身心、全部的母爱都倾注在圣婴身上。

作为圣婴的爸爸，我总感觉自己对圣婴他们负有终身莫赎的罪疚。除了抗战胜利后我在家的十年外，我不是戎马倥偬，就是陷身缧绁，因而在圣婴的一生中，我几乎还够不上有一半时间是和她生活在一起的。我给她帮助太少了，反而牵累了她。1955年我受潘案牵连被捕，我永远也忘不了当时圣婴骤然地从沙发上站起来，含着热泪哽咽了一声："我爱国家，我也爱爸爸！"多么漫长的岁月过去了，我活了下来，而我的妻子儿女却永远、永远地离去了，在

十年动乱之中最黑暗的日子里,他们终于选择了一条用自己的生命作最后反抗的道路,演出了一幕惨绝人寰的悲剧。在"顾圣婴同志骨灰安放仪式"上,我在空空如也的骨灰盒里放进了这么一副挽联:"母殉子女,子女殉母,相依为命,吞声入地;我爱妻儿,妻儿爱我,零落残魂,泣血号天!"

今天可以告慰圣婴和她妈妈、弟弟的是,我终于获得了彻底平反,我在抗战前后所作的点滴工作,也得到充分的肯定,我晚年的生活也由组织上作了妥善的安排。

7月2日,是圣婴的诞辰,我写下这些文字,作为对她永久的纪念。

(1983年9月27日)

顾高地,字宝三、子载,生于清光绪戊申(1908)十月初八日,系顾可久十五世孙,顾莼湖三子。毕业于上海大同大学,后参加北伐,曾任淞沪警备司令部少校兼蔡廷锴秘书、中校参谋,参加了"八一三"淞沪抗战。抗日战争中任国民党军委会国际问题研究所京沪区少将主任,曾精心策划郭沫若回国抗战,并与中共上海地下党组织建立联系,提供了许多情报,掩护了中共地下电台的活动。1941年日本发动太平洋战争的前一月,在我国各情报机构中顾高地主持的国际问题研究所京沪区首先得到日军发动太平洋战争的行动纲领、作战规划及兵力部署等重要情报,立即电告军事最高当局作好准

顾高地与夫人秦慎仪订婚照

备,并通知英美两国政府的军事当局注意。抗战胜利后,他辞去军职,隐居上海。1955年9月顾高地受所谓"潘汉年案"牵连,被冤入狱。中共十一届三中全会后,顾高地的冤案得到平反,先后任上海文史馆馆员、上海市人民政府参事等职,于1990年病逝。

顾高地父顾莼湖,名广熙,字雅如、纯吾,生于光绪辛巳(1881)十二月初七日,卒于1959年1月。邑庠生,就读于江苏高等学堂,一度寓居上海梅白格路晨风庐,与周庆云交往密切,1920年晨风庐曾举办过著名的"晨风庐琴会"。顾莼湖1923年回锡,在李家浜有和丰堆栈等产业,是锡邑著名士绅。顾莼湖父顾玉书,官至两淮盐运使秘书长,伯父顾森书、叔父顾典书均为贡生。顾莼湖擅长文学和数学,平生为亲友所作诗文对联奇多,以构思新颖、文句精练称誉于乡里,曾参校《浔溪诗征》,并有诗作收于《晨风庐唱和诗存》中,下录两首:

其一

和陶继东坡,醇朴摹诗境。

嗟余不解饮,怅然愁独醒。

峨峨文酒坛,风月恣管领。

懒为出岫云,甘作处囊颖。

相携永夕娱,弹琴有宗炳。

纸窗

寂寞疏棂护白云,桃花滟滟绉生纹。

欲愁风破侵寒气,久叹尘封黯夕曛。

映竹有时疑墨沉,卷帘还觉住香氛。

梦回坐看檐头月,照眼清光曙色分。

顾莼湖弟德薰(字滋千)为庠生,堂弟顾翼之(名诒燕,字逸之,1882—1973),上海高等实业学堂铁路专业毕业,被选派留学英国阿姆斯大学造船专业,毕业后获学士学位,归国后在海军部任职。

在未填河拆城墙时,百岁坊巷东头被称为巷底,巷底相邻住了两户陆家,两家也是同姓不同分支。西面一家是陆绍云、陆绍宣居所,兄弟两人祖居新安,父陆鸿仪,家族属无锡陆氏朝散分庄桥支。兄弟两人均入庠。陆绍云,字蔼如,生于道光戊申(1848)十月初四,卒于民国壬戌(1922)八月初四,廪生,光绪己丑恩科举人,官至山东盐大使,曾主持募建惠山陆宣公祠享堂,监修陆氏统宗谱,配朱氏,有凤仞、凤书、凤章三子。陆绍宣,字抑如,生于咸丰癸丑(1853)八月廿一,卒于光绪丁未(1907)三月十四,增贡生,配尤氏,子凤藻、凤翔、凤诏。

陆氏兄弟的子孙人才辈出,第二代陆凤藻毕业于江苏师范,曾任县立三高校长;陆凤章,毕业于北京财政专门学校,任职海关;陆凤书,清华大学毕业,美国康奈尔大学硕士,历任浙江大学、武汉大学教授,中山大学工学院院长;陆凤仞,复旦大学商学士,上海会计师;陆凤诏,邑庠生,主持纂修民国十一年版仰贤堂《陆氏世谱》。

第三代陆钟英,东吴大学理学士,任江苏教育厅考试委员;陆钟仪,东吴大学法学士;陆钟贞,同德医学院医学士;陆钟钰,圣约翰大学理学士,中纺公司技师;陆钟瑞,大同大学理学院毕业;陆钟岳,东南医学院医学士,上校医官;陆钟荣,西南联大理学士,任职昆明师院;陆钟吕,就读于武汉大学;陆钟岐,入复旦大学;陆钟万,北京大学毕业;陆钟杰,辅仁中学毕业,任沪杭路杭州站站长。

第四代陆寿康,交通大学工学士,任戚墅堰电厂工程师。从这些优秀人物身上可见百岁坊巷文风之兴盛。

巷底的陆家,是无锡著名建筑家江应麟夫人陆宝谨的娘家。在宅院内建有洋房一幢,江应麟一家后来去沪发展,此洋房为妻兄弟陆宝寅所居,民国行政院长翁文灏第三子翁心鹤,曾住过此宅。翁心鹤,1919年5月生,曾任连云港江苏化肥厂工程师,无锡天元纺织厂教授级高工,第六、七届全国人大代表。院内还有一口自流井。

江应麟,名丕琬,号竞生,光绪二十六年(1900)1月22日出生。其祖父江云章在无锡北门书院弄口开设老字号"松茂祥"鞋帽店,父亲江乐山和二兄江瑞麟承其业,经营"松茂祥"。江应麟1917年7月毕业于江阴南菁中学。1921年7月,以第一名的成绩毕业于上海交通大学土木工程科,并留校当教员。1922年至1926年在无锡实业学校任校务主任、数学教员,是该校创办人之一,是无锡市首任市长顾风在校学习期间的老师。1926年7月至1936年与五弟江祥麟、六弟江一麟一起创办无锡实业建筑事务所,并任主任;在此期间,曾设计工运桥、长广桥、光复桥、西门桥、吉祥桥,负责建造锡宜公路、锡澄公路无锡段桥梁,设计并建造实业学校校舍、江苏教育学院图书馆、南门外明德小学校舍、洛社制种场、庆丰纱厂、丽新纱厂、协新纱厂大部分建筑、鼋头渚澄澜堂、茹经堂等。抗日战争爆发后,移居上海,继续从事建筑设计。抗战胜利

江应麟妻兄弟陆宝寅旧宅

后,江祥麟在上海徐家汇创办实业建筑事务所,江应麟和从国立杭州艺术学院毕业的六弟江一麟到此。江应鳞和江一麟负责设计,江祥麟负责做工程预决算、施工管理等,三兄弟齐心合力,在江南建筑界享有盛名。中华人民共和国成立后,江应鳞任华东建设工程公司的顾问、主任工程师;1952年,任华东建筑工程局技术处长;1954年,支援西北建设,任西北建筑工程总局技术处副总工程师;1958—1963年,任上海市第三建筑工程公司总工程师;1963年,因病退职。无锡许多建筑都出自"江氏三杰"之手,有梁溪饭店六号楼、茂新面粉厂,还有缪公馆、时和绸布庄、世泰盛布绸店、无锡图书馆、市人民大会堂等。上海和苏州也有大量建筑是三兄弟的手笔。在县下塘的江家老宅也是由江氏兄弟亲手设计改建的。江氏建筑的特点是结合现代西洋建筑艺术,中西合璧,住宅分别有卫生间和厨房间。江应麟1988年病逝,享年88岁。

20世纪90年代初,新生路南段新建了人才市场,笔者在此参与过几次新民警的招录工作,人才市场大楼的北侧就是百岁坊巷口,所以不光会常途经百岁坊巷,还对此巷靠近新生路路口一段的巷貌有较为清晰的记忆。2016年10月20日,为搜集卫质文的信息,笔者在市图书馆约见了卫质文之孙卫增;2017年7月22日晚,笔者到百岁坊巷专访了卫机平之子卫然老人,了解卫家的情况。另外,笔者与百岁坊巷顾宝后裔顾磐曾先生同在东林文化研究会,笔者对亭子桥顾氏及其分支百岁坊巷顾家的最新研究成果总是和顾磐曾先生第一时间分享,顾先生对家族及百岁坊巷的回忆反馈,也为笔者提供了许多线索。2022年11月,笔者在中国第一历史档案馆查到了有关顾宝的一批奏折和题本,从而解决了顾家的许多谜题。

在历史上,百岁坊巷既是出期颐、有五世同堂天伦之乐的长寿福地,又是人才荟萃的灵气之区。而今,虽然旧时房屋已经拆迁,但有美好愿景的巷名至今犹存,这无疑也为锡城保留了一份吉祥和文运的记忆。

东河头巷

　　1948年4月30日的《锡报》"蓉湖室杂谈"一栏有锡山通讯社社长石清麟介绍东河头巷由来传说的一篇文章：

　　东城内东河头巷，明初名茹家巷，有茹氏居此，故名。俗称酒肉巷，以其家好饮食相争，子弟多夭于酒。妇女能守节，旌于朝者四，其不蒙旌者，亦清节著称，故又称贞节巷。后改今名。

　　但光绪《锡金县志》载："东河头巷旧名董家巷，即五箭河，南通凤仙巷，今名东宁巷，有安诗进士坊额，北通张花木巷。"

　　东河头巷北面平行的是小河上（今崇宁路东段），南面是留芳声巷，东面是进士坊巷，西接新生路。五箭河断头于巷中段偏西位置，在河浜西侧，形成一个稍大的广场，清末著名外交家许珏宅院（后门牌为50号）大门正对此广场。除有许珏及另外两支不同族源的许家外，此巷也是锡邑秦、华、邹、钱、杨等望族聚居之地。

　　巷东头是既翁堂许氏，始迁祖为许松佶。许松佶（1693—1764），福建闽县人，历任多地按察使、布政使，官至湖南巡抚。迁无锡后，购地建宅，取名既翁堂。许宅前造门头设有龙凤抱鼓石，檐瓦有龙凤图案。现存门厅、正厅（既翁堂）、转盘楼等四进，西院牡丹厅三间六架，柱基为年代较久的木础。族裔定居东河头巷,到许倬云一代时,已历九世。据既翕堂许景渊之孙许诤提供的《迁锡许氏支谱》记载,著名《研露楼琴谱》的编者崔应阶之孙女(另一子崔珣之女)嫁给了许松佶(迁锡始祖)之孙许祥墀,即许景渊五世祖母崔氏。再查许松佶与崔应阶的官宦履历档案,发现他们在乾隆二十二年有交集,该年崔应阶降补江南常镇扬道(无锡在此辖区),旋擢江苏按察使,而许松佶时任江苏布政使,估计孙辈的亲事正源于这个时段。

许景渊是既翕堂四房裔孙,生于1912年,笔名劳陇,是著名翻译家,后任教于国际关系学院,妻钱锺元系无锡著名士绅钱孙卿女,所以许景渊也是钱锺书的堂妹夫。许景渊族侄、著名历史学家许倬云则属许氏既翕堂五房。许倬云,1930年生于福建厦门鼓浪屿。1945年入无锡辅仁中学读高中,此前未曾入学。1949年随父母去台,在台湾省立台南二中读高三。后考入台湾大学历史系,大学本科毕业后成为台湾大学文科研究所的第一名研究生。1956年获得硕士学位,入"中研院"历史语言研究所当助理研究员。1957年赴美国芝加哥大学东方研究所深造,5年后获得博士学位。当年返史语所,历任副研究员、研究员,同时受聘于台湾大学历史系,任教授和系主任。1969年赴美国哈佛大学作访问学者,1971年赴美国匹兹堡大学作访问教授,翌年改为常任,1980年被聘为校讲座教授。同年当选为"中研院"院士。1999年元月在匹兹堡大学退休,并赴杜克大学作访问教授。有专著十余种,论文100余篇,并在报刊和杂志发表大量评论和散文。其代表作有《中国古代社会史论》《汉代农业》《西周史》等。

我(许倬云)在官方史料上发现。青岩公为山西巡抚觉罗石麟保举的能吏,蒙受雍正皇帝召见。雍正命令他针对时政撰文上奏,青岩公写的是救荒,应对称旨,特放山西夏县知县,以此青岩公的大半生都跟救荒脱不开,哪儿有灾情他就去哪儿救荒,从山西到广东,不管有多远,都有他的足迹。我家祠堂里挂着一套蓑衣、一双钉鞋,据说是他步行去救荒时穿的。去世前,他在安徽长江两岸救灾,既须督堤工,又须放赈粮,以72岁高龄累了两个月,终于一病不起。

我们许家在无锡落户后,成为典型的江南士大夫家庭,世世代代以读书入仕为正途,家势原本还满兴旺的,但是自从太平军过境后,家道一落千丈。

……

太平军过后,我们许家只剩下两名男丁。重建家园时,门窗都坏了,别家的门窗也被太平军丢在外面。还好每家门窗的格式都差不多,到无锡街上买来配上,没有什么困难,但还是花了几十年的时间修修补补才告完成。

我祖父是个很老实的读书人,考过功名,中了秀才后却对仕途不感兴趣,没有继续考下去。他特别喜欢算学,在家没事就搞算学,中西数学都玩,我还看过他的算草。但是人总得过日子,为了生活,他也找工作,学生做官,就跟着学生当家馆、做幕府,让学生养着他。他不做钱谷刑名,除了文章写得不错,帮学生拟各种文稿之外,大概就是搞自己的算学,所以家中经济相当拮据。

祖父有两个儿子、两个女儿,他的哥哥去世得早,留下我三堂叔。由于他自己没有很好的收入,不但要养活自己的妻小,又要照顾哥哥留下的一家人,经济负担很重,相当辛苦,家道每况愈下。

我们家在无锡的宅子是青岩公买了人家的房子之后改建的,太平军东下江南时曾被占用,淮军恢复秩序后,也曾占用。大乱之后,残破不堪,经过曾祖父重修后,取《诗经》"兄弟既翕,和乐且湛"为堂号,名"既翕堂",即兄弟和洽之意。"既翕堂"的前门叫东河头巷,后门叫小河上,现在叫崇宁路,门牌是崇宁路7号。1987年,无锡市文物管理委员会把"既翕堂"列为遗迹,可惜目前已拆了。

"既翕堂"号称是江南最大的转盘楼,共有两层,每层楼二十四间房,门外的走廊彼此连通,可以跑马,所以江南话又称"跑马楼"。关于这栋宅子我也做了一个小考证。从建筑形式来看,我们应该是客家人,因为客家建筑不是普通的江南格式,从大门口往内一路升高,到了正厅,屋顶已经比别的屋子高出一截,最后变成两层楼,这就是"步步高升"的意思。

这栋大宅子大概可以住两百多人，我小时候还有上百口人住在里面。中堂两边分别是桂花厅、牡丹厅，一左一右，两落三进，由大门口走到最后共有五个院落。

中堂传统上归我们这一房使用，青岩公有六子、四女，大概数三子老五的官位最高，或是他在家里住得最久，所以占了正房，由他伺候老太太，也就是青岩公的夫人，从此五房的子孙就一直住在中堂。不过五房人丁一直不旺，因此左右两边的族人如果房间不够住，一样能到内宅要求分几间房。

我们家一进门是照壁，对面是三个大门的三开间大厅，有个裁缝坐在大门口，边开业，一边兼做门房。无锡的大宅子都是这样，每家大宅子门口都住着裁缝，虽然接外面来的生意，但光是宅子里几百口人衣着的生意就够他忙的了。

大门口另外一边放的是出巡、回避的旗、伞，再里面是轿厅，又叫门厅，在大厅后面有一条道巷，有两三间可以摆轿子。道巷过去就是院子，左右两边各有四间房，让佣人、工人或是客人带来的仆人在那儿歇歇腿。旁边仓库里放的是椅披、桌围等各种杂物，以及不需要用的家具。还有两间账房，整个大宅子的进出账目靠这两间房子，理论上我们全族、祠堂的钱，通通都归账房管。我们有一位族长，他是辈分最高的，但不是我们这一房的，因为小房的人辈分高，所以族长永远都是小房，他的权力就是支配学田跟寡妇田，还有祭祀、修家谱。另有一位选出来的干事，是全族最能干的，负责帮族长做事。

经过第一进的院子之后有个小厅，后面也是个院子，旁边两落厢房，可以做客厅，也可以做额外的空间，家族里过多的人也可以住在这里。此外，还有一个小仓库。再过去一个院门就是中堂大厅，一排七间的大殿，两边没有厢房，遇有大事才会开正门，里面挂着历代祖宗获得的匾额，男的女的都有。传统的建筑格局都有个丈量标准，刘铭传到台湾之后，对台北城内的街道和店面宽度都做了一定的规划，那个店面宽度就是一间，七间就是七个店面的宽度，叫做七间殿，如果叫九间殿就是亲王府了。我们家这七间殿在太平天国时还做过王府，当时太平军无锡守将是忠王李秀成的手下，后来又被淮军占为存放军火的军火库。

大厅的屋顶比前厅的屋顶要高出很多，所以才叫"步步升高"，里面铺的是大青石地板。在我记忆中，每年祖母都带着族里的太太、小姐、丫环、女工们在大厅养蚕，结了茧子之后拿出去卖。所得的酬劳统一由她老人家分配，按个人的工作量，或是她认为谁该奖赏，分配零用钱。这不在全族的账目里，完全由族中妇女经营。

养蚕是季节性的。我们宅子旁边有个桑园，当年青岩公买下宅子后，吩咐家人把里头整理干净，仿照诸葛亮的做法，种了八百棵桑树。这些桑树都很矮，女孩子挽个篮子就摘得到，小孩子也可以摘桑葚吃。我记得摘桑葚很容易，一摘就摘下来了，吃得满脸都是紫色。

……

我们有一支族人从苏州迁回来，住在桑园里；一支在河北保定，后来失去联络；另一支在浙江处州，也失去联络；还有一支在福州长乐老家，当时还有来往。长乐人讲福州话，我们应该是讲福州话的客家人，我父亲的福州话讲得相当好，如果他到长乐，还会去祠堂祭祖。

无锡的大宅子之间有防火墙相隔，有些防火墙比屋顶还高，中间有一条窄衢，万一失火了不会相互波及。基本上，五服以内的亲戚都一起住在院子里，过了五服就住在牡丹厅、桂花厅。院子里还有一落房子是给世世代代做我们家佣人住的，这些人在我们家住了几辈子了。我父母亲的房间称上房，大概有一般房间的三倍大，我跟我弟弟睡的房间小，差不多有五六坪。在院子四个角落中，三个有厕所。乡下地方有些老关系，习惯以物易物，用肥料换稻草，有人会包下厕所的肥料，用稻秆交换，给我们做燃料，那都是天然肥，所以有句话说："柴有粪坑米有田。"平时有一大船一大船的稻秆运进来，堆放在柴房，稻秆的体积虽大，但分量很轻，所以一大船的柴其实也不重。我们家的柴房有两层楼高，木柴和稻草从地上堆到屋顶，每天需要用时就去抱一捆来烧，打个结往灶台里一塞，本事好的太太，一顿饭只要一把稻秆就够了，本事差的就得烧上好几把。

　　无锡人非常节省,早餐吃的是昨天的剩饭,和一和开水吃,叫泡饭。晚上也是泡饭充饥,只有中午一顿吃新鲜的。一般人家里永远有热水,一个灶台大概三四张桌子大,三个大锅,中间有许多小洞,里面是小锅,有个小锅很深,是专门烧开水用的,整天热着,因为灶里随时有余火。我们家有几十口人住在一起,包括我三堂叔一家子,平常生活各管各的,灶上各人烧各人的锅,灶里的火大家公用,反正余火随时在烧。厨房里还有一口井,因为江南的河流多,粪船在河里来回,老实讲河里的水不是顶干净的,因此每家都会在厨房里凿一口深井,旁边的井圈夯得非常密实。井水仅供饮用,平常洗衣服、浇花、洗澡都不用井水。

　　我家前后都是河,无锡附近的河,从二箭河、三箭河、四箭河、五箭河……一直排到八箭河,一箭是大概的距离,也就是古时候拉弓射出一箭可以到达的地方。院子里有一个泊船的小平台,船可以开进来,平时在那儿下柴,外出也可以在那儿上下船,例如去给祖宗上坟就是坐船,从门口上船之后,慢慢摇进运河,一直到祖宗的坟都不用下船。

　　……

——《家事、国事、天下事——许倬云院士一生回顾》

　　许倬云父亲许凤藻,字伯翔,生于清光绪十七年(1891)。幼入竢实学堂读书,毕业后插班考入南京水师学堂,与陈绍宽同班。1909年,授协军校,历任湖鹰雷艇副长、联鲸舰副长。辛亥革命爆发时,许凤藻遣送旗籍舰长登岸,自率数艇驶九江,防遏清兵溯江援鄂。孙中山于1912年4月上旬乘坐联鲸舰前往武昌慰问辛亥武昌首义同志,由凤藻负接待之责,沿途向孙中山详细报告所经兵要地带以及人情、风俗、物产、交通等状况,孙中山离舰前手书"海天一色"四字横匾,并将签名照一并赠许为纪念。

　　1917年,许凤藻供职第二舰队司令部,后历任楚有舰舰长、总司令部参谋长、海军部司长、外交处处长等职。1926年以海军少将退役。

　　1928年,许凤藻任厦门关监督兼外交交涉员,前后共七年。抗战前夕,调荆沙关监督。1939年，兼湘鄂货运稽查处长。1940年5月，转任第五战区经济委员会主任委员。1945年8月，抗战胜利，许凤藻奉命赴沪协办接收事宜，负责恢复长江下游及东南沿海之航运。此项公务完成，许凤藻因病返居无锡休养。1947年，任外汇管理委员会厦门办事处处长。许凤藻1949年初携眷去台，1953年8月24日病逝，终年六十三岁。许凤藻妻章舜英，出自近邻进士坊巷章家，两家相距不过数十米。章家也是书香门第，章舜英伯祖父章钧是举人，父亲章鸿逵是庠生。许凤藻大妹嫁锡邑士绅高映川长子高昌炜。

许倬云兄弟庆云、翼云、凌云，姐妹留芬、婉清、有榛、菉淇，皆学有专长，卓然有成。

20世纪上半叶起，既翁堂许家后裔逐渐到外地

许氏既翁堂旧影

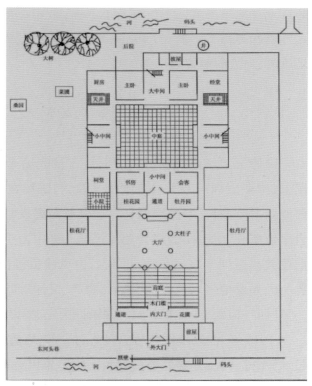

既翁堂平面图（源于许倬云《家事、国事、天下事》）

谋职,有关档案显示,20世纪50年代,旧宅还剩许凤华、许登云父子以及许焕唐、许焕尧等后人,旧宅90年代被拆迁,许家的历史遂渐渐被人淡忘。随着许倬云《家事、国事、天下事》一书中对故居的回顾,这一切又隐然而现。

杨荫浏的二姑夫许维槐、三姑父许维桢则均出自东河头巷另一支许家,许维槐、许维桢两人是族兄弟。许维槐,字晋卿,生于咸丰十年(1860),卒于光绪三十二年(1906),娶举人杨昌祜(杨荫浏嗣祖)长女;许维桢,原名汝枚,字翼周,附贡生,生于同治三年(1864),卒于1924年,妻为杨昌祜三女。他们与民国无锡第一任警务长许嘉澍(宅在小河上)均属于锡山许氏夹城里支。

东河头巷第三个许氏家族,属于安徽歙县迁锡支,这个家族晚清民国出了多位外交官。代表人物许珏,字静山,号复庵、乐余老人,生于清道光二十三年(1843),廪贡生,光绪壬午科举人。曾应山西学政朱酉山(名福基,无锡城南人,详见《永兴巷》一节)之邀,赴山西协助批阅科举考卷达三年之久。光绪三年(1877),入四川总督丁宝桢幕。光绪八年,入户部尚书阎敬铭幕。光绪十一年(1885),由阎敬铭推荐,随张荫桓出使美国、西班牙、秘鲁等国。光绪十五年,以参赞身随薛福成出使英、法、意、比四国。在伦敦,许珏游说英国禁烟会人士,联名上书英下院,要求停止向中国输出鸦片和禁止在印度种植罂粟。光绪十九年,又以参赞身份随杨儒出使美国。针对美国迫害华工事件,他敦促并协助杨儒与美方交涉,迫使美方与中国订立了保护华民约款六条。光绪二十一年因病辞职回国。后为张之洞等人幕僚。光绪二十六年(1900)四月,在无锡设立禁烟局。八国联军攻入北京,慈禧太后与光绪皇帝逃往西安,许珏只身北上"勤王",至山西折回。光绪二十七年,奉命以道员资格往广东主持税务。许珏加重鸦片烟税,以期寓禁于征,取得成效。光绪二十八年,以候补道赏四品卿衔,出使意大利。一生四次入幕,九度出使西方。辛亥革命后,许珏以前清遗老自命,蛰居无锡,不再过问国事。1916年10月24日去世,终年73岁。有《复庵遗集》《复庵文集》《复庵诗集》《复庵书札》《禁烟炭存》等著作传世。妻系留芳声巷华黼臣之女,侧室杜氏。共育有同范、同蔺、同莱、同华四子以及四女,长女嫁留芳声巷杨锺钰(杨荫浏叔父)。长子许同范(字文伯)为民国著名外交官;次子许同蔺(字仲威、颂纬)为著名翻译家;三子许同莱(字叔娱)曾任中国银行会计主任;四子许同华(字季昌)历任清末邮传部法文翻译、京汉铁路管理局科员,1912年正月曾参加了郑毓秀等人实施的刺杀袁世凯的行动;侄许同莘(字溯伊)为张之洞幕僚,著有《公牍学史》《张文襄公年谱》。许珏的孙辈也多为精英,如许同范的长子许寿慈毕业于日本早稻田大学,也是晚清至民国时期的外交官;许同范次子许念曾是巴黎大学博士,也是民国知名外交官;许同蔺之子许思园(名寿康)为著名翻译家;许同华子许寿真为著名世界语学者,是"成都十二桥烈士"之一。许家西邻是华家。

钱保稚夫妇天坛合影(高大千提供)

钱氏是东河头巷的大族之一,属湖头钱氏东河头巷支,祖宅也在东河头巷偏西位置,后门在小河上,其中还有一条钱姓公弄。晚清时,钱承煦、钱承驹兄弟均是庠生,钱承煦还中了光绪乙酉科举人,任砀山县教谕。两人之长兄钱承康,字守温,号孟安,生于道光丙午(1846),是世泰盛绸庄的创始人;仲兄钱承熙,字熙平,号仲坪,生于咸丰辛亥(1851),则是时和布绸店的创设人之一。钱仲坪生有五子两女,四子钱保华,名泰堃,号望卿,是锡城著名西医;幼子钱保稚,名泰堃,号焉卿,生于光绪丙申(1896),1927年春接任世泰盛绸庄经理,使世泰盛进入鼎盛时期,1938年出任上海富中染织厂董事长。钱保稚子钱鹏伦任台湾太古集团董事,成功投资开发越南西贡。一女钱冰若嫁民国锡邑士绅高映川之子高昌运。钱仲坪后人建洋房于崇宁路新生路口东南角。民国无锡农会会长、士绅顾彬生子顾敦吉之继妻钱毓瑾也出自东河头巷钱家,钱毓瑾曾就职于上海邮政局。

秦氏有两户住巷西段。秦振镐,原名大镛,字卓桴,号尚园。邑庠生,理科研究会毕业。历任秦氏公学、竢实学堂校长以及乙种工业、女子师范、松江吴江中学等校舍监、教员,无锡市议员。著有《云间旅稿》《杭游小草》《学算一得》《乙种师范算术讲义》。生于同治辛未(1871)四月十六日。有四子四女。

长子秦宏济,字毅修。生于光绪癸卯(1903)八月十八日。交通部南洋大学毕业,电机科学士。部派津浦铁路任职。著有《专利制度概论》,是我国第一部有关专利著作的专著,1944年获教育部学术审议会年度决选得奖。卒于1988年1月30日。秦振镐宅院在20世纪50年代门牌编为66号。

再往西靠近新生路的74号,是秦执中家。秦执中,名尧佐、权,号俭斋,以字行,生于同治甲戌(1874)三月十七日。师范毕业,1920年任私立唐氏两等小学校长。1921年任新教育研究社社长。曾任孙氏勉强学校主任、秦氏公学校长、秦氏小学校长。1919年参与发起组织无锡佛教协会。1933年任培西小学校长。20年代前后多年任无锡市教育会会长。编著有《秦氏公学纪念录》《春晖追痛录》。曾获五等嘉禾奖章、内务部二等金色奖章、教育部三等奖章。去世于1958年。

邹氏龙泾三房有一支族人居东河头巷,晚清入庠的有邹常训、邹常保兄弟,邹常保之子邹颂丹为民国著名金融家、实业家。邹颂丹,名呈桂,生于光绪己卯(1879),早年师从钱史才、顾鸣皋、顾振新、顾梅梁等名儒,光绪二十五年入庠。自幼酷爱算术,钻研近代各种算书,对珠算造诣颇深,尤精于"飞算"。1905年实业家周舜卿在上海创设信成银行,资助其赴日学习银行业务。次年回国后在信成银行任职。后历任长春大清银行协理、南京大清银行经理、南京中国银行经理、黑龙江官银号经理、上海蒙藏银行经理及中国农工银行经理等职。自1899年起即与唐骤庭、程敬堂等合伙创办绸布庄。在实业救国的影响下,合股创办丽华布厂。1920年又创建丽新染织整理公司,引进英国机械和技术设备,在1933年扩充为丽新纺织印染股份有限公司,长期担任该公司董事长。同时,合伙创办九纶绸庄,并向无锡申新纺织三厂、庆丰纺织厂等企业投资。还担任上海粉麸交易所理事,光华火油公司监察、上海工业银行常务理事等职。邹颂丹爱好旅游,足迹几乎遍及全国著名风景名胜,在雁荡山大龙湫、上海豫园和无锡梅园诵幽堂等处,均留有其题联及碑记。邹颂丹卒于1959年。

秦毓鎏儿媳郭宝瑜住东河头巷新生路路口,郭宝瑜又名淑良,生于1904年,父郭祖葆,原籍吴县,副贡。郭宝瑜10岁进秦氏公学,1922年毕业于竞志女中。在校期间,她不仅学业成绩优秀,更关心社会,撰写的白话文刊发于《竞志》杂志,与同学范德珩、王世华、赵容等组织学生自治会,创办会刊,还联合圣婴中西女校潘真娟等发起成立"清洁无锡会"。毕业后随侯鸿鉴到福建启明女子学校任教,被侯鸿鉴收为干女儿,其间与赵容曾学习弹奏古琴。郭宝瑜丈夫秦鉴源是其秦氏公学时期的同学,夫妇共育七子三女,郭宝瑜1978年去世。郭宝瑜姐郭宝瑛(字泳霓)1916年1月也毕业于竞志女中,曾任安徽芜湖女子学校教员。

留芳声巷杨宅北部的宅院住着杨荫浏的远支宗亲,大门北向于东河头巷,内部与留芳声巷杨宅相通,中间有门相隔。这也是一个书香世家,晚清有杨士昌、杨福宇、杨虎臣、杨骏臣、杨学仁等人入庠,杨骏臣子杨葆时娶著名农业教育家过探先姐为妻。杨家近侧巷中有参天古树两株,树龄约三百多年,是巷内古庵之遗物,后属杨氏诒清堂族产,1941年尚存。

东河头巷还有一支蒋姓族人,此族非无锡本地蒋氏,而是由金坛迁锡,迁锡始祖为蒋骥。蒋骥,字勉斋,岁贡生。蒋骥父蒋衡,字湘帆,晚号拙老人,生于康熙十一年(1672),卒于乾隆八年(1743),岁贡生,善古文辞,工书法。曾校定并以楷书书写《十三经》,共八十万字,用十二年完成后进呈御览,乾隆年间奉敕刻石列太学,目前这些《十三经》刻碑仍存北京国子监。蒋骥孙蒋锡孙,字望庭,为乾隆壬子举人,历任浙江天台、上虞、慈溪知县;曾孙百春,为廪贡生;玄孙蒋在镕,字可亭,附贡生。

蒋在镕长女嫁薛福同,三子宝丰、宝章、宝光均为庠生,其中蒋宝丰中举。蒋宝章,字辅臣,曾就读于南菁书院,受知于山长丁立钧。蒋宝章家贫,以课徒为业,平时手不释卷,寒暑不辍,好沉潜之思,曾游历湖南、上海等地,著《自怡室诗文钞》。

除住户外,民国时东河头巷内也曾有鱼市场事务所(1941年设)、丽泽英文专修日馆等机构。1950年2月1日,无锡市妇幼保健院在东河头巷49号正式成立。

旧时的东河头巷里,不光有家长里短式的里弄私语,也不乏嘈杂的叫卖之声,甚至还有锣鼓喧天的粉墨登场,如在许珏门前广场就有"草台班子"时常演出,张笑佛在台北同乡会的《无锡乡讯》中曾有回忆。

京剧"草台班"在东河头巷

民国初年,无锡还没有电影院,人民休闲只有下午及晚上到茶馆店去听"说书"。京戏难得来无锡演出,故传统京戏,都是"草台班"。民众免费看戏,是由富有人家包资付给,其出资者不外:一是子女为双亲上寿;二是市民在神前求子、求财、求某事成功后还愿而演戏。先是觅一阔广大场地,东河头巷许静山宅边大广场是最理想地点。演京戏有三天或七天,事前在四城广贴红纸告示，某月某日起在某某场地演戏几天，为酬某某神，或为岳父母上寿等式样。京戏的"草台班"，备有大木船一艘，川行于太湖或长江下游一带县邑，专门包日演京戏。班中生旦丑大小花脸角色俱全，并备有搭戏台木柱木板，一经与客户议妥价目，及所演戏目与日期后，即在客户指定大广场上搭起戏台。其形式与故宫博物院所藏《清明上河图》图中所绘戏台，一模一样，无锡俚语称"一脱似色"，台高七尺，深、宽十五至二十尺，分前台、后台。晚上八时开演，挂有大煤油灯（俗称汽油灯），前后台各一盏，燃煤油下备打气筒，导以小铜管，气压打入大灯内，汽化后燃烧成光，每灯大约有一千支光亮度。这种汽灯是《清明上河图》中所没有的。戏目以《水浒》《三国》《包公案》《施公案》为最常演，先以跳加官祝福主人贺语开场，而后入正戏，至半夜三更天亮前始收场。可是许静山场地，自下午起小贩零食云集，以笔者回忆有荤汤豆腐花、油豆腐、鸭血线粉汤、五香牛肉汤、臭豆腐干、小罐头酒酿、蔗浆、烧饼油条，以及花生仁（无锡人称漏肉），此外各色小吃，不胜其数。下午原本离开锣时还远，可是已人山人海，看热闹与吃零食而已。其中特有一个人挑得起的热卖"馄饨担"，是江南特有的肩挑熟食，值得描述以传后世。

槐树巷

众所周知，中华民国是在谈判桌上产生的，南北各方为把帝国变成民国，把王朝变成共和，采取坐下来和平谈判的方式，彼此妥协、退让、博弈，不是哪一派全赢，也不是哪一派全输。这样的方式付出的社会代价最轻，成本最低，而不是习惯于中国原有的暴力逻辑痛打"落水狗"。从这个意义上说，辛亥革命在中国的政治文化中开了一个好的先例。

这个和平谈判就是大家熟知的"南北和议"，一般都讲和议即是唐绍仪与伍廷芳之间的谈判，但实际"和议"还另有一个不太为人所知的秘密谈判，是在廖宇春（字少游，北洋学堂总办）和作为黄兴代表的顾忠琛之间进行的，而廖顾谈判形成的五项约定对民国初年的政治格局影响重大。

顾忠琛，字荩忱，号道生，是同盟会会员、南社成员，参加辛亥革命，参与无锡光复，为民国军衔（中将）、爵位（勋三位，相当于伯爵）最高的无锡人。顾忠琛生于光绪庚辰（1880），是明代东林领袖顾宪成十一世孙、清初著名词人顾贞观八世孙，毕业于安徽武备学堂，历任江苏军政府参谋厅厅长、中华民国总统

顾忠琛任命书（无锡市史志档案馆藏）

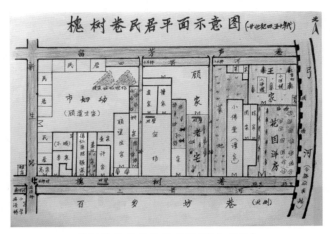

槐树巷民居平面示意图（顾大庆绘）

府咨议、中国国民党本部军事委员会委员、北伐讨贼军第四军军长、国民政府文官处参事等职。抗日战争中，任汪伪国民政府监察院副院长、院长，1945年8月去世。顾忠琛旧居就在无锡城中槐树巷。

槐树巷位于锡城东南隅，巷前为三箭河。三箭河又名冉泾，原通直河，明中叶西段湮塞，后里人尤盛明把冉泾与直河开通，并修建了一座承贤桥，冉泾西段就此改称为新开河。新开河与三箭河之间为冉泾桥，连通三下塘（后为新生路）。20世纪40年代，三箭河还通行小船，河中鱼虾不少，住户临河边均有码头，用于洗衣、洗菜等。明朝南京礼部尚书邵宝故宅容春老屋就在冉泾桥西。槐树巷因沿三箭河植有一长排老槐树而得名，它东抵城墙弓河，西过新生路与新开河相接，北邻留芳声巷，南与百岁坊巷隔河相望。槐树巷与其他街巷不同，自有特点。旧时巷内除有错落有致、风格迥异的江南民居外，在槐树巷西口耸立一座为明代张选所立重檐的"谏议坊"，因通政使司通政张选的宅第就在槐树巷中，旧址即在虞顺庆家（门牌为13号，门前有照壁）。横跨三箭河的冉泾石桥，桥侧立由顾宪成、高攀龙等题写的修桥纪事碑。槐树巷西口有一幢上海石库门式的三层小洋房，1949年前后办过德仁医院。巷中部为五开间、六扇竹丝大门的举人顾棣宅第。顾棣旧宅东面隔数家即一条小弄，通留芳声巷。弄东侧不远就是"征纬堂"顾氏一族大宅。再往东，还有一座小寺庙，俗称"和尚堂"，约居二十名僧人。小院南北走向，呈长方形，进门东西两侧并列有真人大小的砖砌佛像，坐北朝南的木质高台上供奉主要佛像。巷底离城墙、弓河不远处便是王姓兄弟俩的住宅（也有认为房主是著名建筑师江应麟兄弟，此处采用顾大庆兄弟的忆述),兄弟俩在民国政府铁道部任职,于20世纪30年代,在槐树巷底建造花园洋房。这是整条槐树巷中最为气魄的欧式建筑,也是当时锡城东南隅的地标建筑。兄弟俩20世纪40年代末去了台湾。据顾大庆兄弟们的回忆,此宅两扇沉重的大铁门平时关闭,只有轿车进出方开启,平时只留小铁门出入。沿河南墙墙面用水泥拍成尖刺状,用于安全防护。大门内有立砖砌成"人"字形的宽阔通道,两边用矮树护栏,更有两排塔松分列路旁。通路右侧是大花园,各式盆花、盆景,足有千余盆之多,气魄香艳,蜂蝶群舞。左侧为一四方小空地,种植玉米、向日葵,与右侧的花木相映成趣。院内有园丁带狼狗护院。再向里,是一人多高的隔墙用于分隔前后园,遮掩内园。墙上开有圆门,另有人看守。内园有式样完全相同的两幢欧式三层小洋楼。两楼相距不远,配有高大雪松、假山、花草等。内院最东侧有玻璃花房。这座花园洋房,式样颇像南门缪斌公馆,只是占地更大,更为气派。中华人民共和国成立后,此花园洋房曾一度为市卫生防疫站办公所用,后被拆,原地另建办公大楼。花园洋房门前为立砖砌成的宽大广场。沿三箭河边造有两个水泥码头。此处三箭河河面宽阔,水清鱼多。

顾氏历来是槐树巷的望族,明代广东按察司副使顾可久(字与新,号洞阳)有住宅在巷内,宅中有其学生海瑞所题"抗疏名臣"匾额。清中后期起,又有两支顾氏建宅巷中,顾忠琛所在的"征纬堂"在东,顾棣宅第在西。两家顾

顾庆祥与家人在王家洋房楼前的合影(顾庆祥提供)

顾乃昌一家三代在王家洋房门前的合影

氏同姓而分属不同宗支,顾棣是顾栋高五世孙,关于其祖上的详情可参看"学前街"一章。顾棣,字鄂莘,号吟常,生于道光庚戌(1850),光绪丙子(1876)举人。顾棣世居塔坊桥,中举后建新宅于槐树巷,并在东乡梅村街上设馆课徒,在当地也有田产,故其子孙不少在梅村有生活经历。顾棣有宗炜(字贻孙)、宗焕(字颂尧)、宗炯(字叔明)和宗燨(季良)四子,一女嫁塔坊桥杨春灏(字幼梅,附贡,邮传部郎中)。长子宗炜和次子宗焕均为庠生。侄顾宗灼(兄顾梓子),字俊三,生于同治七年(1868)。顾棣自幼熟读经书,习制举文,后取古人金石文字、法书名画,摩挲考订。又学李阳冰篆文,治印章,笔法苍劲浑朴,造诣精湛,是当时著名篆刻家;并设塾授徒,循循善诱,讲解详明,造就人才甚多。民国建立后,曾经营米业谋生,信誉卓著,在同业中共相推重。去世于1929年。顾棣侄女(兄顾梓女)嫁举人钱麟书(字史才,曾任绩溪知县,住镇巷),钱麟书子钱海岳为著名南明史专家。

顾棣之孙顾铁符,字荫生,光绪三十四年(1908)7月出生在梅村。其父颂尧(顾棣次子)英年早逝,顾铁符丧父后家境贫困,而于1924年在梅村中学辍学肄业,先后在杨氏小学、无锡县女中附小、县立第五高等小学、大墙门小学及安徽和县中心小学等校执教,业余自习绘画、雕塑、生物学、民族学等。曾多次随生物学系采集队到广东北江瑶山、广西大瑶山等地采集亚热带动植物标本,并进行民族调查,从事民族学研究,并参加海丰新石器时代遗址的调查发掘,自此开始了对考古学的探索。其间,曾任中山大学研究院技佐、中山大学文学院讲

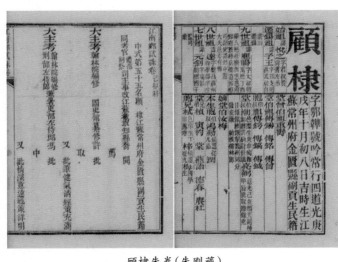

顾棣朱卷(朱刚藏)

师和图书馆主任等职。1950年任中南军政委员会文化部文物科科长，兼任武汉大学讲师。1954年任中央文化部文物局业务秘书。1958年以后一直在北京故宫博物院工作，先后任副研究员、工艺美术史部副主任、代理保管部副主任等职。1964年后专门从事研究工作，1982年晋升为研究员。顾铁符早在解放前夕，就积极投身进步活动，于1949年5月参加了广州地下教协组织，接受革命任务，为解放广州做了有益的工作。顾铁符在从事文物考古和博物馆工作中，有着丰富的田野考古实践经验，曾参加和指导了多项田野考古工作，其中主要的有湖南长沙楚墓和汉墓、湖北随县曾侯乙墓、山西侯马晋都新田遗址等处的考察、发掘、整理和研究，取得了重要的成果。顾铁符在学术上勤于著述研究，先后在全国多种刊物上发表了多篇有关文物、考古的学术论文，如《楚王邑考》《随国、曾侯的奥秘》《泰山没字碑的性质及其时代》《关于北周李贤氏姓、门望、民族的一些看法》等，并出版了《夕阳鱼稿》考古论文集和《楚国民族述略》专集等书。顾铁符去世于1990年。妻程继耀，毕业于荣氏女学，工文学，擅刺绣，杨春灏系两人婚礼证婚人。顾铁符有子芝祥、同曾。长子顾芝祥，生于1930年，同济大学毕业，后被选调大连海军工程学院任教。次子顾同曾，生于1933年，同济大学毕业，后任北京市建筑设计研究院教授级高工。顾

顾铁符

顾望生与孙女在老宅内合影（顾洁提供）

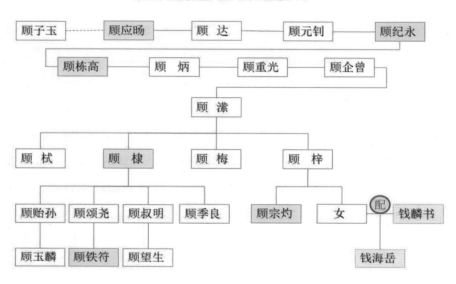

槐树巷23号顾氏世系简图

铁符一直在外地学习工作,但在槐树巷祖宅中名下有房产,顾铁符的岳父程文森(西漳牌楼人,原从事堆栈业)一家就长期居住在顾宅的第一进。

顾棣的宅院,后来主要是三子叔明一家所居。叔明子望生,生于1924年,担任过河埒中心小学校长和胜利门中学教师等,去世于2012年,育有三子三女。顾棣宅院,为五开间四进,六扇竹丝大门,门前是青砖立砌的砖场,植有两棵近两人合抱粗的高大榉树,树龄应在百年以上。门厅墙面为水磨青砖,门内有长条状天井,后面是厅堂和厢房,最后一造屋后还有花园。第三进砖雕门楼镌刻有俞樾所书"经学传家"匾额,标示宅主人为顾栋高的后裔。整个宅院1997年因妇幼保健院扩建而被拆。

槐树巷东面的顾宅,系顾忠琛曾祖顾景荣(顾贞观五世孙)所建,顾贞观祖居泾里(今张泾),后迁居城内连元街。顾贞观中举后,被擢内阁中书,故其在连元街的住所被称为"内史第"。到乾嘉时期，后裔纷纷从内史第迁出，顾景荣迁槐树巷，仍然沿用五世祖顾贞观的堂号"征纬堂"。顾忠琛父顾祖辰为庠生，顾忠琛有四子五女，其中次子顾霖（字雨苍，震旦大学毕业）早逝，长子顾楫，字作舟，生于1904年，是法国工业大学硕士，民国时任四方机车厂（青岛）副厂长，在抗战前期克服千难万险把机车厂成功转移到后方株洲、西安等地。一位名叫陈光荣的作者在1985年专门采访顾楫，写了一篇《抗战时期四方机厂南迁记》文章刊出，以纪念这些为中国的机车车辆事业默默作出重大贡献的前辈。顾楫后来任铁道部科技局高级工程师。

顾忠琛三子顾森，字茂如，1913年7月13日生于上海。1936年，毕业于上海光华大学化学系，获学士学位，后就职于上海植物油厂。抗战爆发后，随工厂迁到重庆。1940年，经何穆介绍，到重庆红岩村第十八集团军重庆办事处工作，更名林华。同年11月，前往延安，任自然科学院教员、陕甘宁军工局工程师、西北铁工厂厂长、晋察冀边区龙烟铁矿公司工程处处长，在延安创建玻璃、陶瓷、耐火材料工业，对军工生产做出很大贡献，获陕甘宁边区甲等劳动英雄称号。1945年初，奉调到瓦窑堡筹建西北铁厂，并任厂长。1946年，任大连化学厂副厂长。1947年，加入中国共产党。同年，调往哈尔滨东北财经委员会（后改为东北工业部）工矿处工作。1948年4月，任吉林化工区负责人。11月初，奉命接收沈阳、锦州等地的化工企业。同时，组织筹建东北化学公司，后定名东北化工局，任副局长。中华人民共和国成立后，任东北工业部总工程师、东北工业部化工局和重工业部化工局副局长，组织恢复和发展东北化学工

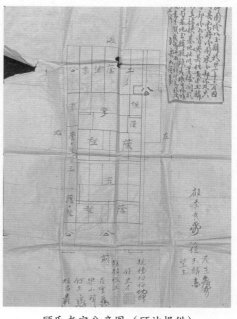

顾氏老宅分产图（顾洁提供）

业,制订吉林化工发展规划。1950
年,对鞍山、本溪、抚顺、大连等钢
厂生产的煤焦油综合利用问题提
出规划设想,后通过科研、设计和
建设得到落实。1951年初,作为姚
依林率领的第一个中国赴苏贸易
代表团成员,参加苏联援助中国建
设项目的谈判。1954年,赴苏联化
工企业学习。1956年,任化工部技
术司司长兼北京化工研究院院长。
1958年初,被聘为中国科学院化学
研究所学术委员会委员。1960年6
月,任化工部兰州化学工业公司副
经理兼总工程师,组建中国第一个
石油化工生产基地兰化公司。
1962年,率团赴英国、法国、荷兰、
比利时等六国考察。1978年,任国
家科委二局局长。1981年,任国家
计委副主任。1983年起,任全国政
协第六、七届委员和经济建设组副
组长,组织调查研究三峡工程。
1985年,向中共中央、国务院提交
"三峡工程近期不能上"的报告,并
指导编写《论三峡工程的宏观次
策》一书,得到中共中央、国务院的
重视。组织以水电专家为主的四
个学会(水电、水利、国土经济、能

征纬堂顾家门前小弄及大门旧影(顾庆祥提供)

源研究学会)联合考察团,对黄河上游龙羊峡、青铜峡以及乌江流域进行实地考察和论证,写出以开发水电为主的综合流域经济开发报告。他多次获得国家及省部级奖励,带队研制的丁烯氧化脱氢制丁二烯及顺丁橡胶项目,获1986年国家科委科技进步特等奖。一生发表学术论文数十篇,编有《石油化工技术经济》等专著两本。1994年,当选为中国工程院院士,1997年3月病逝。顾忠琛四子顾相,字松年,生于1924年,母亲是侧室张氏。成年后,顾相经父亲安排,在无锡名店迎宾楼菜馆做协理,因顾忠琛有股份在菜馆,所以顾相是俗称的"迎宾楼小开",在菜馆多年,收入颇丰。顾相对民国迎宾楼菜馆名人李文毓、倪伯镛等人的一些纠葛往事了如指掌。

顾忠琛长女式训,生于1906年,毕业于上海圣玛利女校;次女经训,生于1912年,竞志女学毕业后入上海法科大学,考取律师执照,是我国最早一批女律师。顾忠琛旧宅在槐树巷,后在西面的三下塘(新生路)建新宅,1952年无锡市妇幼保健院设在此地,顾家部分建筑被拆除堆在东北角,形成两个建筑垃圾大土堆。顾经训与合伙人孙蔼如的律师事务所就开设三下塘41号(民国时门牌号)家中。顾经训一直未婚,与女同事孙蔼如(安徽寿县人)共同生活,去世于2007年。顾忠琛三女贻训,毕业于浙江大学,后任中国科学院电子所

顾经训的律师资格证书和竞志女学毕业照(无锡市档案馆藏)

高级工程师。顾忠琛四女明训,毕业于浙江大学,后任重工业部电机研究所研究员、教授级高工等。五女芝芬毕业于无锡妇产科学校,为主治医师。

征纬堂顾宅还住有顾忠琛的兄弟、堂兄弟、族兄弟等,都是顾景荣的后裔。据顾忠琛族侄(伯祖顾祖望之曾孙)顾大庆等兄弟回忆:

园子地处槐树巷路北,东依小佛院、菜地,西邻孙家。单扇园门,上有砖拱。园门门牌为槐树巷11号。园大一亩有余。中间栽有一排3米多高带尖刺的枸橘树分隔为东西两园。东园为顾忠琛、顾献忱共有。园子南墙用水磨青砖砌成,高6米多。东墙全用大块黄石砌成,高近3米。园子长租给龚氏种菜。距北墙不远,有两棵高大的核桃树,每年秋天硕果累累。西园为顾献忱、顾伯根、顾乃伟、顾乃昌和顾乃荣等合用种菜。南、西围墙高3米多。枸橘篱笆墙中有通道连接两园。园中残留一直径40厘米左右的枣树桩,足见老宅年代久远。

园子再往里是照壁,年久砖松,仍始终挺立。大门东侧种有大碗口粗的石榴树和香炉树各一棵。红花绿叶,招蜂引蝶,百年老宅,充满生机。

前宅墙门是整个宅第的正门。门头采用小歇山顶式样,粉墙黛瓦,多层砖砌,线条突出,简朴庄重。两扇木门久经日晒雨淋,却仍十分结实。门头墙体呈“八”字型,大门下是两级花岗石台阶。进门是天井,路面稍低便于排水,白墙合围,年久斑驳。砖缝用石灰、米浆粘合,十分牢固。天井用青砖侧铺,南墙下砌有半人多高的半六角形花坛,西墙下地栽天竹。整个天井简洁、雅致,是大家晾晒、纳凉和孩童戏耍的好地方。

天井往里,踏上两级花岗石台阶便是客堂,俗称“中间下”。

客堂高大宽敞。抬头仰望“征纬堂”大匾高悬,白底黑字,粗笔楷书,虬劲刚健,很有气势。为顾宪成第十一世孙顾忠琛敬书。客堂结构、布局比较考究,立柱包在墙内,下有柱石。横梁厚重。南面是八扇落地格子门,上部小木格用明瓦镶嵌而成,用来采光、挡雨。下部是花鸟、戏文纹饰,浮雕精细。北面是八扇平整光滑的实木屏门。屏门前置沉重的雕花长台,上挂一幅古画,两边摆放铜质大花瓶和古瓷茶壶。长台前放八仙桌，两边太师椅，东、西两侧也配有茶几、木椅。

客堂古朴庄重、静穆气魄，是整座老宅的建筑中心，也是族人会客、聚会、祭祀等活动中心。每当过年，客堂两侧挂满祖先神像，中间三张方桌一字排开，摆满各家上供的酒菜、果品，香烟缭绕，众多族人共祭先祖。

客堂东厢房为顾伯根家，西厢房为顾乃昌家。厢房大小、结构相同。内铺地板，上设阁楼，房中有圆形木质花格隔断。厢房前各有隔水小天井，后通备弄。备弄上面开玻璃天窗采光，中间有一壁柜，俗称"先人堂"，内供奉顾氏先祖们的牌位。备弄东侧连顾献忱的小院和顾伯根家的厨房，西侧有一木格门，门下有一大青石。出西隔门东为顾乃荣家，进门有小弄堂，与东、西厢房迂回。西侧是顾乃伟家。

再往里是一条南北向的备弄，东侧是"乃"字辈三兄弟合用的大灶房和柴房。房前有一口水井，青石井栏圈，井水清澈，冬暖夏凉。

后宅相比前宅建造年代更早。客堂俗称"老学堂"，曾办过私塾。客堂双层屋面，有画梁，为方砖地。东、西墙上嵌有水磨方砖及砖雕图案。南面也是精致的落地格子门窗。两侧为东、西厢房。客堂往北过双扇木门，便是顾少潜家的独家小院，这是整个大宅院中最精致的一部分。门头上砖雕精美，长方形天井全用青砖侧砌，更有花木、盆景点缀。小客堂和东、西厢房木雕精巧、别致。推开北窗便见四箭河和留芳声巷。

后宅天井西侧有走廊，南侧有大门，也是顾家老宅的后大门，门牌为槐树巷15号。大门外有一棵罕见的古老梨树，胸径60多厘米，高10余米，相传是顾景荣建宅时所栽。每年春天来临，满树梨花洁白清香，引来无数蜂蝶采蜜。等到秋日，香梨满枝，鲜嫩脆甜……

征纬堂顾宅后门隔四箭河与留芳声巷杨氏"诒清堂"相对，在河附近，顾、杨两家有一部分地产呈犬牙交错相邻，抗战结束后，杨荫溥、杨荫浏兄弟与顾家发生过一次地产争议，留下了法律文书，但很快和解。

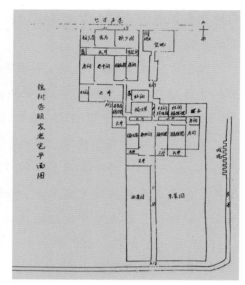

征纬堂内景和顾伯根绘顾宅平面图

　　美国圣公会上海教区于1901年派传教士麦甘霖会长，偕朱葆元会吏来无锡创办美国圣公会，先租赁南门槐树巷顾姓住宅为临时会址，这个顾宅为顾棣家的可能性更大一些，后圣公会才迁附近新开河新址，1920年，杨荫浏受洗的就是这个教会。

　　20世纪末，整个槐树巷北侧的民宅，全为妇幼保健院扩建所拆，医院覆盖了整个地块，南面百岁坊巷民宅也变成了居民楼，沿街妇婴用品商店林立，巷中的弹石路早已改为柏油路面。现在路过此地，总见医院门口排着候客出租车的长长队伍，已很难想象当时河映古槐的巷貌了。

欢
喜
巷

　　欢喜巷是无锡城中一条东西向的老巷，连接新生路与中山路，现在已经消失于八佰伴一带的地块中。康熙县志作邵家巷，也有文献说原名搬戏巷，目前比较习惯的说法是以巷西口有欢喜桥而名之。

　　笔者以前上高中，走中山路，虽天天路过欢喜巷的西巷口，但巷内没有同学亲友住，一般不去此地，只会偶尔穿过，所以现在仅对巷中一个折角（褶皱）有印象了。工作之后，因为原无锡市市长陈文章住欢喜巷1号，经常听到有同

欢喜桥

事会提到这巷子,直到城市拆迁巷子消失。

江南顾氏造园常以"辟疆"名之,源于东晋顾辟疆(吴郡人,历郡功曹、平北参军),他建的园林就被称为辟疆园,这是历史上除竿家园外最早的江南私家园林。文献载:自晋以来传之,有池馆林泉之胜,号吴中第一。《世说新语》也提到了此园:"王子敬(献之)自会稽经吴,闻顾辟疆有名园,先不识主人,径往其家。值顾方集宾友酣燕,而王游历既毕,指麾好恶,傍若无人。顾勃然不堪曰:'傲主人,非礼也;以贵骄人,非道也。失此二者,不足齿之,伧耳!'便驱其左右出门。王独在舆上,回转顾望,左右移时不至,然后令送著门外,怡然不屑。"因而此园遂闻名后世。唐代诗人顾况、李白等对此园也有题咏,其约湮没于唐末。清道光年间,苏州的顾沄(字澧兰,号沧浪渔父,辑有《吴郡文编》等,著有《今雨集》等)在甫桥西街(今凤凰街北段)建了一园林,名"辟疆小筑"。无锡历史上同样也有三个辟疆园,毫无疑问,主人都为顾氏。前一个为明末清初的顾宸所建。顾宸,字修远,即在余怀《寄畅园闻歌记》里闻歌的宾客之一。他是顾可久五世孙,无锡著名藏书家,其藏书可与常熟钱谦益的绛云楼匹敌,书就藏在他所建的辟疆园内,清初文字狱盛时,书焚而园废。顾宸的辟疆园史载位于无锡西关,即现在学前街西段薛福成钦使第一带。

清末无锡百岁坊巷有顾宝(字存之,光绪《无锡金匮县志·耆硕》有传)一族,顾宝宅第大约初建于道光年间,内有花园,园名也带"辟疆",叫"辟疆小墅"。原来园内假山、亭台、池塘一应俱全,且花木繁茂,规制和范围都不小。中华人民共和国成立后,因外来住户进入,渐被侵占分隔破坏,假山群于1958年被拆除,至90年代末百岁坊巷拆迁前,尚存池塘、船厅和一个亭础。

近代虹桥顾氏在城中欢喜巷也建有辟疆园,园主为顾康伯(顾毓琇伯父),名赓良,生于同治甲戌(1874),受过15年私塾教育,以继承父业达源堆栈起步,后任业勤纱厂营业股东。曾在太仓沙溪开办纱厂,在锡开设质库(典当),又与夏伯周合资开办无锡复兴有限公司,财力雄厚。育有五子三女,与长女毓照、三女毓梅(两人均未婚)等居住虹桥湾自宅,直到1958年去世。1927年,顾康伯因仰慕远祖顾辟疆的风流,绍承先志,在城中欢喜巷建辟疆

辟疆园

园。建园时在枯井中意外发现龙泉古瓷器皿和韩瓶翠碗。园成后，轰动无锡，一时名人为之题词作诗，由吴稚晖题写园名，孔祥熙、阎锡山为之撰写楹联。

辟疆小筑有朝南厅屋三楹，秦郊农书匾额。流馨亭，在厅之正北，此处花畦菊圃，赏花最宜。碧梧轩在厅之东南，旁有古梧桐树三株，乔柯修伟，浓荫蔽日，为园主读书之所。徯月亭在厅之南的小土山上，徯月即步月之意，亭在高处，赏月最佳。听松亭，在厅之西南，与徯月亭隔路相望。

1947年，顾康伯设想将城中金匮山之名移置辟疆园，请唐文治撰写了《无锡辟疆园移置金匮山记》一文。辟疆园虽是私家花园，但也有其一定开放性，民国十八年，无锡劳工卫生促进会办事处就租在辟疆园办公，另外民国时期也有流浪汉在顾家园内建棚暂住的报道。

顾康伯

著名花匠卢阿锡在辟疆园旧址范围内开办"美丽花园",经营盆花和苗木兼做小型园林绿化工程。辟疆园至20世纪90年代欢喜巷拆迁时还有旧迹可寻。

顾辟疆园记

余随先大夫卜隐于锡邑西溪,已十七载于兹。习闻乡父老追述胜迹、感喟仓(沧)桑,辄低徊焉而不能置。往岁顾君康伯,出示新构顾辟疆园记略,并诸耆老题咏,世泽宗风,久而弗替,岂仅碧山吟社嗣音而已哉?夷考《晋书·王献之传》,献之少负盛名,高迈不羁,尝经吴郡,造顾辟疆园,肩舆径入,不通谒。游览毕,旁若无人,辟疆以挟贵傲主人数之。又《中吴纪闻》载吴中旧传,池馆林泉之胜,惟辟疆园为第一。见于题咏者,若李太白、陆羽、陆龟蒙、皮日休及近世张伯玉。艳说者非一人,乃知辟疆园之胜,由来旧矣。

康伯绍承先志,构茸屋宇,一丘一壑,靡不殚心,于丁卯冬而落成之。园中有土山三,有池二,有泉七,因地设施者,有厅事三楹,便座二楹,亭四,轩一,榭一,而以五老峰、四洞、三桥错什而引胜之。四泉池因四瞀井而得名,汇泉池亦露三瞀井,泉脉皆发于惠山二泉,而灌于井,其曰"小

碧梧轩与傒月亭

平泉"，曰"辟疆泉"，曰"云液泉"，曰"小中冷"，此附属于四泉池者也。曰"朝阳泉"，曰"涵碧泉"，曰"慧川泉"，此附属于汇蠡池者也。所异可者，浚四智井时，掘得龙泉古磁皿及韩瓶瓦罐等都数十事，盖千古年之古物，发之于一日，而适归于好古家，物之显晦，非偶然也。其厅事则颜曰"辟疆小筑"，其便座则颜曰"清友山房"，其轩曰"碧梧"，其榭曰"藕香"，其亭曰"俟月"，曰"留馨"，此外又有方亭、茅亭，洞曰"鹤宾"，曰"石玲"，曰"归云"，曰"问渔"，桥曰"步鹤"，曰"三曲石梁"，而梧桐、枇杷、石榴、绿萼梅，与夫桂、兰、芍药诸名卉，翁蓊葱茏，奇葩怒放，大可人意。说者谓康伯之为是园，聊以娱乐而已。余以为废者兴之，旧者新之，大之风俗人心，小之乡邦文献，息息有相通之义。古来名胜地得名流觞咏其间，纵谈轶事旧闻，何莫非则古称先之助？爰思东林坛坫，高子水居，及夫秦氏名园，感念于后之人者，则又何如？度必有起而新之者，余作此记，益翠然高望而不能已已也。

戊辰太仓唐文治蔚芝著

辟疆园位于欢喜巷北侧，在标志性的那个折角处附近，而折角处的南侧为高家，住着明代东林领袖高攀龙兄长高附凤的后裔。高攀龙直系子孙至太平天国战乱时断绝，得高攀龙家学最著者为侄子高世泰。但到晚近，高世泰后裔几无杰出人物，而从高附凤子高世名五世孙高豫起，经高云锦、高琪、高鹤田、高光照到高映川连续六代游庠，高攀龙家学传承自然就转移到这一支后人的肩上，高映川切实自觉担当了这一角色。高映川，名汝琳，号眠宀，生于同治戊辰（1868）。二十二岁以案首入庠，二十七岁时，中甲午乡试副榜，即为副贡，俗称副举。高映川是薛南溟经营丝茧业的主要助手，历任无锡市自治公所代总董、钱丝两业公所副总董、无锡县红十字会副会长等职，是无锡著名士绅。高映川前后三十年

高映川

服务家乡,创建学校,筹办自治,协助革命,开全县风气;热心地方公益事业,赈灾济贫等举都率先倡导。高映川主持重修已毁坏的高子水居,于1930年9月5日落成之时组织公祭高忠宪公,并请吴稚晖题篆文额,文曰"心水双清"。无锡县长潘忠甲到场预祭,赠"白云千载"立轴。高映川作为东林后裔多次参加贯华阁上巳、重阳春秋两祭,致祭顾贞观和纳兰容若等,还尽心购藏高攀龙手迹书物等先祖遗存。高映川于1933年去世。父高光照,字月洲,附贡,原配为学部郎中顾栋臣(字枚良,顾宪成十世孙、陈翰笙岳父)的姑妈,继配是廪贡张岳骏(字端甫)之女,高映川为张氏所出。高映川相继娶吴、丁、周三位夫人,共育七子两女。长女高珍嫁钱孙卿,钱孙卿早年曾抗议高映川所办社会公事措置不当,但高映川不以为忤,仍然看中钱孙卿的才能,将女儿嫁给他,显示了不寻常的眼光和胸襟。钱孙卿早期的发展、成就和对无锡地方所作的巨大贡献,都离不开岳父的提携、支持和影响。次女高琬(字君琰)适秦瑞延(参看"镇巷"一章)。

高昌运与钱冰若结婚照(高大千提供)

除长子刚、六子昌宇早殇外,其余昌炜、昌运、昌瑞、昌路、昌夏等子均有所成。次子高昌炜随父经营家族产业,1933年去世,妻为东河头巷许氏,是历史学家许倬云的大姑妈;四子高昌瑞,1916年6月出生,考入上海交通大学,后毕业于浙江大学,曾任上海地下学联负责人、志愿军驻东北电业局军代表、中国科协电视处负责人等职,是中国列车电站首位厂长,妻庞曾漱,吴江人,上海同德医学院院长庞京周女,毕业于浙江大学,后从事我国妇女活动和青少年问题研究工作;五子高昌路,毕业于浙江大学,任高级工程师;七子高昌夏,毕业于同济大学,任高级工程师。

欢喜巷高映川宅第是一幢三上三下、中西合璧的楼房,一楼客厅悬高映川自题"敬恒堂"匾额,二层有阳台,三楼有高氏大量藏书,楼前有花园,西南侧有桑园。子女都在外地学习工作,1949年后,仅有三子高昌运一家曾居于此数年。高昌运,字子毅,生于1909年,1921年秋考入私立苏州桃坞中学,1927年夏同时考取北京大学、清华学校,入北京大学英文学系,1931年毕业。1935年赴英国留学,1937年获英国爱丁堡大学文科硕士学位。回国后历任浙江大学讲师、国立师范学院副教授、国立重庆大学教授。1946年8月至1947年8月兼任私立无锡中学校长,1950年回锡任私立江南大学教授,1952年到苏州任江苏师范学院外语系教授。1953年,政府修复水曲巷高攀龙自沉处旧址,即由高昌运请郭沫若题书"高子止水"四字,刻石横置于池塘北岸。高昌运于1967年病逝。妻钱冰若,毕业于私立沪江大学英文系,后为苏州大学外语系副教授,系无锡世泰盛绸庄经理、上海华丰纺织印染公司董事长钱保稚之女。

因为钱孙卿娶高昌运大姐高珍为妻,故其子中国科学院院士、东南

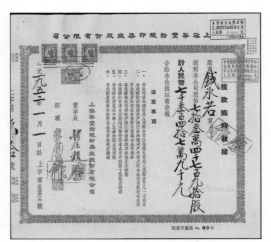

钱保稚给女儿钱冰若的股票(高大千提供)

大学名誉校长、曾任江苏省政协主席的钱锺韩即是高昌运的外甥,虽然仅比这位舅舅小两岁。而钱锺韩的堂兄钱锺书,仅小一岁,对高昌运也只能称以"姻丈"。正因为有高昌运的桃坞经历,高小毕业后,钱锺书、钱锺韩兄弟也选择入苏州桃坞教会中学学习,比高昌运低两届。高昌运与钱锺书早年有许多书信往来,且两人有相当深入的思想交流,这位"姻丈"与钱锺书关系非常密切,钱锺书在小说《围城》里,以周围亲友为原型塑造的众多人物中,不知是否会有高昌运的影子。在桃坞中学期间,17岁的高昌运有一篇《自述》刊于学校校刊上。

自述

日帝朝鲜之岁,梁溪之畔,学宫旁近,吾以降生,时在联军破京后之九年,世界大战前夕之第六年也。北虏小丑,尚僭中原。出则有敌国外患,入则无法家拂士,国势日戚,国运日替。我也何幸,呱呱坠地,逢此百罹。于是家君锡余嘉名曰"昌运",所以期他日为龙为虎,昌盛国运,为邦家光也。

余家先世居青城,洎乎运十八世祖孟永公始迁城而居焉,世业士。运十四世祖黄岩公,服官爱民,泽溉丹崖,一合芳声,专祠永慕。十二世叔祖忠宪公,学接程朱,忠齐龙比。讲学东林,名重天下。家君更藏书万卷。昌运秉先世之遗泽,沉浸其间,略有所得。兄一,商于沪;姐二,俱已适人;弟四,具肄业于小学。运自六岁入学,十岁毕业于小学,十三岁毕业于高小。今行年十七,中学尚有二载,而学业自若,仰愧于天,俯怍于人,深负父母期望之殷重,违国家育材之意。而今以往,吾将致意于圣贤之学,以求处事立身之道,期他日或有成也。虽然,三千世界,有如汪洋,人之处世,一苇航之。前视渺渺,后顾潆潆,风雨蚀其上,礁石设其下,惊波骇浪透击其左右,茫茫溟渤,吾将奚适奚从?盖尝立志矣,吾于中学毕业后,将入大学而游学各国,考察其土地、民族、政治、教育等,归国后,肃清政治,提倡教育,振兴实业,扩张军备,使中国为全世界的盟主,各国惟吾命是听。于是时也,祖国荣光,被于海外,芸芸庶子,共乐升平。于是功成身退，慕张良辟谷之风，追范蠡五湖之躅。扁舟短棹，游不问地，宿不问主。或友樵子渔夫，酒歌逍遥，更或结茅山顶，与木石居，与鹿豕游，以待天年。吾愿是矣，志大言大，贤达闻之，得毋笑为狂简乎。

《桃坞》1926年第9卷第1期

　　当时欢喜巷西段南侧，岸桥弄西段北侧，西到二下塘（后为中山路）地域内，均是高映川所在家族聚居地，其兄高汝璞住家族聚居地域的西侧，在欢喜巷中山路路口附近。高汝璞，字蕴甫，号老愚，私谥孝悫，生于咸丰乙卯（1855）。高汝璞致力于先祖高攀龙主静之学，能"养气以自克，习书画以涵咏"，并以花木自娱。民国元老吴稚晖十五岁时曾就学于欢喜巷业师龚春帆（吴稚晖外祖母之姻亲），与高汝璞、高映川兄弟就于此时相识。吴稚晖周姓同学就住高汝璞宅对面，两人每次从龚师家出来，经过高家，看到温厚严肃、仪容严整的高汝璞，敬畏之心油然而生。1917年高汝璞去世后，吴稚晖撰有《书孝悫高先生谥议后》一文，回忆了此番情景。1918年，钱基博应高文海之请撰有《高老愚先生家传》。高汝璞长子文焕（字伯明），苏州中西大学堂肄业，妻为举人、睢宁教谕顾恩需之女；次子文彬（字仲均），上海电报学堂毕业；三子文海（字涵叔），生于光绪辛卯（1891），理科研究会毕业，历任多所学校校长，是无锡国专的重要人物，曾任国专会计员、训育主任，是唐文治先生的主要助手，1971年去世。涵叔子高振东，1950年毕业于苏州美专。高振东堂兄高振冈（生于1918年，高文海二哥文彬之子）住欢喜巷西头，高振冈是20世纪80年代有名的气功大师，许多报道说他的三元气功能治百病，曾风光一时，其去世于1997年。高映川堂兄弟高汝璜之子高文华，住在高氏聚居地域南部的岸桥弄。高文华，生于1907

高文海

年,南京东南大学附中毕业;1925年,考入黄埔军校第三期步兵科学习,黄埔高级政治研究班毕业,其间参加讨伐军阀陈炯明的东征战役;同年,加入中国共产党;1926年,参加北伐战争,任北伐军东路指挥部上校参谋;北伐后期,进行秘密的反蒋活动,曾任共青团无锡县委书记;1928年被捕,1931年7月,因患伤寒牺牲于狱中。高文华是无锡著名的革命烈士。

高昌运宅的西邻是顾士朴一家,顾士朴与高昌运还是堂连襟,顾士朴祖父为庆丰厂股东、棉纱界前辈顾叶舟。顾叶舟,名佩瑛,号少明,生于同治癸亥(1863),堰桥邹岐人,属无锡上舍泾里顾氏邹岐支,顾叶舟白手起家,十四岁开始进布号做学徒,三十多岁时与人合作在常阴沙三兴镇开设时泰祥花行,后成为唐保谦的重要合作伙伴、庆丰创办时十大股东之一。当时收花的花色、干潮程度,仅凭眼观、手触鉴定,纤维长短全靠手拉尺量。顾叶舟通晓产棉区情况,对鉴别棉花质量富有经验,又与当地棉农、地主和各路强人建立了广泛的联系,且乐善好施,故在常阴沙一带有相当大的影响力,顾叶舟于1926年去世。顾家于1915年左右由邹岐赁居城中书院弄,1930年再迁欢喜巷。顾士朴,生于1916年,无锡国专毕业,后担任过庆丰纺织厂总务科长、崇安区工商联副主任委员,妻钱蔚若,系高昌运妻钱冰若堂姐,职业是中学教师。

有关文献记载,欢喜巷曾先后聚居过龚、缪、唐、邵、高等姓氏,以高姓最著,而唐家是唐翔千的近族,都属于毗陵唐氏亭子桥支。欢喜巷完全湮没在20世纪90年代的八佰伴建设中,目前在八佰伴东侧还有一个通道,保留着"欢喜巷"的路名牌,童年生活在这里的老居民路过此地,看到这个路名牌,就会唤起他们对巷中的祝家金鱼园和"美丽花园"的美好回忆,而高中时代偶尔穿行过此地的笔者,只记得欢喜巷是一个带着"褶皱"的小巷。

进士坊巷

　　杨荫浏先生是中国民族音乐学的奠基者,他对中国音乐的研究作出了重大贡献,他以其熟稔的昆曲推衍研究中国历代古曲,又用古琴的音律推衍研究古代律学,从而开创了一个全新的学术空间,所以古琴和昆曲是他研究民乐的切入点和重要手段。众所周知,吴畹卿是他的昆曲老师,而古琴,根据他的自述,是11岁时跟堂姐夫学的。

　　这位堂姐夫名章鸿遇,是城中进士坊巷人。东河头巷与留芳声巷东端通过一巷南北相连,此巷即进士坊巷,巷以北口有道光年间安诗进士坊额而名,此巷仅宽三米多,长一百多米,南段有斗姆阁和药师庵。斗姆阁门朝西,进门后,可见桑树一丘,树后为第二进门,朝南,第二进院内有小阁三椽,阁内中设乩坛和斗姆神像,此处后来门牌大概为6号,1949年后道士颜祥卿一家(江阴祝塘颜家桥人)还住在这里。民国时,中国红卍字会无锡分会设在斗姆阁隔壁。小巷人家不多,除留芳声巷陆家门开东侧的部分族人(如广丰面粉厂副厂长陆镇豫一家)成为此巷中人外,唯一大户人家就是章家。

　　进士坊巷章氏远祖名章良,系宋室南渡时由淮阴迁锡。此支章家清代中期以前似未见有名人被地方文献所载,目前所知,章鸿遇高祖以上均为布衣,曾祖父章简、伯父章钧及父亲章铸均为举人,故进士坊巷章家的勃兴从章简始。章简,原名程,字立之、道生,号芝眉(一作"芝楣"),生于乾隆五十二年(1787),卒于道光二十七年(1847),章简年少时学习勤奋,但因家贫无书,后在秦蕙田旧宅宫保尚书第中设馆课徒,几乎遍读了秦家的藏书,故学问大进,名冠一时。章简工辞赋骈文,精于书法,又擅长围棋,在与达官显贵的交往中,他擅弈的名声往往掩盖了其文名。章简有《思误斋诗钞》《注疏辨正》《读史质疑》著作,去世后,秦缃业为其作《家传》。

家传

章芝眉君者,讳简,初名程,乡举后更今名,又别字曰道生,而芝眉之称特著。

宋南渡时,君远祖有讳良者,自淮阴迁无锡,遂为无锡人,曾祖讳文元,祖讳廷宪,父讳万兴,三世皆布衣不仕。君九岁能属文,日读书尺许,然家贫苦无书,后馆余族父家,得纵观文恭公遗籍万余卷,复手自校写,矻矻不少休。故邑中言博学者,必推章君焉。君中道光元年乡举,才名日起,顾屡蹶会试,或有讽君宜稍贬其节,若唐时之求知己者,君颔之而已,然用是卒不第。其先尝为功臣馆誊录,当以知县用,久之不得除,乃弃去就大挑,大挑之典辄九载一举,以王大臣主之,试法则以貌言,举人之历三科者皆得与,上等授知县分省试用,次则以教谕注选,余悉罢。君状貌伟然,论者谓当复得知县,主挑者为左都御史文公凤贤君,然是年惟亲王得专其事,他不得参可否,君亦竟被放矣。于是文公及大学士穆公益悲其遇,为入赀户部,以本班教谕尽先选用,其时各直省由捐输请甄叙者无算,铨法岁更月异,而教职一途尤雍滞。君遂不获仕,以举人终。呜呼!唐宋而上宰相及方镇岳牧皆得自辟曹掾,其后或至大官,今则一命之吏胥出自朝廷,无复辟署者矣。如君之贤为当路要人所知,犹偃蹇不遇若此,可不谓命也。夫君性尤俭,自刻苦,无裘服狗马之好。尝历佐总督道学使者幕,其家仅足衣食,无余财。人是以识君之介,未尝以他事干诸公也。丁未九月自保定南归涂次,中暑疾遂笃,比抵家而卒,年六十一。所著有《注疏辨正》八卷、《丧服便从》二卷、《读史质疑》三卷病中失去,今存《思误斋诗钞》及《补萝吟屋日钞》誊稿三卷藏于家。妻徐氏,先君卒。子一:葆恬,其命子之言曰:"人生不得意事,胥自营竞中出,能恬淡寡欲,心地自觉湛然,复何不得意之有?"故名之曰"葆恬"云。

章简子葆恬,字谨度,号石侯,著有《友兰师竹轩文集》。章葆恬有三子两女,长子章钧,字定安、伯陶,生于道光丁未(1847),光绪乙酉举人,历任宝坻、邢台知县和安州知州,为官有评"廉干有为,见器当路";次子章镕,字恭静,邑庠生;三子章铸,字叔陶,号贵三,生于咸丰癸丑(1853),光绪己卯举人,同知衔候补知县;长女章婉仪,幼通书、史,擅诗文,嫁江西吉水知县华文汇,随华文汇宦游,夫妇常以诗唱和,著有《紫藤萝吟馆遗集》;次女嫁小娄巷嘉乐堂王综。

章钧有三子,长子鸿福(字乐平),次子鸿运(字康平),三子鸿宾。章鸿宾字履平,邑庠生,年轻时即善文艺,后来在沪经商,业余喜爱拍曲倚声,1916年病殁于无锡,年未满四十。章鸿宾根据陆次云的《圆圆传》写成传奇《冲冠怒》,基本情节与《沧桑艳》大体相同,名取吴梅村"冲冠一怒为红颜"句。章鸿

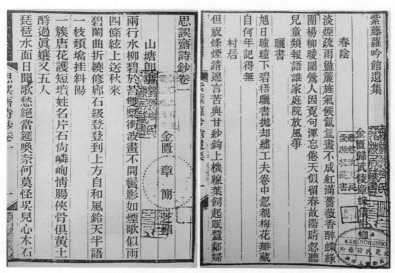

章简《思误斋诗钞》和章婉仪《紫藤萝吟馆遗集》

章剑慧（左）章映芬（右）兄妹

宾孙章熺敏，职业为消化科医生，于1988年整理印制了一份进士坊巷章氏家族简谱，章熺敏子章乐尧向笔者提供了此谱和部分家族文献。

章镕，有五子一女，长子章鸿逵（字伯和），次子章遵（字养和），均为邑庠生。章鸿逵长女章舜英嫁近邻东河头巷既翕堂许凤藻，即历史学家许倬云母亲；章遵娶廪生小娄巷秦复培次女秦萱为妻，秦复培长女嫁三下塘举人李洁（李国伟父），所以章遵与李洁是连襟关系。章遵长子就是中国纺织界要人章剑慧。章剑慧，名桓，号尚周，以字行，生于清光绪三十一年正月初五（1905年2月8日）。1923年毕业于无锡公益工商中学。中学毕业后随表兄李国伟（李洁子、荣德生女婿）进汉口申新纺织四厂工作。1926年参加美国万国函授学校纺织科学习。1930年任申新四厂副厂长，后任厂长兼总工程师。抗战爆发后在重庆创建庆新纺织厂，自任厂长，为内迁厂最先开工、盈利丰厚的一家，后任申四重庆分厂副经理、申四福五总管理处副处长。抗战胜利后应经济部邀请，赴沪任接收委员，主持接管日本在上海的十三家纱厂。1946年奉命以资方代表参加加拿大国际劳工会议，后前往美英参观。20世纪40年代他曾以身家担保，营救在沪被捕的中共地下党员。后在香港为万氏创建东方纱厂，为陈氏协创南丰纱厂。1960年为吕氏创建南大纱厂、毛纺厂、针织厂。1974年赴印尼为朋友创建南大纱厂、布厂及牛仔布厂。1982年回香港定居,担任南大纺织厂副董事长兼顾问。他有爱国情怀,积极为国内纺织工业引进设备,多次被邀回国提供信息和资料,为发展我国纺织工业呕心沥血,作出了贡献。章遵长女章映芬,生于1912年,曾就读于无锡女师、苏州女师。1937年金陵女子大学体育系毕业,任教于燕京大学体育系。1938年起,历任申新纱厂总务主任、汉口申福新总管理处总务组长、子弟小学校长,职工合作社经理、重庆申福新分厂厂长等职。1942年,与西北名建筑师王秉忱结婚。章映芬克服阻力在纺织行业内率先实行三班八小时工作制,既改善了工人的劳动强度,又提高了生产效率。抗战时积极协助迁厂,为支持抗战胜利作出了贡献,曾被20世纪30年代工业界领袖林继庸称为"为祖国民族工业作出贡献的中国十大女杰之一"。被荣德生评价为"勇往直前,不亚男子,是十分干练的女子"。1950年赴北京出席了周恩来主持的全国工厂厂长会议。章映芬1985年在申新纱厂退休。1989年去美探亲,在匹兹堡去世。章遵次女章央芬,生于1914年,1930年入苏州省立女子师范学校。1931年任学生会主席,1932年考入国立上海医学院。1938年1月在南昌参加新四军,任军医、教员,救治伤病员。著有《常用药物手册》《临床诊断学手册》《内科学》等教材。1943年任新四军第三师卫生部医务主任。1946年任新四军兼山东军区白求恩医学院教员。1947年任西满军区卫生部医务主任兼教员、军医。1949年任东北军区中心医院内科副主任。同年加入中国共产党。中华人民共和国成立后,任中国医科大学妇婴学院院长,创办我国第一个儿科系,并兼任儿科系副主任。1954年任上海第二医学院副院长兼儿科系副主任。1961年协助黄家驷创办全国唯一的八年制医科大学——中国医科大学(后改称中国协和科技大学),任教育长,1982年至1983年任中国协和医科大学副校长。2011年1月23日在北京逝世。

章铸有两子两女,长子即杨荫浏的堂姐夫、古琴老师章鸿遇。章鸿遇,字秉嘉、丙嘉,号蕴宽,生于1875年前后,光绪二十五年(1899)入庠,光绪二十九年(1903)任东林两等小学堂国文兼理科教员,光绪三十一年(1905)兼任校长。光绪三十三年(1907)任锡金初级师范学校教员。民国建立前后起在江苏省立第三师范学校任教,民国元年(1912)10月赴日考察日本教育,和他人合编有《初等小学国文教授本》《初等小学国语课本》等教材。章丙嘉卒年不详。章丙嘉继娶留芳声巷杨润甫女杨德臣为妻,育有三子三女。杨润甫胞弟杨廉甫系杨荫浏嗣父,故杨德臣为杨荫浏堂姐,章即是杨荫浏之堂姐夫。

章鸿遇擅古琴,与无锡琴家赵鸿雪为友,1909年起,杨荫浏从之习弹古琴,章授《平沙落雁》《渔歌》等曲。1920年下半年,章鸿遇受周庆云邀请出席当年10月中旬举行的"晨风庐琴会",章鸿遇未能与会,但与赵鸿雪之女赵宣列名会刊《晨风庐琴会记录》之"琴侣通讯"名录中,这也是在近现代全国古琴活动中第一次出现无锡琴人的信息。

章鸿遇是天韵社成员,他参与曲社活动的报道见于民国无锡地方报纸中。据1922年11月11日《无锡新报》新闻,章藏有一张宋琴。

章鸿遇是清末民初的无锡琴人,作为音乐大家杨荫浏先生的古琴老师,他在无锡近代古琴传承脉络中有着毋庸置疑的特殊地位。但长期以来,人们

进士坊巷8号章宅旧影

章鸿遇

对其行迹一无所知,而相关研究又总绕不过这个人物。笔者找寻他的生平信息,颇费周折,2018年在遍查无锡章氏聚居地无果的情况下,偶然在《锡金游庠录》发现进士坊巷有章姓庠生的线索,然后顺藤摸瓜,联系上了滨湖区医院的章乐尧医生,根据他提供的家谱和家族文献,找到了章鸿遇嫡孙章正一,从而揭开了笼罩在章鸿遇身上的历史迷雾,也打开了了解进士坊巷章家众多精英人物的窗口。

旧时进士坊巷南段的斗姆阁和药师庵,会因法事而传出道乐梵音,幼时住在不远处的杨荫浏,常常被之吸引,再加上家在巷中教他古琴的那位堂姐夫,所以,进士坊巷无疑是最初在杨荫浏心中播下音乐种子的地方。

小娄巷

【顾按】小娄巷曾聚居了谈氏、嘉乐堂王氏、少宰第孙氏、锡山秦氏、陶氏、施氏等锡邑大族，人文底蕴深厚，历史丰富而繁芜。本文作者秦绍楹为小娄巷原住民，是秦氏福寿堂当前的主人。他以秦氏文献之家承继者的视角，以秦氏福寿堂概述的方式折射了小娄巷不寻常的过往。

　　小娄巷50号为秦焕故居福寿堂所在，至今仍为秦氏后人聚居之地。福寿堂旁备弄，自小娄巷向北直达福田巷，有数百米长，为目前无锡城中仅存少数

小娄巷东段旧影（源于《施氏家谱》）

备弄之一。福寿堂东侧备弄从小娄巷连至秦毓鎏佚园北福田巷,形成秦氏修俭堂、福寿堂、佚园等宅园为一体的秦氏家族世居之地。整个宅居古迹众多,有多个名人故宅。

从1981年到2013年,秦观后裔锡山秦氏在无锡有四处古迹被列为全国重点文物保护单位,分别是寄畅园、古运河清名桥、小娄巷建筑群、秦邦宪故居。这四处国保单位,无一不与小娄巷福寿堂秦氏有关。福寿堂秦氏是锡山秦氏"河上支"廿四房秦敬然后裔。两百年来,秦焕、秦毓钧是秦氏文化的集大成者,是申报国保单位原始历史资料的辑录者和整理者。秦寅源是无锡民间文史"活字典",是四个国保单位和众多省市级文物保护单位资料的研究者和供给者。

小娄巷自南宋以来,先后培养并产生了一名状元和若干名进士、举人、秀才。无锡鼎族锡山秦氏突出人物居住于此者有秦德藻、秦敬然、秦蕙田、秦东田、秦勇均、秦鏴、秦镇、秦泉、秦潮、秦大治、秦焕、秦复培、秦谦培、秦毓钧、秦毓鎏、秦森源等,他们都是寄畅园主秦燿的后裔。其中秦大治为秦燿长孙公安公秦伯钦长房后人,其余均是秦燿曾孙海翁公秦德藻及其后人。

明清时期,为小娄巷发展的鼎盛时期。南宋初谈信南渡后子孙世居无锡,明代谈氏兄弟进士,父子举人,名人辈出,"四世簪缨都宪家,文章事业竟争华"(秦琦诗),先后在小娄巷树了"绣衣坊""钟秀坊""毓英坊""文献坊""进士第坊""丛桂坊"等九座牌坊。谈氏家族迅速发展,谈恺在小娄巷建造了邑城第一胜处"万备堂",谈修(思永)有藏书数万卷的延恩楼。谈恺殁后,谈志伊(思重)移居金陵,小娄巷宅园或为家奴侵占,或低价转让别姓。数十年间,谈恺一支衰落,而谈恺西席状元孙继皋和东林传人王永积等取而代之,在谈恺府第分别兴建少宰第和嘉业堂。而与谈氏家族有多代姻亲的河上秦氏,据文献记载直到清康熙年间秦德藻才拥有鸣珂里宅第。

锡山秦氏在明末清初科名之盛达于顶峰,明清两代先后有三十四人中进士,其中有三人列一甲第三,誉为"一门三探花",并有十三人点翰林,入翰林院供职。其中从秦燿开始其嫡系子孙共有十人入选"高玄接武十词林"。十人之中,秦松龄、秦道然、秦蕙田、秦泰钧祖孙四代翰林,而秦镡、秦泉、秦潮为叔侄。

1604年秦燿赍志而没,好友顾宪成、顾允成、安希范等兴复东林书院,秦氏子弟多人参与。秦氏与顾宪成、高攀龙后人交谊四百年。

清康熙十二年癸丑(1673)冬,东林成员马世奇弟子、"东南人伦楷模"秦德藻在"鸣珂里"第接待客人,这是目前河上秦氏在小娄巷的最早文献记录。

清雍乾间,秦东田得儿子"兄弟两都转"秦鏴、秦镡之力扩大秦氏宝彝堂,在少宰第以东到今新生路一带购下谈氏旧宅改建宝彝堂(有别于县前街的宝彝堂和中市桥巷的新宝彝堂,族人称新新宝彝堂),内有秦氏对照厅。对照厅坐北朝南,硬山顶,一厅两厢,面阔五间,进深六架,内作五架梁,前后单步廊。厅前后金柱所用青石覆盆柱础,形如木楯覆盆,均为明代谈氏旧宅原物。2010年1月移建文渊坊。对照厅南面隔开假山处旧有杏花厅,后毁。杏花旧喻状元,秦鏴两子秦泉、秦潮虽非状元,然与叔父并称"叔侄三太史"。

秦镡之孙秦楷(景仪公,1770—1839)婚后因个人情况选择离宅别居,由岳父陶氏出资向谈悌后人购小娄巷内面南宅第,名修俭堂(今小娄巷46号)。

秦焕(笠亭公,1813—1892)为秦楷小儿子,依例出宅,继承了谈氏宗祠西面及北面空地及附房六亩余。太平军攻占无锡期间,秦焕家人避乱河南,无锡房屋基本毁于战火。同治二年(1863)清军克复无锡,同治三年(1864)秦焕由河南回锡。临别时友人赠以魏红牡丹一株。回锡后因老屋已毁,于是将牡丹种于女儿处龚家(今小娄巷44号后院)。当时无锡城中房屋十不存二,名下旧屋荡然无存,宅基地还有被侵之忧。

秦焕携儿在原址上起屋,起造了目前小娄巷50号正落之第四进三间(大房使用)、第六进(三房、八房使用)、第五进(四房使用),以及今备弄东边落之"祠堂间"。1868年全家从河南迁回,实在幸运。

光绪丁丑(1877)秦焕为夫人祝寿,由长子秦塈培(字顺卿)出资建造了小娄巷50号正落之第三进即"福寿堂"大厅三间七架。在欢庆六十寿诞那天又发现铺地砖方五六寸,厚二寸许,匠人以侧砌之。字约一寸二三分,为八分书的"福寿"砖。喜报传到在句容任训导的秦焕,他当即赋诗:"酒阑客散醉临风,缚帚苍头呼小童。净扫广庭惊瞥见,八分福寿字当中。"并作《庭中得福寿砖记》文,遂名福寿堂。1879年由清末无锡名书法家张宗沂书匾。张宗沂,字与亭,咸丰己未(1859)举人,官直隶东明县知县。

秦毓钧在秦焕《秦氏宅第考》文后附识云:"堂在修俭堂西,为训导公(秦焕)新宅。考吾宗旧第本为河上之挺秀堂,再迁为鸿绪堂,分仓桥下为敷庆堂。后复迁于小河上之新宝彝堂至我果亭公为大雅堂。景仪公迁小娄巷,为修俭堂。修俭堂复分为福寿堂,其迁徙之经过如此。"福寿砖今仍在,保存于秦氏后人之手。

在抗战前,大厅当时南面均是格子落地长窗,日军进入无锡时门窗被盗。

光绪十三年丁亥(1887)起造第七进(五房秦牧卿儿子秦毓鎏在民国改建为楼房),及东、西边落的部分房屋。

光绪十七年辛卯(1891)冬起造小厅为秦焕八十庆寿。以后到宣统三年,秦焕后人(大房秦平甫、秦澄甫,五房秦效鲁,七房秦于卿四人)平均出资,秦效鲁负责实施,在小娄巷50号先后建造了第二进(小厅)、第一进(门厅)及小娄巷照壁,按秦焕"聊蔽风雨、不雕不饰"的祖训配置门窗等简单装折。

由此小娄巷50号秦氏福寿堂正落前后七进呈合院式,轴线排列;东侧边落五进,每进一间;西侧边落七进,每进二间。整体是典型的江苏民居,是锡山秦氏最后完成的清式宅第群,也是保存最完整的清末江南民宅。福寿堂前三进为公共建筑,后四进则是生活区。除第三进大厅是抬梁式厅堂建筑外,其余均是柱柱落地的干栏式普通建筑。(直到2010年8月被拆除重建的第二进小厅次间半墙半窗的样式,自建成之日起一直未有更动。现今的第五进全部、第六进除西山墙外均落地翻造。)

1937年日军定点轰炸秦福寿堂,炸弹落在小娄巷54号(进士第),现福寿堂大厅(第三进)坍塌一角,在大厅西侧秦平甫所有的二开间七架平屋(原是清嘉庆秦氏进士第即从小娄巷52号到小娄巷58号的一部分)全部毁去。1937年冬,秦毓钧等将公共部分的大厅修复,而其西面自己所有的二间平屋即现今所称的福寿堂西园却无力重建遂成小园。1958年秦寅源从小娄巷44号龚宅移植秦焕手植牡丹一本于此。此株百年牡丹,是小娄巷百年沧桑的见证,是活的文物,为市内古树名木,保护序号326,莅锡已有一百五十九年。经秦寅源家人细加呵护,牡丹发荣滋长,2006年花开51朵,2022年119朵。

1950年代早期房屋因秦效鲁问题被政府划出共同产权部分三分之一的门厅和备弄后,大厅小厅归属于秦寅源(秦平甫儿子)、杨慕兰(秦澄甫妻子),按协定,小厅三间六架面积虽小但装修齐全属杨慕兰,大厅三间七架无门窗等装修属秦寅源。秦寅源出资购置了门窗,中间南面四扇格子门,北面六扇格子门。1950年代末,在中间分别砌墙和装置屏门,隔成相对独立的三间作生活用。

第三进福寿堂大厅之后是八字形"二重门",以示内外有别。秦焕后裔各房子孙居住。第四进一直是秦平甫所用所有。中间是六扇落地窗,修复前棂子尚好,框、摇梗及裙板已坏,门臼朽烂。其余窗子均难以再用。2012年秦寅源、秦绍楹父子排除重重干扰,克服种种阻力,自费修缮自主产权的福寿堂大厅、第四进居室、祠堂间等建筑二百七十平方米,为全国保护非国有不可移动文物率先树立了典范。2016年修缮验收一次通过。

小娄巷50号处于江苏省级文物保护单位和历史文化街区"小娄巷"的中心位置,极具历史人文底蕴。1911年,秦毓鎏在此策动了无锡金匮江阴光复,是无锡城中唯一完整幸存的辛亥革命遗迹。秦毓钧在此撰书立说,为新闻、国学留下经典篇章。秦森源反帝反封建,倡导女权运动。

1902年,秦毓鎏、秦毓钧东渡日本留学。1903年大坂博览会将中国福建省出口的漆器放在台湾馆展出,台湾在1895年因《马关条约》被割让给日本,并且"日本"读音意为漆器之国,展品移置此举极大地侮辱了中国人民。秦毓鎏、秦毓钧、侯鸿鉴等人极力抗议,日本展览方只得认错归位。1903年11月秦毓钧从日本宏文学院速成师范毕业回国,秦毓鎏继续在早稻田大学政治科学习。日俄战争爆发,中国东北深受其害,秦毓鎏发起组织拒俄义勇队,后改组为军国民教育会。秦毓鎏回国后,邀黄兴到无锡以教书为名组织抗清秘密组

福寿堂旧影(源于《无锡老房子》)

织。事泄黄兴脱身回到长沙,与刘揆一、宋教仁等组织华兴会,秦毓鎏积极参与其中。合谋在长沙起义,又因泄密而起义流产。秦毓鎏赴广西,参与龙州起义、镇南关起义。此后潜返上海,与编《神州日报》,暗中制造炸弹,密谋刺杀满清官员。1907年秦毓鎏因长年劳累奔波,反清事业未成致咯血,被秦谦培(牧卿)召回无锡。

宣统三年(1911)10月10日辛亥革命爆发,秦毓鎏深受鼓舞,奔走于苏州、上海之间,与章木良、陈英士多次商量响应。与陈英士等光复上海后,秦毓鎏即由沪返锡,11月5日夜,秦毓鎏在小娄巷福寿堂秘密召集钱鼎奎、吴千里、孙保圻、吴廷枚、张有诚、秦昌源、沈用舟、周铭初、秦庆钧、侯惕承、高文、王师梅、吴浩、顾乃钧、王传律、孙雨苍、余小禅、林子坚、蔡容、倪国梁、钱际香、窦鲁沂、孙鸣仙、秦元钊、孙静安、钱基博、许嘉澍、陈作霖、侯中柱、王剑潭、邹家麟、曹滂、钱基厚、黄蔚如、顾彬生、吴宪塍、沈锡君、钱宜戊、顾介生等三十余人漏夜计议，在锡起事。秦毓鎏以多次起义的经验教训为鉴，精心谋划布置。翌日，无锡光复成功。

小娄巷作为无锡光复策划地而载入史册。

福寿堂宅地由来

正落第四进、第五进、第六进、第七进及其东边落的宅基院落来自于祖遗。西边落（原进士第东边落）一至三进由秦毓鎏在民国初年与秦松石调换而来。西边落（原进士第东边落）四至七进咸丰同光间秦大治后人避难河南售给龚存之，光绪年间龚存之转售给外甥秦堃培。

正落第三进（大厅）、第三进北半部、门间及其东侧备弄，太平天国后秦起然支绝嗣，由秦氏义庄售予秦焕。正落第一进（门厅）、第二进（小厅）南半部在光绪三十二年秦于卿、秦平甫、秦冕甫、秦澄甫四人购自谈氏。福寿堂第五进原由秦焕与秦同培、秦履培及其生母同住，第六进秦复培一家居住，第七进秦谦培居住。第七进后院地由秦谦培购置，砌龙蹲墙。在秦鉴源出生当年，经秦同培妻孙氏勘定位置开设后门。秦同培民国时将五进平房三间让给胞弟履培后，在原小娄巷32号祖遗地另起新宅，原先秦焕家族共有之前三进厅堂、家祠及备弄等所有权只归秦平甫、秦效鲁、秦澄甫三人所有，与其他人无关。

房屋产权情况

正落第一进门厅，1951年没收秦毓鎏财产时充公，房管所租给裁缝许氏居住；第二进小厅，1951年政府划分福寿堂公有产时归秦寅源、杨慕兰所有，1980年代归杨慕兰子女所有。东厢房及中间前三架租给吴氏居住；西厢房及中间后三架秦烈源售给王氏居住；第三进福寿堂大厅，1951年政府划分福寿

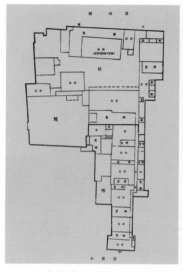

小娄巷秦福寿堂平面图（源于《无锡市名人故居》）

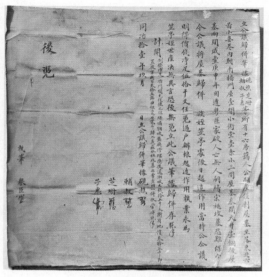

小娄巷秦氏财产笔据

堂公有产时归秦寅源、杨慕兰所有，1980年代归秦寅源所有；第四进为秦寅源所有；第五进为秦一源、秦长源子女所有居住；第六进为秦复培嗣孙秦舒源售出；第七进系秦毓鎏"鹡鸰楼"，1951年没收秦毓鎏财产时充公，房管所租出。

东边落的门间在1951年没收秦毓鎏财产时充公，柴间为秦寅源所有，祠堂由秦寅源、秦麟源共有，澄井观在1951年没收秦毓鎏财产时充公，后门间在1951年没收秦毓鎏财产时充公。

西边落的前三进是小娄巷52号进士第，第四进被日军炸毁，现为牡丹园；第五进在抗战前，秦澄甫改建为二层楼房；第六进在秦澄甫结婚时，翻建为灶间柴间；第七进在民国十年调换给秦毓鎏，改建为二层楼房"澄观楼"。

（秦绍楹）

中市桥巷

　　中市桥巷位于城中心偏南位置,在中市桥东,旧名敬义坊,也称仓桥巷。因地处便利,区位比较优越,历史上一直是无锡望族聚居地之一。而提到望族,首先从锡山秦氏讲起,中市桥巷北邻锡山秦氏中"河上秦"始居地玄文里(师姑河南岸,今崇宁路西段南),秦氏家族繁衍兴盛之后,逐步由玄文里向大河上、小河上、小娄巷等周边区域扩展,中市桥巷也较早地建有秦氏宅院,清代乾隆辛未(1751)秦孝然、秦实然在寄畅园参与迎跸,与其他七位耆宿被乾隆帝在其御制诗中称为"九老",并有"耆英高会"之句,故秦孝然、秦实然兄弟所居的中市桥巷又被称为"耆英里"。秦焕《秦氏宅第考》记载:"能史阁在中市桥巷,为南沙公、药师公发祥之地。"能史阁为秦氏"四大书房"之一,南沙公即秦道然,药师公是秦靖然。秦道然,生于顺治戊戌(1658),康熙四十八年(1709)进士,官至礼科给事中,掌登闻院事。由康熙帝指定为皇九子允禟的师傅,故被卷入宫廷之争,遭关押并罚抄家产,后由子秦蕙田上书求代,得以释回,优游林下十余年后,卒于乾隆丁卯(1747)。秦蕙田系秦道然三子,字树峰,号味经,乾隆元年(1736)殿试中进士一甲第三名(探花)。秦靖然,生于康熙癸卯(1663),康熙壬戌(1682)进士,改庶吉士,授翰林院编修,卒于雍正丙午(1726)。秦靖然少为诸生,以帖括闻于时,与吴门汪份、张大受交善,其文出入金、陈诸名家。父恐其见闻浅狭,命遍从名师游。丁丑选拔,士林争诵其文。浙学使者张石虹得其文,即日镂刻颁行,为浙士法,于是其名始振,又四试而捷南宫，官侍从，家门鼎盛，淡于荣利，不久即告归，屏居读书，人服其恬素。

《秦氏宅第考》又载小泗公新宅"保誉堂"在中市桥巷，小泗公即秦沇，字小泗，号筠谷。秦瀛弟，生于乾隆丁丑（1757），太学生，四库全书馆议叙县丞，分发江西，历任新淦县县丞、临川县知县、南昌府同知、直隶永平府知府，卒于道光甲申年（1824）。入祀临川名宦祠，著有《临川续县志》十四卷。邑志宦望有传。秦沇子秦国楠，道光辛巳举人，早卒，以堂兄弟秦缃武（秦瀛子）子秦臻为嗣，所以中市桥巷保誉堂后为秦臻及其后人所居。秦臻，字巳生，号莅风，咸丰戊午举人，子有宝瑚、宝玑、郏农、敦世等。

秦宝瑚，字禹臣，著有《秋梦楼诗词草》，子铭直是庠生。

秦宝玑，字姚臣，优廪生，曾协助族叔秦缃业编撰县志，著有《霜杰斋诗稿》《竢实斋文稿》；长子铭光，字仲实，号颂石，邑庠生，生于光绪丙子年（1876），1908年京师大学堂师范科毕业，历任四品衔学部补用司务、保定师范教习、无锡县劝学所所长、县视学，著有《瑞春轩诗词稿》《锡山风土竹枝词》。秦铭光娶杨模之女杨曾婉为妻。秦铭光晚年住在中市桥巷老宅，直至1956年12月去世。秦宝玑次子铭博，字仲宽，生于光绪辛巳（1881），英国大学毕业，历任邮传部参议厅行走、京师大学工科教授、京奉铁路制造厂副监理、吉长铁路机务总管、津浦铁路津韩段机务总管、交通部调派技术厅办事兼领津韩段总段长及天津机器厂厂长等职。业余工书法篆刻。妻为百岁坊巷顾典书之女。

秦郏农，原名宝瓒，字歧臣，附贡生。工书画。著有《遗箧录》《吉金韵录》《晚红轩诗稿》等，皆手写精本。

秦敦世，原名宝璐，榜名宝珉，号湘臣，晚号大浮老人。优附生，光绪十一年举人，历任甲辰会试挑取誊录、国史馆校对、三品衔吏部考功司郎中、奏调宪政编查馆内阁印铸局、清史馆协修等职，民国后主持筹建和长期任职于国家历史博物馆，其间有一批内府藏殿试卷移交历史博物馆，秦敦世在接收时，发现顺治至光绪年间无锡籍考生的试卷存97卷，秦敦世与侯鸿鉴遂向教育部申请,从历史博物馆取得其中30卷,归藏新建的无锡县立图书馆。秦敦世著有《辟邪香室诗文集》,系"梁溪七子"之一,鼋头渚景名刻石手迹即由秦敦世所书。秦敦世孙女秦昭华嫁著名律师、族叔秦联奎,其子秦家骢,为著名美籍华裔记者,著有《祖先:一个家族的千年故事》,此书叙述了锡山秦氏自宋代到现代的家族兴衰往事。

中市桥巷秦氏"保誉堂"老宅主体,20世纪50年代时门牌编为16、18等号,还有秦学江、秦学海等后裔居住,门北开镇巷,后来又入住许多人家,无锡市第一任建设局和建筑工程局局长季恺也在其中,另一部分房屋被环卫所所用。

锡山秦氏另一个重要分支"西关秦"的后裔也有宅院在中市桥巷,这就是中国共产党早期领导人秦邦宪的祖居。秦邦宪父亲秦肇煌,字雨农,生于同治庚午(1870),附贡生,法政学堂优等毕业,应庚戌第一次法官考试取列优等,以正七品推事检察官分发浙江补用,历任温州府地方审判厅刑事庭长、浙江县知事、鄞县统捐局长、长兴县统捐局长。1916年,秦肇煌因肺疾离职由浙回锡,贫病交加之际,遂将祖传老宅卖给王式臣,赁居远房族侄秦琢如(玉书)大河上宅院的第三进,于同年年底去世。秦邦宪是秦肇煌长子,乳名长林,字则民,生于1907年,就读江苏省立三师附小(今锡师附小),1921年进入江苏省立第三工业专门学校预科。受表兄许广圻、许庆圻影响,1924年夏参加中国孤星社和锡社,被推选为锡社执行委员和社刊《无锡评论》编辑部主任。1925年在苏州、无锡积极参加五卅运动。同年9月进入上海大学社会学系学习,10月加入中国共产党。1926年初任国民党上海特别市党部宣传部干事,同年10月赴苏联莫斯科中山大学学习,取名博古。1930年5月回国,任全国总工会宣传部干事,团中央宣传部部长、书记等职。1931年9月任中共临时中央局成员、临时中央政治局书记和负责人。1935年在遵义会议上被解除中共最高领导职务。后任中共中央政治局常委、红军野战部队政治部主任,1946年4月8日,博古由重庆返延安,因飞机失事在山西兴县遇难。秦肇煌次子秦邦礼,生于1908年,就读省立三师附小,毕业后到复元钱庄当学徒。1931年到上海,由无锡同乡严朴介绍加入中国共产党,在陈云、严朴领导下在上海开过家具出租店。抗日战争胜利后,秦邦礼到香港继续从事为解放战争提供必要物资的工作,曾化名为杨琳、杨廉安在香港、广州等地组建了华润公司、华夏航运公司、天隆行等企业,并担任香港贸易委员会主任。1952年9月后,任中央对外贸易部计划局局长,国家对外经济联络委员会常务副主任、党组书记等职,1969年去世。秦肇煌大妹秦清徽由锡邑士绅高映川作伐嫁给同窗好友许国风。秦邦宪中市桥巷祖宅20世纪50年代门牌为23号,仍有王氏后人居住。

秦邦宪大姑父许国风一家住中市桥巷西口,门朝北,堂号"仁安堂"。许国风,字彝定,号仁盦,生于光绪二年(1876)七月十五日,光绪二十三年(1897)举人。1900年赁居百岁坊巷杨宅,设馆课徒,钱基博与弟基厚均往受业。后至京任内阁中书,毕业于京师法律学堂正科,历任律学馆教习、学部普通司主事、国立法政专门学校教授、京师地方审判厅民事第一庭行走督办、盐政院佥事长等职。同乡杨味云任长芦盐运使及山东省财政厅厅长时(北洋政府期间),被聘为秘书及参事。许国风是民国锡邑著名士绅,是清风茶墅常客。许国风工书法,尤善分隶,师法礼器碑,笔力秀挺,清丽脱俗,惠山"云起楼"匾额和寄畅园"八音涧"石额为其所书。有《仁庵堂文集》《法学笔记》等著作,曾校订《顾梁汾先生诗词集》。许国风祖居七尺渡,1901年起迁中市桥巷邹宅,直至1960年去世。

许国风有广圻、庆圻、通圻、麟圻四子和静圻、葆圻、毓圻、裕圻四女。长子许广圻,生于1901年,南洋公学上院肄业,担任过无锡县立图书馆编辑、无锡商埠局秘书、无锡县中训育主任、江苏文艺协会无锡分会筹备委员等职,也是中国孤星社骨干,曾介绍表弟秦邦宪入社,中国孤星社无锡支部并入锡社后,两人都成为锡社的重要成员。鼋头渚"明高忠宪公灌足处"摩崖题句下高攀龙游览鼋头渚的诗即由许广圻书写,许广圻是当时无锡有名的社会活动家,活跃于社会各阶层,1946年还担任过公园管理处主任。许广圻去世于1962年。次子许庆圻,生于1903年,毕业于南洋公学上院,获经济学硕士学位,1926年曾任南洋学会国乐部部长,抗战后供职于福建农业公司上海分公

许国凤宅第一进庭院

许国凤六十岁时与夫人合影

司,去世于1965年。三子通圻早逝;四子许麠圻,生于1912年,去世于1969年。

许宅东隔壁是顾氏恭俭堂,这是虹桥下顾氏的一支,与顾毓琇是近支,顾毓琇堂叔祖顾汝金早逝,其妻王氏在37岁丧夫后接办北门同丰参药店,并在中市桥巷建恭俭堂,与两子福保、福乾两子始居于此,曾孙顾寅有忆述。

汝金早逝,配王氏,王太夫人精明能干,承接夫业北大街同丰参药号,当时要守业抚子,乡下田地缺少人手管理,有一年就全部种上省工省力的蚕豆,不料当年大旱粮食绝收,而抗旱的蚕豆却丰收且售价攀升,大赚了一把。后于1890年在中市桥巷35号地址上新建了长百余米、宽十五米、有六扇门厅的四进住宅。一造为门厅,二边是侧厢,进门右厢房为祠堂,一进与二进之间为天井,二边分别种有金桂银桂各一枝;二进与三进东西沟通均为二层楼,之间有石板铺设大天井;三进与四进之间为天井,中间墙上南北向架有二根方木条,供晒凉衣被之用;四进为平房,东厢房建成西式洋房。后园东侧为水井、佣人平房及杂物间,边上种了一棵白玉兰树,整个住宅群均为砖木结构,取名为"恭俭堂"。当时因女人不便出面大兴土木,特聘专人负责建造,总造价约二万银元,后听说那位代理建造商用赚到的钱在别处又另造了一座同款住宅，那年代女人办大事不易，听说后也只能一笑了之。

汝金长子顾福保，字寿岐，生于1882年，卒于1908年，有一子昌运、一女瑞贤。顾福保长孙顾松年，1924年10月生，中央大学商学系肄业，曾任《新华日报》无锡记者站记者、编辑，后长期从事区域经济、宏观经济、乡镇企业经济等方面的理论研究，历任江苏省社会科学院经济研究所研究员、江苏省经济学会副会长兼秘书长、江苏省计划学会副会长、中国物资流通学会理事等职。

许广圻

汝金另一子顾福乾，字惕庵。生于1888年，主持经营同丰参药店。1937年7月全面抗战爆发，8月14日，在沪的顾惕庵乘坐九路电车路经上海大世界时遇日机轰炸，右肩被弹片削破长衫，所幸人无碍，有惊无险，此事在无锡报纸多有报道。顾惕庵业余热爱艺术，对绘画和音乐均有浓厚兴趣，子女也受熏陶，其长女顾珏，毕业于上海东南女子体专和上海同德医学院，担任过无锡竞志女学体育教师及上海国棉廿一厂保健医师，嫁桐乡严椿林，两人的养子严惠先，就是1950年在台湾牺牲的"红色特工"；次女宗馀，无锡刺绣学校肄

许庆圻

图左高出顾宅的楼房即许宅一隅(顾寅摄)

业;三女淑婉肄业于苏州美专,后为后西溪小学美术教师,嫁清代无锡著名文人刘继增曾孙刘邦达;四女圣婉,从事小学音乐教育工作。福乾独子昌钺,字光钊,同德医学院肄业,任中学生物教师,妻吴楚英担任过无锡同丰参药店经理、市医药公司副经理、市工商联副主委兼秘书长等职,撰有《同丰参药行简史》。昌钺长子顾洪,小名龙龙,任无锡师范学校教师,在音乐作曲方面颇有造诣,曾获全国及省市创作奖。

顾家东邻的33号是吴家宅院,主人吴文魁(字仲炳),生于光绪七年(1881),1915年在公园路创设丽华布厂,1928年开设九纶绸布庄,还担任过丽新股份有限公司协理。吴文魁晚年与幼子吴慧杰一家租住青果巷和摇车湾等处,后迁居苏州,其余三子吴果人、吴慧承、吴慧刚仍居中市桥巷,儿子们有吴寅一、吴赓一、吴可一、吴洪一、吴申一等子女。中市桥巷吴家在《锡山吴氏宗谱》中属城中白水荡分前杨巷支。

巷东段的5号是黄绪初故居,黄绪初则是杨荫浏的书法老师,黄系杨荫浏伯祖杨昌礽的外甥,因黄绪初父亲黄庭梅与杨昌礽是连襟。正是这个"父亲方面的亲戚"黄绪初的引介,杨荫浏得以拜吴畹卿为师并进入天韵社,而后的

中市桥巷35号顾惕庵宅门头（顾寅摄）

《天韵社曲谱》也由黄题签。黄绪初，名丕承，字锡元，以号行，别署惭鸥，选用巡检衔，生于咸丰十年（1860）正月，卒于1929年6月。娶浙江会稽陈氏，续娶唐氏，布衣。《梁溪小志》称其工书，和祖父、父亲一样，他也寝馈于汉魏晋唐碑帖者数十年，苦力临摹，寒暑无间。私淑邓石如、包世臣等人，篆隶行草俱工。他是性情中人，富贵人求书，他常以高昂的价格来推却之，而遇知己则分文不收。

黄绪初祖父黄琴香，名文澜，字圣德，号桂阁，又号琴香，生于嘉庆八年（1803）五月，卒于咸丰九年（1859）四月，捐监，议选从九品衔。黄年少时聪明有悟性，既涉猎经史，又特别喜好经世之学，然而长期困顿于科举，郁郁不得志，于是弃科考而致力于碑帖书学，凡唐宋名人碑刻无不探索临摹，久之则书学大进，他曾对人说："学书之法，其始当与古人合，其终当与古人离。盖非合，无以邃其微；非离，不能扩吾精神也。"所以他纵笔纯以神行，不束缚于形似，重"神"与"气"，出入二王，兼作右军体。当时同乡邹安邑和窦承焯也精于书法。邹安邑，字敬甫，贡生，精究琴理，著有《琴律细草》一卷，并喜欢围棋和算学，邹是黄琴香的姻亲；窦承焯，字俊三，恩贡，曾修绮塍街、宝善桥，并题写

"五里香塍"。因为是同好,三人交往密切,经常在一起探讨书法。

黄绪初一族非无锡本地黄氏,而是安徽著名休宁古林黄氏的一支,古林黄氏历有文化传统,清代乾隆状元黄轩即出自此族,苏州狮子林曾在古林黄氏名下达一百七十年之久。据孤本《迁锡黄氏支谱》记载,明末徽州休宁一带发生罕见水灾,某黄氏媳妇正值怀孕,坐在一只大缸中漂离险地而获救,随后辗转流落到无锡,几个月后,生下男婴,此男婴即黄绪初一族的迁锡始祖,此族后定居无锡中市桥巷。第一世到第五世因战乱等原因,名讳等信息失载,第六世为三宝,第七世名镇镮,即黄琴香父亲,琴香为迁锡第八世。刘继增(字石香,号寄沤,无锡清末学者,书画家,刘书勋父亲)查阅清初学者休宁人赵吉士《寄园杂著》所收其曾祖日记,得知休宁的那次大水灾发生在明万历三十五年(1607)六月,此年也应是黄家迁锡的时间。黄琴香儿子名廷枚,字鼎和,号庭梅,生于道光十二年(1832),卒于咸丰十一年(1861),也擅长书法,并能刻扇骨。廷枚生有三子,长子丕烈,族谱就由其修成;二子丕业早殇;三子黄丕承,即黄绪初。

黄琴香先生家传

吾邑以善书名者,自明季至国朝康熙间,有孙文学竑禾、高佥事世泰、严中允绳孙、华茂才长发,世号为"四书家"。乾隆中,顾廉访光旭以右军法奄有众长,宦迹几为书名所掩,踵其后者,则有黄琴香先生。先生书出入二王间,作右军体,掩其题款,人莫辨为黄为顾也。兵火后,遗墨渐稀,而先生生平行谊有不可没者,今因其文孙丕烈请,谨按状撰次如左:

先生讳文澜,字桂阁,琴香其号。先世居安徽休宁县之古林村,明季被水灾,始迁无锡,子孙相继,家县治南之中市桥巷。雍正四年,县析金匮,今为金匮人也。自始迁六传,讳镇寰,字元吉,是为先生父。先生幼而颖悟,孝友性成,少壮涉猎经史,犹好经世之学,应童子试不售,纳粟为太学生,既困于科举,郁郁不得志,遂弃帖括,肆力于书,凡晋唐名人碑版莫不探索临摹,久之,学大进，语人曰："学书之法，其始当与古人合，其终当与古人离。盖非合，无以造其微；非离，不能扩吾精神也。"于是纵笔所如，纯以神行，不规规于形似，而能动于古会。时乡贡士邹安峜、窦承焯亦善书，邹固姻好，窦亦道义交，三人常往还讨论。先生谓："用笔结构须具神气骨血肉，五者阙一不可，而神气为最要，然骨血肉乃迹象中物，临摹刻画终落匠作科臼，所赖神气行乎其间，庶几可成大方家。"数又谓："今人于九宫八法久失讲究，如古人悬腕拨镫，实指虚拳，辄多误会，握管有骈三指在外，与拇指对拒，称'龙眼'形者，则指与腕俱死，不特不能手使笔，直令笔使手耳，焉能圆转如志八面耶？"一时学人皆师其说，执赞乞书者无虚日。所蓄古名家手迹及碑帖，皆鉴别甚精。尝岁途遇鬻旧碑帖者，谛为宋拓本，仓卒无钱，典所著裘酬其直，严寒忍冻不顾也。闻有收藏家，识与不识，必造门请观，品题精粗，辨别真赝。主人乐遇赏鉴，每流连竟日而返。风度端凝，不苟言笑，居家内外肃然，虽童卲梼昧见之，莫不起敬然。律己严而接物恕，未尝以声色加人。出就松江提督某公聘，裁数月，会戚党有新丧者，孤儿寡妇以家难者告，先生即解馆归，为之经纪丧葬，勖其孤，汔于成立，其敦品行义皆类此。

先生生嘉庆八年五月十九日，咸丰九年四月十六日卒，年五十七岁。明年春，赭寇之警，权葬于大池之木瓜墩，光绪二十四年闰三月二十九日，改葬于惠山茅棚下新阡，以孙丕烈阶，例得貤赠朝议大夫，配李氏，貤赠恭人，后先生一年殉寇难，列祀本邑忠节祠，与先生合窆焉。子廷枚，赠朝议大夫，亦善书，能于折叠瑣骨灯下作双行小楷，移时满三叶，见者叹工捷。三应童子试，佹得佹失。赭寇至，侍母居守，为寇所略，母殉难，逾年，忧病卒，年仅三十。事平，求遗骸不可得，乡党咸哀惜之。孙三：丕烈五品衔以劳绩洊保，遇缺即选从九品；丕业幼殇；丕承。

论曰：黄氏系出伯益后，为江夏望。先生家世自明季由徽至锡，相传被水时全家漂没，仅一母怀孕坐巨缸中浮而出，是生始迁祖。当先生时，手辑家谱已莫详其先世所出，迨兵燹谱失，且并占籍以来，六世称讳亦无从追记矣，亲族长老犹有知，先生王父曰："三宝公者，殆是小字，未敢必也。"今先生孙丕烈溯寻坠绪,重辑家谱,疑者阙之,无攀援,无粉饰,务求征实,以不欺示后人,可为善事诒谋矣。又与阙弟丕承并以善书鸣,端谨朴诚,具有家法。呜呼！先生之风不亦绵而远哉！

光绪二十七年岁次辛丑八月朔
乡后学刘继增顿首拜撰

　　刘继增所撰的这篇家传,留下了中市桥巷一个书法世家的历史,也勾勒出了明清以来无锡书法传承的基本脉络。笔者于2019年2月,找到了黄琴香五世孙、黄绪初曾侄孙黄鹄,根据他提供的家谱,弄清了杨荫浏与黄绪初、章蕴宽等人之间的一系列亲戚关系。

　　杨荫浏妻张菊仙的堂姑张浣芬是民国无锡著名的女教育家,生于1884年,是西乡紧邻荣巷的大张巷人,其父张彦昭(1859—1919),字笠臣、烈臣,号枕梅、振楣,光绪十一年举人。受同乡周舜卿聘,旅居上海十余年。据《锡金游庠续录》载,张彦昭住所在无锡城内中市桥巷,故张浣芬可能就出生在中市

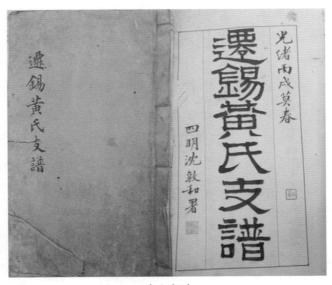

黄氏家谱

桥巷。张彦昭后官至如皋县教谕，曾续修《三知堂锡山张氏宗谱》(1909年版)，著有《惜分阴斋遗稿》二卷。张浣芬成年后嫁荣巷富商荣剑舟之孙、荣秉之次子荣瑞麟(字杏奎)。荣剑舟与荣胜溢开创荣广大花号，成为当时全国四大花号之一。荣秉之去世后，荣瑞麟获一半遗产，不久却于1907年因肺结核去世，遗产由妻张浣芬继承。无子女孀居的张浣芬结合自身遭遇，认为女子要自立解放，就必须接受教育，因此不顾宗族势力反对，在福建藩台周莲(字子迪)媳妇和三妹张杏秀(名时敏，上海务本女校毕业，嫁著名画家谢公展弟、报人谢介子)的鼓励下，经多方支持，张浣芬兑换自己二十两左右金饰作为启动资金，创设荣氏女塾。学校先设于近族夫兄荣瑞馨(买办出身，曾合资创办裕大祥商号和投资振华纱厂)新建在荣巷街用于商务接待的花厅，用上海荣广大花号、南宝康典当名下资产的一部分官、红利维持学校日常开支。因女塾有部分学生家在城中，为方便上学和扩大空间，1917年租北门旗杆下杨翰西住宅为校址，改名荣氏女学，张浣芬一度租住在校内的杨氏洋房内。至1923年，学生由初创时8人增加到800余人。女学除文化课外，还设有刺绣、美术、家政、医护、蚕桑等职业课程，使学生由此而获得自立技能，也培养出不少各类巾帼英才，如诗人杨晋华，画家温清华、张时敏等。1923年女学被评为无锡县女子学校第一名，张浣芬被政府授予嘉禾奖章和宝光慈宪章等荣誉。1925后张浣芬改任校董，聘请程仲嘉、陶伯方等无锡教育界前辈担任校长，让专业人士管理学校，使学校教育进一步正规化。后荣氏女学历经各种时局的变化，仍坚持办学，直至1949年后由人民政府接办。张浣芬还是荣氏族益会委员，她利用这个平台，在办学之外，还做了大量利于地方的公益事业，从而赢得了社会各界的广泛尊重。张浣芬晚年寓居上海海宁路，1973年去世，享年90岁。

根据《锡金游庠续录》，晚清有三位邹姓庠生居中市桥巷，一位是邹骧，字仲云、铁渔，生于同治丙寅(1866)，卒于光绪丁酉(1897)，宗族属邹氏全六支大四房，许国凤的仁安堂很可能就是邹骧的旧宅所在。还有两位是邹氏龙泾三房支的邹觐皋和邹觐辰，两人虽同科平辈同支，但血缘已远。邹觐辰，字星

五、拱夫,号拱之,好吟咏,旁及绘事,范山模水,雅近董源。邹觐皋,字子辅,号和之,生于道光丙午(1846),卒于光绪乙未(1895),附贡生,光绪十一年(1885)七月署理阳江直隶同知。邹觐皋父为广西巡抚邹鸣鹤。邹鸣鹤,字孚盦,号钟泉、松友,生于乾隆癸丑(1793),道光壬午(1822)进士,历任河南新郑、罗山、光山、祥符等县知县。擢兰仪厅河工同知,护理开归陈许兵备道,以治河有功,任陈州、开封等地知府。1841年祥符黄河决口,尽力防堵。1843年,任粮储、盐法道。中牟黄河决口,奉命治河,事竣后,任彰卫怀道、江西督粮道。咸丰元年(1851)由顺天府尹授广西巡抚。太平天国起义后,督办团练,协助赛尚阿镇压太平军,太平军进军两湖,他拥兵自卫,被革职回籍。1853年重被起用,筹办沿江防务,太平军攻陷南京时被杀。著有《道齐正轨》《世忠堂诗文集》《抚粤奏议》《桂林守城日记》《宝素堂古文稿》。中市桥8号宅院大致就是邹鸣鹤旧居,其五世孙邹增一一家一直居住到拆迁,家中原藏有大量古籍以及"回避""肃静"等场面木牌,都毁于20世纪60年代。

光绪七年(1881),十七岁的吴稚晖在欢喜巷龚春帆学馆学习,为便于照顾,随外祖母及大妹美宜一起住到了中市桥巷表姐夫冯莘赓家;次年,吴稚晖在冯家设馆课徒,开始靠束脩补贴家用,在中市桥巷迈出了自立的第一步。

中市桥巷历来以居民住户为多,但也有比较著名的店铺和报馆,略可一提。如比较有名的当铺,名济顺,同治九年创立于中市桥巷,由上海罗店杨冠常和常熟孙氏所开设,民国时期经理为丁佩卿,丁佩卿生于1879年,除经营当铺外,还有堆栈等产业,丁佩卿一家原住留芳声巷路口,后搬沙巷。1947年前后,中市桥巷还有一家永济当铺(登记人是朱梅森)。

在巷东段,黄绪初故居东隔壁有一家黄元记车行,业主名黄魁元,建湖人,一直经营到1956年。

1950年1月1日,无锡解放后第一张民办报纸《晓报》创刊,由赵寅生自筹资金,聘请工作人员20多人,创办时,晓报社址即在无锡市中市桥巷33号,"老无锡"华钰麟、摄影家费适都曾做过《晓报》记者。

镇巷,原名正巷,旧称怀仁坊,位于师姑河南,在原玄文里的范围,玄文里是锡山秦氏中"河上秦"的迁城始居地,镇巷历来也多为秦氏所居,如明代碧山吟社十老之首秦旭的挺秀堂、寄畅园御制诗中九老第七人秦瑞熙的敬义堂、春星草堂及探花秦蕙田的宫保尚书第等。春星草堂建在徐府庄旧址上,徐府庄为明代开国第一功臣徐达后裔的庄舍,用于管理世袭在锡东乡的八千余亩庄田。附近师姑河南岸和凤光桥南岸曾立有秦氏双孝坊和后双孝坊,锡山秦氏"后双孝"秦凤翔(字芝珊)玄孙秦瑞延宅就在师姑河沿河和镇巷之间。

秦瑞延,名中毅,别署锡剑,生于光绪丙午(1906)二月十五,父秦宝鉴,为邑庠生,母徐伟,家居师姑河16号(南门在镇巷)。1930年2月,连襟钱孙卿赴镇江出任江苏省民政厅第一科科长,秦随同担任民政厅科员。抗战期间又随内弟高昌运(时任重庆大学教授)赴重庆谋职,1944年5月病卒于重庆。秦瑞延富有文才,兴趣广泛,编有《锡山秦氏后双孝征文汇录》(民国九年铅印出版)一书。妻高琬,字君琰,高等师范毕业,生于1906年10月7日,卒于1991年9月,系锡城士绅高映川次女,故秦瑞延系钱孙卿连襟,高琬又为华雁臣(荡口人,住前西溪)妻秦蓁如之表妹。所以华雁臣、秦瑞延是表连襟关系,两人爱好昆曲,均是天韵社成员,1930年2月22日《锡报》有秦瑞延参与布置在华雁臣宅曲会及唱曲的报道。1931年秦母陆太夫人八十寿庆,天韵社成员十余人到贺会唱。秦瑞延有三子:森、榛、杉,四女:嘉、榕、桦、棉。

秦瑞延相片及手迹

　　秦瑞延家殷实富足，在宅院内建有洋房一栋，且不惜工本，用材、设计非常讲究，但因秦瑞延遽亡，未亡人失去了兴致，故内部装修未能完工，余下了进口钢窗门和许多高档柚木地板等建材。

　　探花秦蕙田的宫保尚书第在镇巷14号（北面是崇宁路63号），秦蕙田（1702—1764），字树峰，号味经，少承家学。乾隆元年（1736），进士一甲三名，授为翰林院编修，奉命编纂《大清一统志》。五月进入南书房任事，恰逢母亲去世，奔丧回乡。其间，上书乾隆请求免父道然罪过。乾隆七年（1742）入值上书房，升任右通政。乾隆十二年（1747），父道然去世，丁忧回锡，开始撰写《五礼通考》。后历任礼部左侍郎、刑部右侍郎、钦天监监正、工部尚书、刑部尚书等职，加太子太保衔。乾隆二十九年（1764），因病回乡就医，去世于沧州途中，谥号"文恭"。秦蕙田精于三礼，是著名经学家，他按照《周官》吉、凶、军、宾、嘉条目，撰为《五礼通考》，承继徐乾学《读礼通考》体例，网罗众说，自成一书。以乐律附吉礼，以天文历法、方舆疆理附嘉礼。博大宏远，条贯赅备。秦蕙田又爱好研究易经、音韵、律吕和算数等学术，皆有著述。撰有《周易象义日钞》和《四声表》等。秦蕙田父秦道然因宫廷斗争牵连而入狱，家产被籍没，秦蕙田曾一度在娄巷老屋里艰难苦读，和吴鼎、蔡德晋、顾栋高等五人，每月一会，切磋经学，故老屋取名为"味经窝"，顾栋高撰有《味经窝记》。

秦蕙田是锡山秦氏中的杰出人物，在学问、科名、官位、孝道等方面都达到族人无法企及的高度，通过他的不懈努力，被赦免发回了籍没的包括寄畅园在内的大量秦氏族产，恢复了家族的兴盛。

等家族复兴后，秦蕙田在先祖秦旭挺秀堂原址范围建新宅嘉会堂，即宫保尚书第，秦蕙田七世孙秦志汾、秦志濂等居住此宅，一直延续到1994年建造无锡市花鸟商城时被拆。秦志汾娶中市桥巷顾宗馀（福乾次女，参看"中市桥巷"一章）为妻。

我国著名的南明史学者钱海岳的旧居就在镇巷内。钱海岳，清光绪二十七年（1901）生于镇巷一个书香门第，父亲以上六世游庠，年少时受庭训，即以骈体文闻名。他爱好旅游，服膺"读万卷书，行万里路"的古训。少年时代遍游国内名山大川，每游一地，为文纪胜，曾结集为《海岳文编》《海岳游记》。1925年，钱海岳在北京朝阳大学政治经济科毕业，任职于北洋政府印铸局。不久，就离京南归，再赴广州参加北伐，1928年抵南京，任国民革命军总司令部参谋处秘书。翌年，钱调任参谋本部秘书，又调任国民政府军政部陆军署秘书。1931年前后，钱海岳有感于当时的时局纷乱有类于明末，遂立志研究南明史，着手比勘文献，实地调查，审查所收史料，开始构思纪传体的南明史，意在填补二十五史的空白点。1937年，钱随国民政府西迁重庆。1938年任考试院秘书，三年后，改任开国文献馆专门委员。1943年，任新疆边防督办公署秘书处副处长。一年后，改任新疆学院院长，兼任该院中文系教授。1948年，钱海岳回南京，继续在开国文献馆任职。1949年，钱任无锡国学专修学校教授；同年4月23日，无

宫保尚书第旧影（镇巷14号）

锡解放；7月1日，无锡国专改组，更名无锡中国文学院，钱海岳出任教务长。1950年后钱海岳历任苏南文物管理委员会文书、江苏省博物馆助理研究员。1960年调南京图书馆，主持江苏通志稿整理工作。其间，他对南明史的研究却始终没有中断，1964年，《南明史稿》完稿。1968年1月14日，钱海岳含冤逝世于南京。

《南明史稿》全书120卷，约计300万字。此书构思起笔于30年代初，初稿完成于1940年，1949年后，又反复修订、补充，至此始成定稿，前后几乎经历了三分之一个世纪。著名历史学家顾颉刚对《南明史稿》作了高度而恰当的评价，在他的关心和推动下，校点工作启动，历时多年，《南明史》于2006年由中华书局正式出版。

钱海岳之所以能完成《南明史》这样一部学术巨著，跟家学有很大关系，海岳幼年时就打下了坚实的文史功底。早在民国初年，其父钱麟书应清史馆之聘协修清史，钱海岳随侍在京，得到清史馆中冯煦、柯绍忞、缪荃孙、吴士鉴、陈伯陶等史学大家的熏陶。钱海岳受这些前辈学者启发下，广为收集南明史料，先尽家中所藏，继之或购诸书摊，或抄诸内府黄案及故家书库，历时二十年，积之十余簏，为编写《南明史》积累大量珍贵的基础性史料。

钱海岳出自无锡湖头钱氏庆甫公孟昭公南溪公伯大房二分修孟公派中

钱麟书

市桥巷支，祖宅在中市桥巷与镇巷之间，钱海岳家大概门朝北开向镇巷，所以钱海岳与其父在文献中的住宅地址都是镇巷，民国时门牌为7号。钱海岳五世祖钱世灿，系乾隆丙午举人，任通州学正；高祖钱兆升，字殿扬；曾祖钱尔梅，字羹和，佾生，精通岐黄术；祖父钱元禧，字少和，聪颖敏锐，幼承家学，年少即探研九经及医药书籍，条理清楚、明晰精义。太平军抵锡，避居常熟乡间和通州，事平回锡，在家行医谋生，经常救治危重疾患，医名大振，成为锡邑名医。

钱海岳父亲钱麟书（1861—1930），又名麟洲，字子瑞、史才,号立刚,光绪己丑恩科举人,历任知县、府通判,曾受聘清史馆协修《清史》,确定体例,著有《山海经注》。1929年《锡报》刊有钱麟书照片及简介。

钱史才先生小影

先生名麟书,清举人,奏保经济特科,历长绩溪青阳等县,通判颍州府。负奇才,学志经世,宦游足迹半中国。尝都讲河东淮右,偕督学使者辂车岁出,又为安徽库藏科科长、山东洑口厘金局局长。慷慨纵横,人比之龙川水心。遭时不遇,壹意为学问,博通经史,少偕吴稚晖、庄蕴宽、钮惕生游南菁。为文沉雄瑰放,独自成家。著作之行于世者,《麟洲杂著》《兵事刍议》《游记诗文集》《潜皖偶录》等四十卷。先生历治繁剧,不治生产,归田后饭粥不继,处之怡如,苦志奇气,世皆推其清节。

(记者,1929年2月24日《锡报》)

钱海岳母亲为清代大儒顾栋高六世孙女,也即举人顾棣侄女(参看"槐树巷"一章)。钱海岳舅父顾宗灼,是篆刻家;叔父钱凤书为庠生。

钱海岳有两子一女,均为某一领域内的专家。长子钱大匡为武汉同济医科大学外语系教授;次子钱大复为南京中山植物园研究员;女儿钱惠敏系北京医科大学第一临床医学院主任技师。

三凤桥肉庄前身慎余肉庄的老板王志源一家住在镇巷西段南侧的26号大院内,其父王云清于1927年7月在三凤桥边鲍姓房屋与鲍某合资开设慎余肉庄。开始仅经营鲜肉,数月后兼营熟肉、火腿。是年年底因结算亏损鲍某退股,慎余遂由王云清独资经营。王以重金聘用高手悉心研试烧煮技术,使

镇巷民宅旧影

镇巷9号唐寿千宅

肉庄肉骨头风味独特,三凤桥肉骨头不久名扬江南。此后,王云清专事熟肉经营店内烧煮的绕肝、文冰汁肉及馒饼部的梅贡饼等亦受顾客推崇。因经营注重质量、包装和信誉,故慎余肉庄一直居同业之冠。抗战胜利后的1948年,王云清因年老,将店务交其子王志源掌管。王志源,字锡良,1913年出生在北门江阴巷孙茅柴弄,平时酷爱搜罗书画、金石、古玩,对店务过问不多,不久因通货膨胀肉庄经营艰难。1956年1月,慎余肉庄公私合营,1975年,肉庄改名为三凤桥肉店。王云清是东北塘下旺人,1950年前后王志源一家原住西门棉花巷,后迁镇巷。

镇巷西面有秦瑞延洋房,东面则有唐寿千的洋房,门牌为镇巷9号。1948年前后,协新毛纺厂厂长朱文沅一度住于此,当时门牌为8号。20世纪50年代初起,辛亥革命时期无锡钱业商团光复队领袖、钱庄业代表人物蔡容携全家由沙巷迁居镇巷唐家洋房东邻,直至终老。唐寿千,生于1925年5月12日,大学文化,为民族资本家、丽新棉纺织厂创始人唐骧廷之孙,著名实业家唐君远次子,早年担任上海协新毛纺织染公司无锡厂副厂长、无锡协新毛纺织染厂厂长。1979年后,历任无锡市爱建公司总经理、上海徐汇区政协副主席、上海市工商联副会长、徐汇区工商联会长、无锡市民主建国会副主任委员、江苏省民主建国会常务委员、江苏省政协常务委员、无锡市人大常委会副主任等职。唐寿千晚年迁居上海,其侄唐英年曾任香港特区政府财政司司长。

镇巷9号在20世纪80年代,曾发生过保姆被杀案,轰动一时,上海803"江南名探"端木宏峪曾来锡指导破案,笔者也听曾参与此案的警校老同事讲述过其中许多不为外人所知的细节。

沙巷

　　杨绛有篇回忆散文《大王庙》,忆述了她八周岁时在沙巷大王庙小学上学时的情景。

　　……

　　那年秋天,我家从北京迁居无锡,租居沙巷。我就在沙巷口的大王庙小学上学。我每和姐姐同在路上走,无锡老老少少的妇女见了短裙子无不骇怪。她们毫不客气地呼邻唤友:"快点来看啊!梳则辫子促则腰裙哎!"(无锡土话:"快来看哦!梳着辫子系着裙子哦!")我悄悄儿拉拉姐姐说:"她们说你呢。"姐姐不动声色说:"别理会,快走。"

　　我从女师大附小转入大王庙小学,就像姐姐穿着新兴的服装走在无锡的小巷里一样。大王庙小学就称大王庙,原先是不知什么大王的庙,改成一间大课堂,有双人课桌四五直行。初级小学四个班都在这一间大课堂里,男女学生有八十左右。我是学期半中间插进去的。我父亲正患重病,母亲让老门房把我和两个弟弟送入最近的小学。我原是三年级,在这里就插入最高班。

　　大王庙的教职员只有校长和一位老师……

　　大庙东庑是"女生间",里面有个马桶。女生在里面踢毽子。可是我只会跳绳、拍皮球,不会踢毽子,也不喜欢闷在又狭又小的"女生间"里玩。不知谁画了一幅"孙光头"的像,贴在"女生间"的墙上,大家都对那幅画像拜拜。我以为是讨好孙先生呢。可是她们说，为的是要"钝"死他。我不懂什么叫"钝"。经她们七张八嘴的解释，又打比方，我渐渐明白"钝"就是叫一个人倒霉，可是不大明白为什么拜他的画像就能叫他倒霉，甚至能"拜死他"。这都是我闻所未闻的。多年后我读了些古书，才知道"钝"就是《易经》《屯》卦的"屯"，遭难当灾的意思。

女生间朝西。下午，院子里大槐树的影子隔窗映在东墙上，印成活动的淡黑影。女生说是鬼，都躲出去。我说是树影，她们不信。我要证明那是树影不是鬼，故意用脚去踢。她们吓得把我都看成了鬼，都远着我。我一人没趣，也无法争辩。

......

在大王庙读什么书，我全忘了，只记得国文教科书上有一课是："子曰，父母之年，不可不知也……"，"孙光头"把"子曰"解作"儿子说"。念国文得朗声唱诵，称为"啦"（上声）。我觉得发出这种怪声挺难为情的。每天上课之前，全体男女学生排队到大院西侧的菜园里去做体操。一个最大的男生站在前面喊口令，喊的不知什么话，弯着舌头，每个字都带个"儿"。后来我由"七儿""八儿"悟出他喊的是"一、二、三、四、五、六、七、八"。弯舌头又带个"儿"，算是官话或国语的。有一节体操是揉肚子，九岁、十岁以上的女生都含羞吃吃地笑，停手不做。我傻里傻气照做，她们都笑我。

我在大王庙上学不过半学期，可是留下的印象却分外生动。直到今天，有时候我还会感到自己仿佛在大王庙里。

杨绛童年所上的这个办在沙巷东口大王庙内的小学，应该是冉泾桥小学的前身，或者正式名称就是冉泾桥小学，1949年前后此地还是小学，大王庙的建筑也保留到1949年以后，大王庙内有一个很大的院落，大殿位于北侧，院内有义犬亭一座。沙巷位于新开河以南，永兴巷（即孤老院巷）北，东西沟通二下塘和三下塘，长约百米，是一条很小的巷子。杨绛一家所赁居的房子是裴家的，裴氏则是沙巷大族。

无锡裘氏,迁自钱塘,始迁祖为裘肇元,因其姐嫁进士杨廷榕而随之定居无锡。杨廷榕系鸿山杨氏寺头分城支始迁祖杨英的长曾孙,也是塔坊桥杨家的直系祖上。裘肇元,字和轩,生于雍正二年(1724),卒于乾隆五十一年(1786)。从裘肇元孙子汝弼入庠开始,无锡裘氏文运渐昌,到玄孙一代,出了裘可桴、裘荫梧、裘廷桢等著名文人;五世孙则有裘昌年、裘汾龄、裘毓芳等名人。

无锡第一张白话报纸创办者就是裘可桴。裘可桴,名廷樑,字葆良,生于清咸丰七年(1857)正月。早年有才名,为"梁溪七子"之一。光绪十一年(1885)中举。会试落第后,致力于开发民智和变法维新的宣传。戊戌变法前后,他向世人热情推荐严复翻译的《天演论》,参与春源茶馆的聚会,议论时政,主张维新变法。他认为要富国强民,必须改变数千年愚民的传统,开发民众智力。为此他于1898年5月11日,创办《无锡白话报》,第五期始改名为《中国官音白话报》,以通俗的文字向人们介绍俄皇彼得变法、日本明治维新的历史故事和科学普及知识。他积极支持无锡最早的新式学堂竢实学堂、三等学堂、东林学堂的开办。1901年参加留日学生邑人杨荫杭组织的励志学会,任会长。1904年,无锡成立锡金学务公所,被推为总董。他主持恢复竢实、东林和三等学堂,并设立四城小学、乐歌补习所和初等师范学堂,继而大兴办学之风。1908年,无锡筹备地方自治,他以士绅的身份参与锡金两县17市乡的划分工作。1909年锡金城厢自治公所成立,被推为总董;宣统二年无锡市自治公所成立,被市议事会选为总董。辛亥革命爆发,无锡光复。裘可桴任锡金军政分府民政部部长。不久举家迁居上海。1918年,无锡县署聘他为县志总编纂。20世纪20年代初,新文化运动引发了白话文、文言文之争,裘可桴提倡白话文,与主张文言文的学者钱基博等反复论争。他热情赞助锡社等进步青年社团在无锡推进平民教育的活动。1926年捐资千元作为无锡举办民校的经费。1943年12月8日,裘可桴病故于上海,终年86岁,著有《可桴文存》。其次子汾龄,字铁心,生于1892年。1914年毕业于北洋大学法律系,后在北洋政府任职。曾任华盛顿会议中国代表团随员。1922年12月,署理驻苏联伯力领

晚年裘可桴

裘可桴手迹

事,1925年1月升署总领事,为民国初期外交官。1927年裘汾龄回国,在上海担任执业律师。1941年太平洋战争爆发后,停业隐居,去世于1943年。

裘可桴的族兄弟中文人众多,其中有两位被《续梁溪诗钞》选入。一位是裘荫梧,字旭仙,廪生,著有《寒翠轩诗稿》;另一位是裘廷桢,字瘦生,喜吟咏,工绘事,著有《泪花》《艳情》等词集。

裘可桴族侄女裘毓芳(1871—1904),字梅侣,笔名梅侣女史,11岁即受裘可桴教读,故青年时代就以深厚的文史、国学及英文功底蜚声于时,有才女之称。戊戌变法前后,立志办通俗报刊,主张以白话为维新之本。1897年,曾用白话演绎《格致启蒙》一书,印刷成册分赠读者。与族叔裘可桴合作,在无锡创办了我国最早的白话报纸之一——《无锡白话报》,主持该报编务,曾译介李提摩太的《俄皇彼得变法记》,撰写了《日本变法记》《印度记》《化学启蒙》《孟子年谱》《女诫注释》等论著在该报发表。1898年7月,担任中国最早的女报上海《官话女学报》(旬刊)的主笔之一,并在该报发表《论女学堂与洋学堂》等文。同年8月,与裘可桴一起,以无锡白话报馆为发起单位,创办了中国历史上第一个"白话学会",报馆馆址就设在沙巷9号裘宅。裘毓芳丈夫为杨锡珍。

裘毓芳胞兄裘昌年,字歧伯、公歧,生于

1869年。裴昌年系邑庠生,精于诗文书画,1920年,裴昌年为吴渔山《墨井集》中《仰止歌》配曲仄起吟诗调《云淡》,作为基督教赞美诗歌曲,被《普天颂赞》收录,后人根据保留在《普天颂赞》中的此歌曲谱,可还原无锡过去吟诗调的旋律。裴昌年次子裴维裕,毕业于美国麻省理工学院,是上海交通大学教授、著名物理学家;六子裴维蕃是中国科学院院士、著名植物病理学家。

1924年8月5日《无锡新报》刊出一条新闻,是锡社为筹设平民学校募集资金,在省三师礼堂和沙巷裴宅进行义演。

......

又,昨日黎明剧社假沙巷内裴宅公开表演,入场券概不取资,来宾到者尤为拥挤,七时开会,所演节目为琵琶独奏、京剧双簧丝竹,最后为新剧《爱国贼》,闭幕时已钟鸣十时矣。

20世纪50年代,沙巷还有裴维权、裴维琳等后裔居住,辛亥革命时期无锡钱业商团光复队领袖、钱庄业代表人物蔡容(字有容,生于1888年,祖居北塘大街小泗房弄口)一家从岸桥弄迁出后曾短时间暂居于此,后迁镇巷。裴宅大致位于沙巷中段偏西,门牌是15号,大门朝南,堂号为"翼经堂",建筑群一直向北延伸到新开河,目前在新开河小区范围内。而今随着第二人民医院向北拓展,沙巷成为了医院北面的一个过道,至晚明代就存在的这条古巷已完全失去旧貌,但巷东口的大王庙因为驻留杨绛的记忆,而永存于她的文字中。

永兴巷

永兴巷，又名养济院巷，俗称孤老院巷，因巷内有养济院而名。此巷平行于沙巷之南，西口对南市桥，东口开于三下塘（即新生路），与置煤浜西口相对，南面是希道院巷。永兴巷比沙巷更短，人家不多，东段有张轶欧宅第（详见"江尖"一章），顾尔梅和普仁医院院长李克乐住宅也在巷中，中西段到二下塘一带为朱姓所居，这支族人系无锡城南朱氏，据《城南朱氏支谱》记载，族人奉北宋朱长文为祖先，朱长文九世孙朱璧由吴县迁居无锡甘露，朱璧五世孙朱珍再迁南门外清名桥。清初，朱珍六世孙朱潮用迁居城南。到清后期，朱潮用的六世孙中出了朱福基和朱厚基两位进士，此支从此朱氏成为城南望族之一。城南朱氏和相邻的留芳声巷华氏、置煤浜华氏、三下塘李氏以及小娄巷秦氏、孟里孙氏等都有密切的联姻关系，晚清民国时期也涌现了许多杰出的后裔，朱通伯就是其中之一。

朱通伯，生于1918年，1943年毕业于同济大学医学院，随后在安顺军医学校、贵阳图云关陆军医院等单位服务数年，救治负伤的抗日官兵。1953年任上海同济大学医学院附属

青年时代的朱通伯

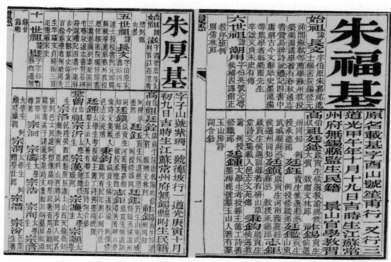

朱福基会试、朱厚基乡试朱卷履历

同济医院骨科主治医师、副教授。1955年随同济医学院迁往武汉后任武汉医学院第一附属医院（后称同济医科大学附属协和医院）骨科主任、副教授、教授，博士生导师。他于20世纪50年代初至90年代末主编的几部骨科专著为中国现代骨科学发展过程中的重要著作，是几代骨科医生的重要参考书。因对中国现代骨科学发展过程中实践和理论的贡献，他被同行公认为"我国现代骨科学的奠基人之一"。朱通伯于2011年去世。

朱通伯之子朱嘉象，是一名定居德国的退休工程师，与笔者有交往，近年他写了一篇回忆父亲的文章，其中也说到了朱家的一段历史。

……

朱通伯1918年生于上海，籍贯江苏无锡，是北宋名士、学问大家朱长文的28世孙，祖上世代诗书传家。他的祖父朱世基是前清光绪十三年（1887）贡生，伯祖父朱厚基是咸丰十年（1860）进士，堂伯祖父朱福基是同治四年（1865）进士、翰林院编修，曾任湖北主考官和山西学政。

朱通伯的外祖父李洁（1868—1896）是光绪十四年举人。外祖母秦涴

（1871—1954）是北宋词人秦观之后，晚清无锡经史名家、秦氏书塾董事秦复培的长女。朱通伯的母亲李亚芬（1892—1969）和舅舅李国伟（1893—1978）姐弟俩幼年失怙，家境清寒，发蒙于她们祖父李镇华的私塾。李镇华是同治元年贡生，一介寒儒，清末无锡城里德高望重的学者和私塾先生。祖父去世后，姐弟俩一起到上海求学。李亚芬毕业于上海务本女子中学及务本女子师范，是清末民初中国第一代兼受中西文化洗礼的知识女性，中国第一代现代教育女教师。

李国伟1915年毕业于中国最早的工科大学之一——唐山路矿学堂土木工程专业。在担任陇海铁路工程师时娶荣德生长女荣慕蕴（荣毅仁长姐）为妻，1918年加盟民国时期中国最大的民族工业集团——荣氏集团，负责到汉口创办福新第五面粉公司和申新第四纺织公司（简称申四福五）。抗战期间，李国伟组织申四福五员工将机器设备迁往宝鸡、重庆、成都、天水等地，为保障抗战大后方的军民生活物资供给做出了重要贡献，成为荣氏集团赖以发展壮大的支柱人物、民国年间中国民族工业界翘楚。

朱通伯的父亲朱箓（字觉卿，号见良，1888—1962）和伯父朱进（字进之，号达善，1886—1922）弟兄两人1910年7月一起在北京参加了清政府学部举行的第二批庚款留美学生考选，与赵元任、竺可桢、胡适等共70人从全国各省挑选

朱进（左）、朱箓兄弟1913年于威斯康辛大学

赴京的400多位考生中脱颖而出,被录取为第二批庚款留美学生,是年8月同船离沪赴美。兄弟俩1913年在威斯康辛大学获得学士学位后转到位于纽约的哥伦比亚大学继续学业。朱箓习数学,1915年在哥伦比亚大学获硕士学位。朱进在哥伦比亚大学主修经济学,兼修社会学和哲学,与马寅初同门受业于经济学家塞利格曼,1916年获得博士学位。朱进、朱箓于1916年8月离美返国。

朱箓回国伊始在南京的江苏第一甲种农业学校任教。在那里他十分欣赏一位名叫秦仁昌的学生。他发现秦仁昌特别喜欢英文,就有意识指导秦仁昌读一些有趣的英文原版小说,如《天方夜谭》《鲁滨逊漂流记》。这些阅读为秦仁昌日后的学习和工作打下了良好的英文基础。后来成为中国著名植物学家,1955年被评为中国科学院院士(学部委员)的秦仁昌先生(1898—1986)一生都没有忘记和朱箓(朱觉卿)的这段师生情谊。以后朱箓在上海教了一些年书,曾任常州中学校长。

朱进回国后任南京高等师范学校(简称南高师,东南大学、中央大学和南京大学的前身,其时与北京大学并肩称雄于中国教育界)教授,并任上海中国公学和暨南商科教授。他的专著《中国关税问题》是研究清末民初中国对外贸易的经典之作。清末状元、实业家、教育家张謇(张季直)读了该书后推崇备至,欣然为之作序。该书英文版 The Tariff Problem in China 备受国际学界瞩目,被哈佛、耶鲁、普林斯顿、美国国会、英国剑桥以及中国、德国、印度、澳洲、新西兰等共220个图书馆收藏。

朱进是最早在中国宣传合作互助思想的人之一。他认为,当时政府所采取的经济政策及金融制度只为少数有钱人服务,没有为大多数平民百姓解决困难,一些西方国家的合作制度有利于改善平民经济,可以借鉴。他于1919年8月在《东方杂志》上发表了《促国民设平民银行》一文,并在《新教育》《申报》等杂志报纸上发表文章倡导推行平民经济,帮助民众树立并增强"自助自治之精神及能力""由平民经济而达平民教育及平民政治之目的"。他在载于《申报》1919年8月23日的《为设立平民银行事上张季直先生书》一文中说,今人都说国家富强靠的是实业与教育,却不知国家富强的基础主要并不在大规模企业集团与高等教育,而在于平民经济与平民教育。"平民占国民之大多数,平民而富国之富也,平民而强国之强也。"这一见解在一百年后的今天仍不失为警世之言。

朱进不仅是中国第一代经济学家中的佼佼者,也在民国前期的中国教育界和学术界卓具影响。他1917年的译著《伦理学导言》在处于新文化运动前夜的中国思想界受到高度重视。

1918年年底朱进与南高师的郭秉文、陶行知、刘伯明,江苏省教育会的沈恩孚(沈信卿)、贾丰臻,北京大学的蔡元培、蒋梦麟、胡适、陶孟和,中华职业教育社的黄炎培、余日章、顾树森等中国教育界一代先贤合作发起成立"中华新教育社"。1919年2月该社的机关刊物《新教育》创刊,郭秉文、刘伯明、陶行知、朱进等担任主要编辑人员。1919年朱进参与上述人士邀请美国哲学家、教育家杜威来华讲学的准备工作。朱进的《教育与社会》一文及刘伯明、胡适、蒋梦麟等撰写的几篇文章发表在《新教育》上,同声相应,同气相求,宣扬开放的文化观念和现代教育思想,启迪民智,为杜威访华做了思想准备。

1919年6月底参加巴黎和会的中国代表团拒绝签署《巴黎和约》后,朱进在南京爱国团组织的各界千人大会上作题为"不签字以后之办法"的主题演说。1919年9月中华欧美同学会在上海成立,唐绍仪夫妇、孙中山夫妇、吴稚晖、伍朝枢、宋汉章、宋子文、陈光甫等各界名流一百多人到会庆贺。各省代表推举蔡元培任会长,朱进任总干事。朱进坚辞未就。

1919年夏、1920年春,朱进在上海学生联合会的学术演讲会和江苏省教育会的学术讲演会作"平民经济问题""国际贸易问题""商约改正问题"等经济专题系列演讲。其他演讲人有当时的社会贤达、学者名流蒋梦麟、汪精卫、陈独秀、戴季陶、张东荪、廖仲恺、张默君等人。1920年10月英国哲学家罗素来华讲学,朱进是在上海参与接待的主要中方学者之一,在欢迎大会上发表演说。

1921年朱进作为主要成员,与东南大学校长郭秉文、黄炎培等人共同规划创办了中国第一所财经类大学——上海商科大学（今上海财经大学的前身）。

因"尽瘁于教育实业"，朱进积劳成疾，一病不起，于1922年年底去世，享年仅36岁。《申报》讣闻谓之："终日辛勤，办事而外犹复研究学问，孜孜不倦，盖即病之所潜伏也。及至卧病，医者谓已无望，而博士仍于床第间日手一篇，或批阅报章。友人每劝以稍休，彼曰，学问我所至爱者也。博士家本清贫，专恃教授为生，所积无几，亦已尽费于医药。所遗子一女二，又皆幼小，身后萧条，殊为可悯。想全国人士，定当同声哀悼也。"

伯父的英年早逝和当时民众缺医少药的状况，使少年朱通伯萌生了将来做医生、治病救人的志向。1933年夏朱通伯在上海考入同济大学附属中学，1937年夏考入国立同济大学医学院。当年8月13日，日寇进攻上海，侵略炮火把位于上海市郊吴淞镇的同济大学校园夷为平地。新生朱通伯与同济师生被迫开始了颠沛流离的流亡大学生活。他们离开上海长途跋涉，向西南内地迁徙。同济师生们时而步行，时而乘卡车，时而坐木船、轮船，边撤退边上课。沿途各地乡镇的祠堂、衙门、庙宇成了他们的宿舍、课堂和实验室。

同济师生途经浙江金华、江西赣州、广西贺县、越南河内，历尽艰辛于

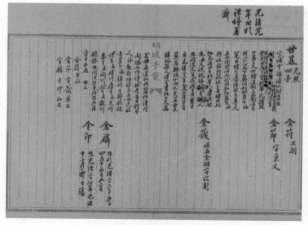

《城南朱氏支谱》中的朱世基手书补页（朱嘉象提供）

1938年年底到达昆明。到昆明后,由于从全国各地迁到那里的学校和各类机构太多,同济大学找不到集中的房屋充作校舍,又因日寇加紧了对滇缅公路和昆明市区的狂轰滥炸,师生们几乎天天都要躲避空袭。同济大学不得不再于1940年9月从昆明迁到四川李庄。

……

在《城南朱氏支谱》中有朱嘉象曾祖父朱世基的世表,世表可知两位庚款留学的兄弟朱进、朱篆分别谱名为金节、金镂;而《锡金游庠续录》中也有朱世基的列名,名下住址为孤老院巷,即永兴巷,结合有关文献,大致可判断20世纪50年代朱宅的门牌号为8号,当时还有朱氏后裔居住,此外,庠生朱宝治、航空机械专家朱廷枢均是此族中人,所以上述朱嘉象的回忆文章无疑补充了永兴巷的一段不太为人所知的历史,让那些几乎失载湮没的锡邑精英重新浮出水面。

城南朱氏在永兴巷最后的居住者为朱宝礼(字复初,生于1893年,汉口亚细亚煤油公司职员)一家,门牌为8号。后整个朱宅由于第二人民医院的扩展而被改建拆除,大致在今二院南部永兴巷围墙内西南角范围,巷子南侧也俱为居民大楼,曾经的城南旧事早已远逝。

城内东北隅

驳
岸
上

　　驳岸上，是已消失的一个无锡地名，因20世纪50年代开辟人民路而被吸收，现在大致位于新生路到东林广场之间的人民东路北侧，它原来是旧县城内八箭河北岸的一条街，因居住此地的官宦侯桐致仕归里，须通官船到家，遂拓八箭河，并筑石驳岸而得名。从八箭河北至映山河一带，明清以来一直是无锡东里侯氏世居繁衍之地，驳岸上最著名的就是侯桐少宰第。

　　侯桐少宰第后来的门牌为人民中路36—42号。该宅第前后五进，面阔均为五间，主人侯桐（1779—1860），字叶唐，号玉山。为明代兵科都给事中侯先春八世孙，嘉庆二十五年（1820）进士，官至国史馆总裁、吏部左侍郎，赐紫禁城骑马，因吏部侍郎别称少宰，侯桐宅第故称"少宰第"。侯宅建于道光初年，坐北朝南，前后共五进，阔五间。大门口有精美砖刻门头，砖刻门额为"国恩家庆"。前三进分别为门厅、轿厅、正厅，为硬山顶平房。第二进有砖刻门头一座，砖刻门额为"堂构诒谋"四字。第三进为正厅，制作精细，中间三间为厅，两边分别为书房、厢房，厅前自

驳岸上旧影

侯桐少宰第内景(源于《无锡老房子》)

有小天井。第四进门头前后皆有砖雕,向南砖额为"自得尺安",向北砖额为"桂馥兰馨"。第四、五进都有朱红色转盘楼,雕花门窗十分精美,门上雕刻的是戏文里的各色人物,生动活泼;转盘楼的梁柱、楼板、门窗及走廊栏杆等都系初建时原貌。东侧有备弄贯通,备弄东面为家祠。建筑主体保存至今。

著名女画家侯碧漪(1900—2003)即出自少宰第,侯碧漪,号双湖女史,丁福保称之为"叶唐少宰之曾孙女",即侯桐之曾孙女,诗文书画,源于家学,13岁从同邑吴观岱、孙寒厓两先生深造。书法晋唐,兼及篆隶;花鸟虫鱼,取法徐黄。下逮新罗,人物仕女,宗陈老莲。1922年毕业于无锡文艺专科学校,同年,执教于无锡竞志女子师范学校,任语文、书画教员多年,其时校长侯鸿鉴,以其工书法,出惠山北茅蓬觉楼记书之,刻石以垂久远。1926年嫁孟河世医费子彬,移居上海,拜张大千、王师子为师。
1947年于上海举行个人书画展,1949年参加
中华全国美术展览,被吸收为中国美术家协
会上海分会会员、上海中国画院画师、上海
书法篆刻研究会会员,作品参加历次国内外
展览。1961年定居香港。1968年在香港大
会堂举行个人书画展,获得佳评,出版有《侯
碧漪书画集》《书法述要》《费子彬全集》等。
画余,侯碧漪又曾从大风堂师妹吴门叶名佩
学琴。

　　晚清以后驳岸上侯氏家族虽然与鼎盛
时期不可同日而语,但依然不乏人才,如侯
伯文,名学愈、士伦,又字亦韩、念萱,别署戢
庵,生于同治丁卯(1867)年十二月二十二
日,卒于1934年秋。光绪十九年(1893)补博
士弟子员,附贡,候选训导,授徒为生。辛亥
(1911)后杜门课读,致力乡邦文化建设,纂
辑《梁溪诗文正续钞》百余卷。工诗古文辞,
私淑曾国藩,守其论文要旨,醇雅有法,诗则
取法袁枚。《锡金游庠同人自述汇刊》有其
"自述"一篇,载其生平事迹。侯伯文是天韵
社成员,其《吟鸥水榭诗稿》中多有昆曲活动
的纪事诗。侯伯文五弟侯端行,名学范,一
字少卿,生于光绪庚辰年(1880)八月十六
日。侯端行擅昆曲,与长兄同为天韵社成
员。从1930年12月14日《锡报》刊登的失单
广告可知,侯端行很可能从事区书等与田赋

侯碧漪抚琴(1974年)

侯伯文

征收相关的职业。

除侯家外，杨氏、秦氏、华氏等锡邑大族也有部分宗支购地播迁到驳岸上。

侯氏少宰第西邻即为秦氏经畬堂（驳岸上21号，人民路46号），康熙雍正年间，出了秦源宽、秦伯龙父子进士。秦源宽后裔秦耐铭系中共早期领导人瞿秋白的表姐夫，曾介绍瞿秋白到江陂杨氏私立国民小学任教，瞿秋白也曾在驳岸上秦家住过。秦耐铭生于1889年，担任过无锡县中、辅仁中学和武进师范学校等校教师，秦耐铭一家住经畬堂后花厅"寄砚斋"。

居住在驳岸上的华氏与留芳声巷华氏同属通四三省公对桥玉庵派，无锡光复元勋华承德就出于此家。华承德，号墨林，生于光绪七年（1881），毕业于福建船政学堂，后留学日本，毕业于陆军士官学校。1911年11月6日，华承德根据秦毓鎏命令，率领光复队攻入无锡县署，在内堂捕获无锡知县孙友蘷，迫孙友蘷交出县印。华承德又率兵归公园，复受令攻入金匮县署，金匮知县何绍闻闻讯逃匿，被光复队搜出，被捕的两名知县后由秦毓鎏释放。无锡光复成功后，华承德出任锡金军政分府军政部长。华承德妻为徐建寅四女，子华世铨，任职于上海邮政局。华承德长兄华承谟，字秉辉，一字秉麾，自号舒斋、医隐，生于同治九年（1870），光绪十九年（1893）举人，曾与廉泉等列名公车上书。后任广东遂溪知县，辛亥革命时期，任新疆警察厅长、俄文学堂提调，参与革命，并编纂有《新疆图志·艺文志》。后弃仕从医，曾在上海、无锡办中医函授班，并设诊驳岸上等处，著有《医学心传》五册，卒于1943年。华承德伯父华晋芳，字艺泉，号孟坝，又号菡洲，生于道光十五年（1835），咸丰六年（1856）丙辰科进士，选庶吉士，根据同科状元翁同龢的记载，华晋芳在翰林院任职期间，暂

秦耐铭

居臧家桥锡金会馆（即在前孙公园胡同东头），华晋芳卒于咸丰十年（1860）。华晋芳工于书法，著称一时。华晋芳嗣孙女华世琦（华承德堂伯父华承棨之女）为民国江西省政府主席李烈钧妻。华晋芳父、华承德祖父华尔寿系道光丙午举人，官至户部主事。

杨家在驳岸上邓侯弄口西面开设闻名锡城的老字号"杨恒泰"糟坊，由杨鸿珍、杨履冰和杨茹荪祖孙三人相继经营，他们为鸿山杨氏寺头分城支族裔。杨鸿珍生于同治戊辰年（1868），育有九子六女，杨履冰为长子，娶邻居侯伯文女为妻。

"杨恒泰"杨家西隔壁的杜宅，位于原大众电影院东侧一片，内有三开间两层楼房，清末驳岸上出了杜学谦、杜学恒、杜学颐、杜友高四位杜姓庠生，他们属于锡山杜氏城南支，是清初著名词人杜诏（字紫纶，号云川）的直系后人，其实杜诏的后裔中代有文人，诗作入选《梁溪诗钞》《续梁溪诗钞》的就有杜璞、杜锡嘉、杜毅、杜士桂、杜绍祁、杜友李、杜友房、杜镇嵩、杜学谦、杜祖同等人，故是一个典型的诗人世家。到了民国时期，这个诗人世家里又出了一位接受过德国正规军事高等教育的人物——杜沄，他是杜学恒之子、杜诏八世孙，原名蔚宗，字长儒、掌如，号稚元，生于光绪七年（1881），湖北武备学堂、德国陆军大学战役系毕业。历任湖北护国军总指挥部参议，兼第二支队副司令，陆军第十九混成旅参谋官，北京陆军大学高级教育，北京政府海军事务处课长。1927年2月，由北京返沪，4月任江苏省民政厅第三科长，11月任句容县县长，兼财务局正局长，著《句容县行政概况》。1929年，任浙江长兴县财务局长。1930年春起，任南京中央军校教官、办公厅上校编译官，同年主持续修《锡山杜氏宗谱》。1936年9月，任军校办公厅编译室上校主任。抗日战争全面爆发后，随校迁成都，任中央军校教育处少将高级教官。1946年2月退役。1943年5月，应成都申新纱厂李国伟之聘，任该厂顾问总务，1951年4月退职。同年5月，被成都太平洋肥皂厂聘为职员。1952年年底，因病离职。1955年7月回到无锡，选任历届无锡市政协委员，1957年2月，参加无锡市中国国民党革命委员会。1967年2月12日逝世，享年86岁。20世纪50年代初，驳岸上杜

顾鼎如全家在宅内合影

宅门牌号为37号，当时尚有杜沄堂弟杜焕臣（名耀宗，号若愚，生于1892年，杜祖同子）一家留在老宅。

锡邑传统大族顾氏迁居驳岸上，东与杜氏为邻，时间相对较晚，朱研琛先生幼时曾居城中梁鸿里8号，他记得房东为顾鼎如，梁鸿里原名杨巷里，后因已无杨氏所居，顾鼎如认为名不副实，遂引无锡名人典故改名梁鸿里。鼎如老人还曾告诉他，自家堂号为"怀德堂"，堂匾由清末无锡县令廖伦（鼋头渚"包孕吴越"等石刻的书者）所写。原本不了解此地有顾氏族裔居住，经查档案和家谱，终于在泾里二房的谱上找到了顾鼎如的名字，原来他是顾泾白的十三世孙，和笔者同属上舍泾里支。

顾泾白，名自成，是明代东林领袖顾宪成的仲兄，他是恢复东林讲学时书院屋舍修建事务的主要承担者，也为讲学作了许多保障性工作，《泾皋藏稿》载他曾蓄有家班，聊以"习梨园之戏寄意耳"，这在无锡昆曲史留下了一笔。

《顾氏泾里支谱》中有一篇高攀龙撰写的泾白墓碣,文中提到泾白曾收留接济过一名抱琴而来的福建琴人陈九野,这也是无锡琴史里的一则佳话。虽然不能和泾里长房和三房相比,顾泾白的后裔也不乏精英,如其嫡孙顾杲(字子方)为著名抗清烈士;十二世孙顾澄(字养吾),是著名数学家,历任清华大学数学总教授、学部编译馆数学总纂等职。

据泾里谱载,顾泾白有孙子八人,其中顾粲(1621—1669,字子载,邑庠生)迁居锡城东门内苏家弄,苏家弄就在东林书院西侧,在书院北面往东转弯即为箬叶巷,巷内有顾允成的小辨斋。现在可知泾里二房顾粲有部分子孙就居住在小辨斋的旧址内,即箬叶巷7号。到了顾鼎如祖父或父亲一辈,购得驳岸上侯氏的房产,遂由苏家弄箬叶巷分迁驳岸上,其新宅地一直北达梁鸿里。抗战前夕,由顾鼎如设计新建了北部的房屋,主体建筑为六开

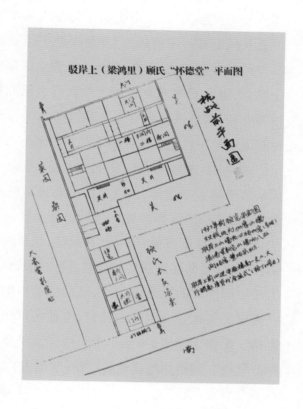

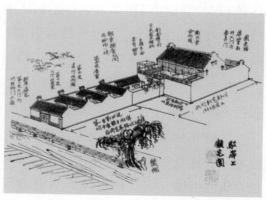

朱研琛绘驳岸上顾宅房型及平面图

间十架的两层楼房,进出主要走北面的梁鸿里,南部祖宅是数进平房,由顾鼎如堂兄顾卫如一家所居,门开驳岸上。顾卫如(1893—1967,谱名顾名瑗),系鼎如伯父顾嘉淦之子,毕业于江苏省立医学专门学校(在苏州沧浪亭),获学士学位,继在日本东京帝国大学医科以研究生毕业,获民国政府内务部审定医师资格,曾任江苏省省立医院医师,后回锡在驳岸上住所开设私家诊所,据称是无锡第一位正规执业的本籍西医医生。

顾鼎如(1900—1987,谱名顾名薰),江苏省立第五中学(常州中学)毕业,因病辍学肄业于南洋公学(上海交通大学前身),病愈后在无锡亭子桥小学任教五年,又经同族顾寿成(字绶臣,京师税务学校毕业,时在江苏省财政厅任职)介绍,到江苏省警官学校(在镇江,校长缪斌)任教务员,1929年5月辞职回锡,回乡后短期在涤新女校任教,同时料理病笃的父亲。1935年直至晚年,除出任兼职性质的地方保长外,顾鼎如基本闲居在家。家庭收入靠祖父、父亲投资宁波等地企业留下的股息、本地各种房地产租金以及田租等,家境非常宽裕。配偶李涵衷,毕业于上海中国女子体操学校,曾任教于浙江省立女子师范学校。顾鼎如的曾祖名顾铨(字用占,太学生),是顾自成十世孙,1860年率领乡勇在张泾与太平军交战时阵亡,遗孀为朱蕙贞,系陕西澄城县知县朱亦青长女,擅绘事,精命理,又能诗文,留有《绣余词》。鼎如祖父名顾绶珊(1849—1908,字酉山)官至宁波鄞县知县,曾复刻八世从祖顾贞观的《弹指词》,1893年又印行《弹指词补遗》,两书均留有其跋文。鼎如父名顾大淦(1875—1935,字谊初),浙江法政学校肄业,也官至宁波鄞县知县,民国后为锡邑士绅,1934年重阳曾作为泾里二房的代表出席贯华阁祭仪。

2017年年底,朱研琛先生联系到了顾鼎如之孙顾允宽和允恭,并凭记忆绘制了怀德堂原貌图。按事先约定,今年元月5日下午,笔者和允恭、建华兄妹在市图书馆文史阅览室会面,彼此虽从未见过,但一见如故,兄妹俩畅谈了自身所听说或经历的家族过往,其中提到祖父曾经拥有大量的不动产,如尤渡里、亭子桥的田产,北大街、麻饼沿河的店面,时郎中巷(现梁溪饭店内王家别墅隔壁)的地产等,顾鼎如先生曾著称邑中,好善乐施,不仅平日里经常接济周边困难群众，提供房地产为亭子桥小学所用，又把时郎中巷的地产献出用于抗美援朝买飞机等，获过人民政府锦旗和奖状表彰。

那天市图书馆历史文献部的朱刚也在，允恭兄妹拿出了一些家族老照片，指着其中一张说是曾祖母的相片，曾祖母姓窦，名纫兰，是无锡著名书画家窦镇（1847—1928，字叔英，家在新街巷，著《小绿天盦文稿》等）之女，朱刚听到后一愣，原来窦镇斋名"小绿天盦"，而朱刚在业内知名度非常高的网名也叫"小绿天"，所以当天的会面也是小绿天后人与新小绿天的相遇。

花园弄

　　无锡旧城东门内有条小弄堂名花园弄，弄南口与人民路相接，弄向北延伸一段后逐渐向西北转向，接通映山河。据光绪县志载，花园弄旧名间窑庙巷，原来是东里侯氏聚居的范围。相比其他街巷，此弄比较短小，住户不多，故知名度不太高，20世纪末城市拆迁改建后，更是鲜有人提及。朱研琛幼时就住在花园弄不远的梁鸿里，他是无锡老画家蔡光甫先生高足，年轻时，曾随蔡师对无锡许多历史名宅都作过探寻和测绘，留下不少画稿，朱研琛记忆超群，加上对一些建筑的细部观察入微，故他能很好地忆述不少旧建筑的原貌。

　　据朱研琛回忆，他小时候看到花园弄内有幢旧洋房，石门匾上题堂号为"颐萱庐"，只知主人姓顾，但不知道房主是谁。笔者对花园弄没什么印象，更不知有哪个顾姓名人曾住此地。但过了一段时间，终于查到了花园弄7号20世纪50年代初的房产租赁档案，发现多家住户的信息上都显示房东为上海顾曾授，说明花园弄7号的主人应该是顾曾授，通过学术资源搜索，发现顾曾授为无锡籍的上海专家，但不知顾曾授的族支和基本信息。

颐萱庐门头

巧的是,偶然中笔者在梁溪文化微信群的交流中,提到了这个名字,一位名为秦焜华的群友问笔者,为何要找顾曾授?笔者遂道出缘由,秦焜华听后说顾曾授先生正是其外祖父,朱研琛也在群中,随后传了他绘制的颐萱庐图。看图后,秦焜华初步叙述了外祖家的一些往事,并发了幼时在无锡外祖家颐萱庐前的家庭合影,同时也把此信息转给了现已高龄的顾曾授之子,即他的舅舅顾兴圻。那天秦焜华也提到顾曾授20世纪40年代阖家迁居上海,并说外祖父与顾毓琇可能是同族。

颐萱庐前的顾曾授先生(秦焜华提供)

　　有了这些线索,笔者查看了《锡山顾氏宗谱》,果然在谱上找到了顾曾授的名字,他与顾毓琇都是顾起凤(虹桥顾氏五世祖)的六世孙,故是顾毓琇的族兄。顾曾授还有个胞兄名顾曾锡(1894—1977),是顾大堃长子,1920年毕业于上海交通大学,历任中国电气公司、中国自动电话公司和上海电信局工程师、主任等职,为中国早期通信专家。1933年他与弟曾授从学前街虹桥祖居迁花园弄,为颐养老母建新宅取名颐萱庐,新宅由顾曾授亲自设计。顾曾授(1896—1979),顾大堃次子,1920年毕业于交通部上海工业专门学校(上海交通大学前身)土木工程系,曾任上海工部局建筑工程师,是民国时期上海著名建筑设计师,设计了许多闻名遐迩的建筑,如上海杨树浦发电厂厂房、华东医院(原德国护士学校),福州路上海市公安局大楼(原租界中央捕房)、四行仓库等,还承担过南京中山陵建筑设计者吕彦直去世后的后续设计工作,所以颐萱庐由如此资深的建筑师设计建造,肯定不同凡响。

　　果然,朱研琛的叙述印证了一切,他认为颐萱庐属于无锡较有特色的中型民国花园洋房之一,特色体现在几个方面:一是设计精巧,二宅以兄东弟西对称方式,居中均分筑有建筑两进,主楼六开间两层十架屋,三楼楼梯间南面

中央捕房及工部局大楼（右）和字林报社

各出一晒台，六间加两梢间的主楼为对称的整体，南端为花园，北端为平屋下房，平房顶上为水泥大晒场，楼梯间北各有天桥与晒场相接。二是洋气、秀气，整个建筑均为四面青砖清水墙，主楼硬山顶，清角清沿，十分简洁。三是用材及工艺讲究，所用青砖系无锡大窑路著名窑户所产的上等青砖，经磨刨加工后砌就。所用木料、瓷砖、钢窗均为进口建材，地板为细叶洋松，一楼地板的木楞下筑有砖砌的龙骨，能见处的木构皆遍髹广漆，阁楼南北各有六个老虎天窗，外层铅皮窗内层玻璃窗。四是传统文化寓于其中，顾宅虽为西式建筑，然主人采用"中式西做"的方式，顾宅大门有两洞，南北各一，为西式铸铁饰花大铁门，门上端各有水刷石勾边的"颐萱庐"阳刻楷书金山石门匾，书体劲挺，应为名家手笔。南门石匾镌有"民国念（廿）二年二月建"及"弄南"小字，北门石匾除"颐萱庐"三字外仅刻"弄北"二小字。主楼的屋面用小青瓦，脊条则采用花果加聚宝盆式，用榴、桃、佛手、牡丹宝盆替换洋房装饰惯用的花草嘉禾纹饰。用望砖单砖构成的漏窗花墙，脱胎于苏州园林，松、桂、棕榈与洋房融为一体。屋面坡度做成对半水法，使主楼视觉上仍是尖顶洋房，但另成风格。

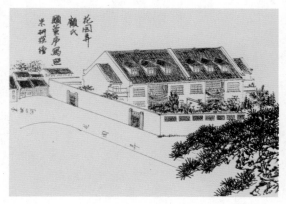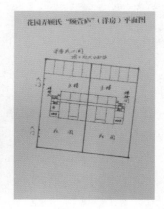

朱研琛绘颐萱庐图

　　秦焜华和笔者保持微信交流,可知他出自无锡望族秦氏,是秦文锦曾孙。秦文锦(1870—1938),字绚孙,号简云居士、息园老人、息园居士,曾任福建盐运使,斋名"古鉴阁""锄彝斋"。1903年在上海三马路创建《艺苑真赏社》,著有《碑帖集联》《联拓大观》传世。秦焜华祖父秦清曾(1894—1984),名淦,秦文锦长子,为中国近代著名画家,经营艺苑真赏社,1943年与郑午昌、梅兰芳、吴湖帆等人在上海发起成立甲午同庚千龄会,支援抗日。有著名人士康有为、梁启超、张謇、郑孝胥、吴昌硕等题属的《校碑图》传世。秦焜华父亲秦廷楫(1914—1982),字若舟,为秦清曾长子,毕业于同济大学医学院,为中国早期由西方教授培养的五官科名医;秦焜华母亲顾松英即顾曾授的女儿。

　　"颐"是颐养之意,"萱"代指母亲,颐萱庐的名字寄托了顾曾授昆仲对母亲的一片孝心,而以图文来回望一下已湮没的颐萱庐,这定又能唤起秦焜华对妈妈顾松英女士的慈爱记忆。

盛巷

在公花园东侧有一条曾经比较热闹的街巷,就是盛巷。盛巷北起县前街口,与城头弄相接,南抵到公园路,与新生路北口相对。巷东侧由南向北依次有硝皮巷、许家巷、化仁巷横列与圆通路相连。盛巷以明代左副都御史盛颙建宅于此而名,作为古巷,也历经兴毁,太平天国时期,此地几成废墟,一度十分冷落,后光复门开通,盛巷成为通往火车站和北门商业区的捷径,人流量大增,因此逐步再次繁荣起来,一时店肆林立,成为三教九流云集的地方。笔者小时候对仁号茶食店和巷西侧靠近公花园后门的一家日杂店印象很深,那家日杂店里面出售的桅灯、软木塞等日杂用品,品种之丰富,为其他店所不及。因为是南北交通要道,建宅的朝向不便,所以望族居住于此的不多,而以商贾、医卜之家为主。

盛巷曹氏就是一个非常著名的世医家族,著名民族音乐家曹安和就出生在这个世代名医之家,家族中祖辈著名人物有曹呆、曹镇、曹勋等,均以儿科见长。据《无锡盛巷曹氏家谱》记载,盛巷曹氏由吴县望亭曹家湾阿奶渡迁锡,定居城中盛巷,但曹安

盛巷新生路路口

和九世祖曹仁瑶,原姓陆,名陆洙,字允慈,系康熙无锡著名学者陆楣(字紫宸,号铁庄)之叔父,因学医被曹家收为继子而改姓。曹安和高祖曹霖(字雨亭)在道光年间因为行医到无锡东乡牌楼下,再由牌楼下迁查家桥(今查桥)西街赁居钱氏旧宅,曹霖与儿子曹茂椿(曹安和曾祖)、曹廋梅经过多年经营积累,买下钱宅,遂定居查家桥,坐堂设诊,经营药店(沿用盛巷曹家老字号),兄曹茂椿主要业医,弟曹廋梅则业药。

随着家族经济的不断改善,曹茂椿子曹樨(字械卿)业医同时转向科举之途,延续允慈公亦医亦文的传统,并顺利入庠,后为附贡,曹樨擅长文学,富有藏书,其长子曹允文19岁以金匮榜首的名次入庠,并同时习医,1904年入京师大学堂学习,毕业后历任多所中学、高校教师,也担任过一段时期的军政公职。曹允文不仅文学很有功底,在经史舆地、训诂音韵方面也有很深造诣。因父兄的文化熏陶和家庭丰厚藏书,曹同文(曹安和父)、曹启文、曹敏、曹大文等弟妹均文才出众,各有成就。兄弟姐妹以及他们的子侄合编有曹氏家集《花萼集》五卷传世。

这样,曹樨子女的职业就由医转文,并先后离开查家桥在外任职,后来即使回锡也不再到查家桥居住,而是定居无锡城中,逐步回到盛巷祖宅。曹廋梅后人则继续留乡下,在查家桥西街经营生生堂药店。留在盛巷祖宅的一支族人则出了曹仲容、曹锺钰、曹锺英、曹颂昭等锡城名医,1927年曹仲容和同行发起设立无锡中医讲习所,由曹锺英具体负责,成立后,曹锺英担任讲习所儿科讲师。曹仲容、曹锺英的住宅在祖宅北面,靠近许家巷口,他们在此开设诊所,继续将医学世家延续下去。《盛巷曹氏家谱》还记载了家族行医过程中的一些神奇传闻:

公(曹镇,字桑曦)有一奇衣,凡妇人难产,披之立下。相传此衣得之颇怪异,公以事夜半归抵盛巷口时,月色迷蒙,人声寂寂,一巨人状若世俗所谓无常者,赫然坐屋上翘足对宇,公以烟管挥之,叱曰:“跂足当街,何无状乃尔?”鬼敛其左足,又叱之,敛其右足。乃徐行而过,忽有一物下坠,其声飒飒然,回顾巨人已杳,遗衣一袭在地,即拾之返。衣色灰白,其长无比,且不见缝纫痕,此衣既治难产,咸来竞借,供不应求,甚至辗转相借,竟迷所往。

曹安和1905年就出生在查桥老屋(今查桥西街查桥小学范围),1916年离开出生地查桥随父母到齐齐哈尔,1919年曹安和一家从黑龙江回到无锡后,没回查家桥,而是先赁居城中南市桥巷和斜桥下等处,正是这个阶段,曹安和与妹曹定和跟随杨荫浏学唱昆曲。抗战之后的1947年,曹同文一家的户籍又回到了盛巷祖宅。

《无锡盛巷曹氏家谱》是曹安和伯父曹启文和父亲曹同文共同编撰的。曹同文,字仁化,为锡邑名医,同时曹同文、曹安和父女也是天韵社的重要成员。曹同文曾作《天韵社纪事诗(六绝)》,此诗因杨荫浏先生的记录而传世,天韵社的早期历史也因此诗而有幸保存了下来。

众所周知,天韵社前身为成立于明代天启年间的无锡曲局,据记载,道光三十年,无锡曲局就设在盛巷曹氏的有竹居(按家谱应为友竹居),《无锡盛巷曹氏家谱》中曹同文回忆,其曾祖曹霖为二房,迁居查桥,盛巷祖宅为长房和三房所居,祖宅正厅为乐善堂,宅西南有屋三楹为友竹居。友竹居的名称来历,曹同文猜想是源于其曾祖曹霖的祖父曹琏,因为曹琏字友竹。曹琏生于雍正八年,是国学生。

盛巷曹宅旧影

曹同文

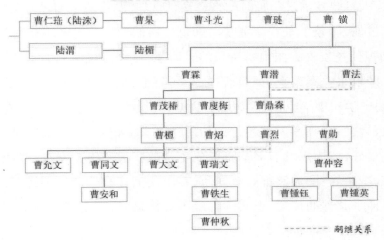

曹同文同时也讲到,其曾叔祖曹法(曹霖之弟)晚年曾在友竹居里弹琴吟咏。曹氏家谱载,曹法,字琴坡,国学生,工琴,心究音律,生于乾隆五十三年,曾在安徽怀宁等地做幕僚多年,富有声望,一度定居安庆。咸丰三年,因为太平天国起义,感到安庆形势危急,遂返乡,返乡后不问世事,在友竹居琴书自娱。咸丰十年,死于太平军攻破锡城时的战乱中。曹法的次孙曹烈,字梅轩,12岁起曾随祖父学琴。家谱里还记载,友竹居里曾"丝竹纷陈累如也",这样的情状,与曲局的记载相符。

这个友竹居,它不光曾是天韵社前身无锡曲局的所在地,也至少出了祖孙两个曲友,后来更是让医学世家里走出了曹安和这样的民乐大家,所以,"友竹"之名,无须猜想,其意自明了。1950年夏,杨荫浏、曹安和在曹宅楼上为瞎子阿炳录音,使《二泉映月》等名曲走向了世界。

除了曹氏名医世家之外,盛巷及周边诊所众多,如有高直云、周复培、钱申伯、张嘉炳等中西医诊所,与之相映成趣的是,在1949年前,盛巷中星相家云集,有傅寿山、王子香、胡正安(又名闰生)、许云骏、张耀钟、高少康、马开平、秦鹤宾等，其中以秦鹤宾最为著名。笔者祖母的姐夫是北塘名医曹椿年（北乡寺头人），曾救治过年轻时的秦鹤宾，所以老辈亲戚里与之有交情，笔者幼时曾见过他，印象中是一个清瘦而肤色较白的老者。笔者工作后，20世纪60年代初担任过崇安寺派出所所长的老同事，会经常说起当时训话、处理秦鹤宾的一些轶事。秦鹤宾，原名启祥，小名荷根，生于1908年6月，石塘湾秦巷人，启明中学初中毕业，后因病双目失明，为谋生，学习盲派算命，在盛巷开馆营业，因有文化，算命人叙述之语能用针刺盲文记录，加上头脑灵活，所以生意一直很好，成为锡城有名的算命先生。故积累了不少财富，秦鹤宾除盛巷外，在后城头弄、圆通路都曾有居所，在羊腰湾还有地产。围绕秦鹤宾，至今有许多神乎其神的传说，但实际都经不起推敲，这一切背后似都有他自我营销的影子。

从上述医卜两道，略可窥盛巷过往丰富多彩之一二。现"盛巷"地名已经消失，成为新生路向北延伸的路段，过去的街巷盛景已一去不复返，唯有一池白水荡还静静地在摩天大楼的包围下映照着变幻的云空。

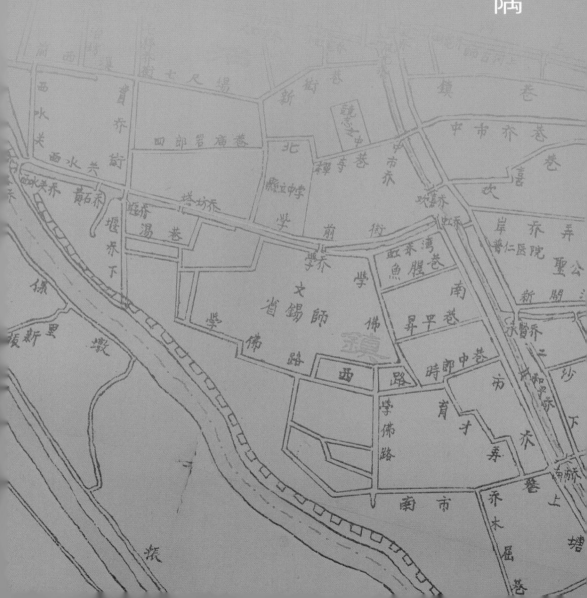

四郎君庙巷

在县学旧址西侧的睦亲坊巷与健康路之间，有两条小巷平行其间，北面为新街巷（西段旧名七尺场、陈打鼓巷），南面一条为健康里。健康里原名四郎君庙巷，这条巷历史悠久，早在元代至正《无锡县志》中就有记载，被称为"镇基四郎君庙巷"，巷中因有四郎君庙而得名，四郎君庙相传主祀战国四君子（即春申君、平原君、信陵君、孟尝君），四郎君庙在民国时还被一些行业公会借为办公场所。在元明时期，无锡城有三个四郎君庙，另两个分别在东门内的闾窑四郎君庙和在新桥门（今南市桥巷附近）的绣座四郎君庙。四郎君庙巷长约二百米，也是塔坊桥嵇家、杨家等大族宅第的后巷。

目前四郎君庙巷所留最有名的旧迹是荣德生故居，门牌为16号。1945年荣德生始居于此，直至1952年去世。这里也是当时无锡工商界人士聚会活动场所。整个宅院，坐北朝南，主楼面阔五间，高两层，另有门厅、厨房、餐厅和附房，后门开在七尺场，后来门牌是新街巷37号。此宅院是荣德生女婿李国伟的房产，建于1930年，因此此地也是李国伟故居。

李国伟，名忠枢，南门内三下塘

李国伟故居主楼

人，生于1893年9月28日。曾祖李福培，字仲谦，号心畲，道光二年举人，官至广东从化县知县；祖父李镇华，原名钺，字豫岩，系庠生，后为附贡，以设私塾授徒为生；父名洁（1868—1896），字皓修，号吉斋，举人出身，分发在广东海南岛，因瘴气死于岭南。母秦洧（1871—1954，小娄巷秦复培女），青年守寡，抚育李亚芬、李国伟姊弟两人，故李国伟自幼贫苦，生活来源除祖父教书束脩收入外，赖其母十指女红，一家赁居姻亲华文汇（字海初）三下塘置煤浜宅院的花厅"延禄阁"。李国伟8岁起在祖父私塾读书。1907年15岁时，靠叔父李静涵（名澂）资助，到上海求学，先后在虹口澄衷中学及震旦学院读书，1915年毕业于唐山路矿学院土木工程系，旋任陇海铁路总工程局工程师。1916年10月，李国伟由堂姑丈——无锡商会会长华艺珊（名文川，华文汇弟，娶李国伟堂姑李芸清）的介绍和无锡荣德生的长女荣慕蕴结婚。1918年受其岳父荣德生之命到汉口创办福新第五面粉厂。1921年又在汉口创办申新第四纺织厂。抗日战争爆发后，他将纺织、面粉两厂迁往重庆、宝鸡，还自备40余辆卡车和大批木船在川陕、渝蓉、川黔公路及嘉陵江上形成自办的运输网络。抗战胜利后回武汉恢复企业，被举为汉口市工业会理事长。李国伟以武汉为基地，在宝鸡、重庆、成都建立申新分厂，在宝鸡、重庆、天水、芜湖、广州设福新分厂，此外还在宝鸡、上海创办宏文造纸厂，在宝鸡兴办公益铁工厂等企业。武汉解放前夕，赴香港创办九龙纺织厂。中华人民共和国成立后，毅然从香港回汉，将在汉全部企业申请公私合营。抗美援朝期间，个人捐款8亿元（旧人民币），可购战斗机1架。李国伟历任湖北省政府委员，当选为第一、二、三届全国人民代表大会代表、全国政治协商会议第二届委员和第三、四、五届常委，中国民主建国会中央委员，中国工商联

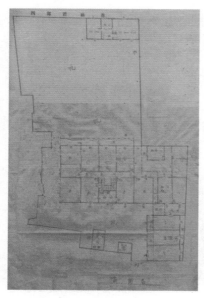

李国伟故居平面图

常委，湖北省工商联副主任委员等。1978年10月1日在北京病逝。1989年，李国伟子女将四郎君庙巷故居全部捐赠国家，并建议作为工商界活动场地，现存主楼。

四郎君庙巷的大族要数侯氏，四郎君庙巷侯家属无锡东里侯氏朝宾公支汉薇公派，民国时期出了侯鸿鉴、侯敬舆以及侯朝海等著名人物，侯鸿鉴、侯敬舆和侯朝海父亲侯福镐是共一个高祖的族兄弟，高祖名侯龙深。

侯鸿鉴，字保三，号梦狮、铁梅等，同治壬申年（1872）十月十九日出生在山东济南按察使司官署中，廪生。他5岁入塾，后入江阴南菁书院、上海南洋公学读书。侯鸿鉴早年与沈大经（伯伟）、胡光炜（少斋）、嵇绍周（长康）、陆畅（鲁斯）、黄燮保（淡如）、张鸣珏（畹苏）、俞箴墀（丹石）七友结诗文社于西溪余小禅宅中"西溪草堂"，被称为"西溪八君子"，侯鸿鉴目睹时局腐败，作《落花篇》，抒发悲愤情怀，传诵一时，有"侯落花"之雅称。1902年侯鸿鉴东渡日本，留学弘文学院，学习师范教育，无锡地方政界及教育界名人顾倬、秦毓鎏、秦毓钧、蔡文森、顾树屏等均是侯鸿鉴的留日同学。回国后，他曾先后在无锡地方创办过各类学校七所，但大多开办时间不长就被迫关门了。在晚清到民国的几十年时间中，他一直坚持办教育，长期担任无锡县教育会会长，引领地方教育的潮流；历任无锡竢实学堂、上海吴淞水产学校、江苏省立女子蚕业学校、厦门集美学校中学部、福建泉州奇树明新师范学校校长等。他还出任江苏、江西省教育视学，时间长达十年之久，并曾担任福建省教育厅秘书、代厅长以及江苏省教育厅秘书、第四科科长等职，影响广泛。是竞志女学的创办者，主要业绩是与他创办的这所竞志女校紧密相连的，侯鸿鉴是近代教育界著名人物，他在中国近代教育事业的许多方面贡献卓著，令人敬仰，但鲜为人知的是，他也是一位琴人，他的琴缘与四郎君庙巷祖宅有关。

侯鸿鉴晚年写过一篇《记眠绿》的文章（手稿），讲述他所藏一张古琴的故事，此琴名"眠绿"。

1922年前后，侯鸿鉴应邀在厦门集美学校任校长，其间向好友蒋少微先生（名报此，泉州籍印尼华侨，泉州明新学校校董，著名诗人，精通音律，会古

侯鸿鉴父侯士环官服照

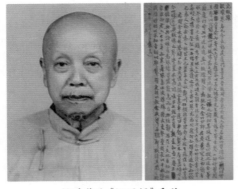

侯鸿鉴和《记眠绿》手稿

琴)学琴,习《环佩》一曲,侯的两个干女儿赵容、郭宝瑜(1904—1978,又名淑良,竞志女学毕业,随侯从教于福建等地,后嫁无锡秦毓鎏子鉴源)也随同学习。赵容父亲即是无锡著名琴家赵鸿雪(藏有赵孟頫宋琴),赵容因为自小听父亲弹琴,当蒋少微示范弹奏所藏"眠绿"琴时,那熟悉的琴音让赵容为之黯然流涕,蒋经过询问明白了原委,于是更加尽心传授琴学。一年后,等侯鸿鉴一行离开厦门时,蒋少微亲自将他们送到上海,并将自己的"眠绿"琴赠予侯鸿鉴作纪念。

获此琴后,侯鸿鉴想起其四郎君巷旧宅之西斋有一匾额,上题"眠琴绿荫之斋",是侯鸿鉴祖父侯绚(字云崖,号采臣,官至山东按察使司司狱)请好友武进刘香坞所书,侯鸿鉴小时候因家贫无灯火,西斋是其登假山借月光读书的地方,而且"眠绿"之名正是出典司空图《二十四诗品》中的"眠琴绿荫"。所以侯得到"眠绿"琴后,立即想到携琴去老宅,然而,去后发现此匾额已被人盗去,他怅然不已。

翌年,侯鸿鉴在郑州任铁路管

理局局长徐燕谋秘书时,得到一琴砖,后由徐安排运回无锡。回锡后,他再为琴砖配上木架,然后将"眠绿"琴置于此砖上,以示珍爱。

1930年年底到抗战前,侯在江苏省教育厅任秘书、第四科科长等职,和后来任督学的梅庵琴家刘景韶共事过几年,但不知他们当时是否有琴事交往。

写《记眠绿》时,侯鸿鉴已是风烛残年,耳聋不能弹琴,但时常抚摸着这张琴和下面的琴砖,回忆过往,他在对时光飞逝的慨叹中,自问:"七弦空负,孰是知音?"

记眠绿

眠绿,琴名也。余长福建厦门集美学校时,学琴于友人蒋君报此,习《佩兰》一阕,同时,赵容、郭宝瑜两寄女亦习之。赵容以其父赵鸿雪藏有赵子昂古琴一,幼时习闻其声,此次闻报此弹"眠绿",为之黯然流涕,报此怪之,询其故,遂悉心授之。迨余等离厦门时,报此送之沪,并以"眠绿"赠余为纪念。

余以四郎君巷旧宅之西斋有"眠琴绿阴"之斋额,为余祖父之老友武进之刘香坞先生所书,又为余幼时读书以贫无灯火携书登假山石借月夜读之所。而今得此琴,尤为欣慰。抑知携琴返舍而此额已为人窃去,为之怅然不已。

翌年,余旅郑州,任铁路管理局长徐生燕谋之秘书,得君赠余长方形琴砖一,即由燕谋返锡之专车运回无锡,制一木座,置此砖于上。

今此琴砖与"眠绿"之琴皆置之高阁,嗟乎!七弦空负,孰是知音?一尘不黏,谁与共语?惟有为"眠绿"咨叹息而已。抚弦静思,茫茫天地,自幼而壮,自壮而老,六七十年之寒暑,风急水流,转瞬倏去。曼声叠韵,长此千秋。眠绿眠绿,将胡以求知音?胡以警聋聩?更胡以教余反聋为聪耶?眠绿其闻之叹。

余今年七十五,耳聋已五载矣。

侯鸿鉴族弟侯敬舆是锡邑名医,其名鸿钧,生于光绪十七年(1891)二月十二日,娶陶氏,子志清。侯敬舆曾任无锡县劝学所劝学员、无锡县中教员、无锡中医讲习所教务主任。除此以外,侯敬舆还是武术家,担任无锡国学专修学校国术教师等职以及锡城多个民间武术组织的负责人。侯敬舆也擅诗词,多有吟作,1918年9月17日《锡报》刊其诗作一首:

托友购赵鸿雪遗琴

尘寰小谪悟前身,绿绮犹留未了因。

怕历沧桑多变幻,闲从岁月数沉沦。

阳春白雪传遗韵,流水高山寄性真。

弹指卅年寡相识,特遗焦尾待知人。

侯鸿鉴、侯敬舆的族侄侯朝海,是我国著名水产学家。侯朝海,字宗卿,清光绪丙申年(1896)七月十三日生于四郎君庙巷,嗣祖父侯贡珍为邑庠生,父亲侯福镐主要从事绸布生意。侯朝海五岁时入族伯侯鸿鉴在四郎君庙巷所办私塾,得到侯鸿鉴的关怀和启蒙。后入东林小学,1907年父亲去世,侯朝海随伯父侯鸿鉴到上海,进入商务印书馆艺术学校半工半读学习制版印刷。1910年经秦毓鎏介绍参加同盟会,辛亥革命时参加过上海的活动。1913年,侯朝海入江苏省立水产学校渔捞科就读,1918年毕业后去日本,先后在农商省及日本中央气象台为水产、海洋及气象研究生。1921年12月回国,任厦门集美水产航海学校教务主任代理校务;1922年至1929年,任江苏省立水产学校、国立中央大学农学院水产学校校长兼远洋渔业专科主

侯敬舆

任；1930年至1947年历任国民政府农矿部、实业部、经济部、农林部及江苏省农矿厅、实业厅技正、设计委员、渔业科长、参事、渔业专门委员会主任委员等职。在此期间，先后兼任江浙区渔业改进委员会常务委员，上海鱼市场常务委员、常务理事、理事，青岛渔盐实验区主任委员、国货审查技师、审查委员，敌货审查委员会常务委员，农业复员委员会委员等职；1947年，任上海市吴淞水产专科学校校长、教授；1949年5月，上海解放后历任上海市吴淞水产专科学校校长，上海水产专科学校副校长、教授，上海水

侯朝海

产学院副教务长、教授兼海洋渔业系主任。1949年8月，为上海市各界代表会议代表。侯朝海在国民政府农矿部工作时，主管渔业技术与行政，十分关心水产教育。1931年，他在《中国建设》发表题为《中央及各省应有之水产教育设施》一文，阐述水产教育对发展中国渔业的重要性，并强调要加强渔民教育，培养渔民子弟成为水产专门技术人才，还提出为补中国师资不足，聘用欧洲专家担任教师，并可以"谋抵制东邻侵渔之方策"。1933年，为筹建上海鱼市场，侯朝海以实业部江浙区渔业改进委员会常务委员身份，率设计委员及建筑师三人，去日本考察，返沪后写出详细考察报告。1934年6月20日，侯朝海以实业部主办渔业行政的身份，在中国国民党中央党部广播无线电台作题为"我国渔业概况与渔政设施方案"的演讲，阐述渔业与国防、民生的关系。抗日战争期间，侯朝海先后在重庆国民政府经济部、农林部任职时，仍不忘水产教育，用自己薪金收入，借合川国立二中开办水产班。抗日战争胜利后回到上海，为恢复吴淞水产专科学校竭尽全力。学校成立后任校长，但学校经费拮据，侯常省下薪金接济贫苦学生，并以乐观精神鼓舞、团结师生共渡难关。1949年上海解放前夕，侯联络上海中等以上学校校长组成校长联席会议，被推为临时主席，他组织有关院校师生，为迎接中国人民解放军进入上海

市区积极做好准备。1952年上海水产学院成立,他在校(院)任职期间,为提高教学质量,四处访问,延聘著名专家校任教。上海水产大学校友会为纪念侯朝海对发展水产教育事业作出的贡献,于1989年11月成立侯朝海奖学金基金会,从1990年开始颁发侯朝海奖学金。

1908年,无锡女子第二届理科研究会会所就设在四郎君庙巷侯宅。

四郎君庙巷南面的塔坊桥是鸿山杨氏分城支的聚居地之一,如杨春池及其后人杨模、杨楫、杨楷等均住在塔坊桥杨氏大宅,但在四郎君庙巷中也有一支鸿山杨氏分城支的族人,民国时期的主人杨畅初,名椿寿,字喜森,生于1896年,卒于1961年。杨畅初早年任无锡梨花庄小学校长,后曾在苏州中学、常州中学、四川歌乐山药专、白沙师范任职。一生辛劳,廉洁奉公,以微薄的薪酬维持全家生计。杨畅初长子杨光炜从事电信工作。次子杨光鎏,生于1920年,就读于无锡崇安寺小学、无锡县初级中学。杨光鎏为了减轻家庭负担,初中毕业后考入上海三极无线电学校,希望学有专长,日后谋得稳定职业和收入,能帮助弟弟完成学业,毕业后,考入中国航空公司当报务员。1937年抗日战争爆发,奉公司调动,先后在厦门、宣威、昆明等地的电台工作,1941年年底,太平洋战争爆发,日军为迫使中国政府投降,意欲切断大陆所有的对外通道,使大量援华物资无法运进中国,面对严峻局势,中美两国政府决定联合开辟新的国际运输线,从加尔各答飞昆明的新航线——驼峰航线,以保证对日作战军备物资运入中国。杨光鎏义无反顾地应召参加,多次飞越驼峰,完成运输军用物资的艰巨任务。他曾在日记中写道:"从6000米高空往下坠落、坠落,真是可怕。"1942年11月27日,杨光鎏在执行任务时,飞机失事,坠落于缅北野人山丛林而殉职。

杨畅初弟杨锦寿就读于无锡县中,四郎君庙巷杨家在北门长安桥横街也有地产,1944年曾登报出售。

民国无锡社会活动家李惕平曾住四郎君庙巷东头,门牌为1号。李惕平,字涵苍,生于1906年,祖籍在鸿声张塘桥李家里,高祖李观智由鸿声迁东亭庄桥苏巷,祖父李浩峻在东亭和无锡南门跨塘桥经营酒业。李惕平出生在跨塘桥棉花巷，早年毕业于正风文学院，毕业后先后任教于无锡国学专修馆、省立无锡师范、县立女中和私立无锡中学。曾担任过无锡教育会理事长，国民党无锡县党部常委兼任《国民导报》社长，又为《人报》发起创办人之一，并担任无锡抗日救国会常委及无锡各界抗日敌后援会常委兼秘书长，从事抗日救亡工作。"八一三"事变后，与中国共产党党员张锡昌合作创办旨在宣传抗日救国的《达报》，并任社长。后赴四川，任教任职于四川国立二中和中央信托局。抗战胜利后，回锡住四郎君庙巷1号，历任江苏文艺协会无锡分会筹备委员、无锡棉纺同业公会锡澄武办事处主任、无锡县商会常务理事、"国大"制宪代表、无锡县参议会议长等职。在中国共产党统一战线感召下，与钱孙卿等人发起组织无锡人民公私社团联合会，组织保护工厂、保存档案、保储粮食，迎接无锡解放。1949年11月，李惕平任无锡市各界人民代表大会特邀代表出席无锡各界人民代表会议。1956年后在无锡市图书馆、市政协文史资料组工作，撰写了《无锡地方报纸与白话报沿革》《无锡地区迎接解放纪实》等文史资料，1977年去世。李惕平妻孙曼石（琬）出生小娄巷，是小学教师，夫妇育有元奇、中奇、川奇、明敏等子女。长子李元奇，生于1932年，早年在辅仁中学读书，1952年毕业于上海同济大学机械制造专业，同年到沈阳航空工业学校任教；1982年起任教于沈阳航空工业学院机械系，兼任机械CAD研究室主任、机械系主任，1989年任院长。1993年起享受国务院政府特殊津贴。次子李中奇就读于北京大学。三子李川奇，毕业于清华大学，任中国科学技术大学教授，是精密仪器专家。

民国时期以教师为主要成员的无锡艺术研究社，开展戏剧、歌舞、京剧等活动，曾活跃一时，研究社筹备会主席、骨干万步皋，在1950年前后住在四郎君庙巷，担任过辅仁中学等多所学校的体育教员。

四郎君庙巷西口北侧，与健康路交界的一个大院落原是薛寿萱的宅院之一，1949年无锡解放后，曾是苏南人民行政公署驻地，门开在健康路，后长期为市商业局、审计局、工商局等财贸机关所在地，目前院内所存的几棵大雪松还是旧宅原物。

　　笔者表弟小时候跟祖父母生活在一起,他就住健康里西段南侧的一座五层居民楼里,笔者当时也多次去过这条里弄,后来高中上在八中,更是经常路过此地,去财贸大院食堂搭伙用餐,印象中1987年前后此巷老宅就已不多,无从想象四郎君庙巷原先的模样。

　　　　　赵翁秋圃近重阳,檀板金尊尽擅场。

　　　　　闲杀潘家数丛菊,寒城白雁一篱霜。

　　四郎君庙巷潘姓者,善种菊。既而有赵翁割南城高公止水之半,植菊池上。花时载酒征歌无虚日,不复有诣潘者矣。

　　从上面这首清代秦瀛所作的《梁溪竹枝词》中,我们可以回望一下四郎君庙巷曾有过的菊意花姿。

学前街

学前街是无锡县城西南区域一条主干街道,旧时属西南二图,东抵城中直河,西达西水关。束带河未填塞时,学前街之名仅限于河北岸东段(直河至学巷口),河南面为虹桥湾,学巷(后被睦亲坊巷吸收)口至贯桥(今健康路)口中段称塔坊桥,健康路以西至城墙,称西水关。从东到西,曾有虹桥、学桥、飞虹桥、堰桥、黄石桥、西水关桥等桥梁,并有数量众多的牌坊,如崇正书院坊、三世大参坊、学士坊、圣域坊、状元坊、贤关坊、御书人伦坊表坊、旌节坊以及西水关的荣禄坊、尚书坊、都宪坊等。1953年,束带河填塞后,学前街通过几次拓宽改造为当前的状态,并吸收了以上其他地名。显而易见,街以在学宫

1958年的学前街

前而名,故学前街的历史与县学、文庙紧密伴随,又称为宾雁里,与无锡的文脉颇多联系,是近现代许多著名学校的所在地,如无锡县中、江苏省第三师范、无锡国学专修学校、无锡卫校、无锡市八中,锡师附小等,系无锡的一处文化教育中心,由于就学方便,故也是大族择居建宅的优选之地,用现在的说法,就是优质学区房,著名的大族有嵇、秦、顾、杨、薛、邹等,更早的有南宋尤袤所建束带河上的"遂初堂"等。

目前顾毓琇故居很显眼地坐落学前街东段南侧,其实学前街除了顾毓琇所属的虹桥顾氏外,还有两支相对更本土的顾氏家族,一支顾氏世居塔坊桥,始祖为明代洪武初年由虞迁锡的顾子玉(字郢支),顾应旸、顾纪永、顾栋高、顾棣、顾宗灼(钱海岳舅父)和顾铁符(著名故宫考古专家)均属此支。顾应旸,字太初,号东曙,万历二十五年举人,由教官累迁广西思恩知府。治理少数民族(瑶族)聚居的思恩期间,政绩卓异,累官至广西按察副使、苍梧兵备道。因病致仕回乡四年后去世,享年七十三岁。顾应旸曾孙顾纪永,字灏期,号静乐,年轻时因患肺病,放弃科举,隐居于湖滨,直至四十九岁去世,有子栋

学宫内外

高、极高。顾栋高,字震沧、复初,号左畬,生于康熙己未年(1679),康熙庚子年(1720)举人,辛丑年(1721)进士,授中阁中书。乾隆时,被荐为经明行修之士,授国子监司业衔,二十二年乾隆帝南巡,赐御书"传经耆硕"四字。顾栋高卒于乾隆己卯年(1759)。顾栋高少时由父顾纪永指授春秋地图,故尤笃好《春秋》左氏学,并研习五经。顾栋高是一代大儒,毕生精力编《春秋大事表》并附典图一卷,将春秋列国史事、天文、历法、世系、官制、疆域、地理等皆列表说明,以订旧说之伪,每表有序,诸序又皆引据赅洽,考据详明,持议平允,故《春秋大事表》为史学名著。又撰《毛诗类释》,采录旧说,阐明经义,颇为谨严,另有《大儒粹语》《尚书质疑》等著作。弟极高,字拱苍,为郡庠生。顾栋高五世孙顾棣,字鄂铧,号吟常,生于道光庚戌年(1850),光绪丙子举人,顾棣由塔坊桥迁居槐树巷,有子宗炜、宗焕、宗炯、宗燨。顾棣是著名故宫考古专家顾铁符祖父,也是明史专家钱海岳之外叔祖,可参看"槐树巷"一章。

第二支顾氏系明代广东按察副使顾可久(字与新,号洞阳)五世孙顾宸一族,字修远,号荃宜,生于明万历丁未年(1607),卒于清康熙甲寅年(1674),为"听社十七子"之一,光绪《无锡金匮县志》有传:"顾宸,字修远,嘉舜子。崇祯十二年举人,操文场选柄数十年。每辟疆园新本出,一悬书林,不胫而遍海内。好藏书,插架充栋,后厄于火。尝注《杜诗》,补辑《宋文》三十卷,皆东莱《文鉴》所未及。为诗文丰蔚典赡。子彩,字天石,有异才,尤工词曲,客曲阜制乐府百余种,彩子忠,亦工诗。"顾宸所建"辟疆园"即在西水关段,此地附近原是锡山秦氏"西关秦"的聚居地。顾宸是余怀《寄畅园闻歌记》里闻歌的宾客之一,也是著名藏书家,其藏书可与常熟钱谦益的绛云楼匹敌,书就藏在他所建的辟疆园内,清初文字狱盛时,书焚而园废,但有《辟疆园文集》留世。长子顾彩,字天石,号湘槎、补斋,别号梦鹤居士,生于清顺治庚寅年(1650),卒于康熙戊戌年(1718)。顾彩七岁能诗,年十二已裒然成集。尤精度曲。早年随父常出没无锡寄畅园等戏曲演唱场所。康熙三十二年(1693),顾彩客寓北京,会友唱曲,名噪天下。所著《楚辞谱》传奇,由京中南雅班上演。孔尚任聘其至曲阜数年,两人相友善。康熙四十二年,经孔尚任介绍,往湖北容美宣抚司治地(今湖北省鹤峰县及湖南省慈利县、石门县一带)游历半载,以《南桃花扇》传奇授容美土司田舜年,聚家班上演。并著有《容美纪游》,记述了昆曲流传至该地的情况。顾彩一生淡于仕途,忘情于诗文词曲,所著传奇词笔精警,追步临川,著有《南桃花扇》《小忽雷》《后琵琶记》。《南桃花扇》改孔尚任原本《桃花扇》侯方域、李香君醒悟修行、分住南北二山的结局,为侯、李当场团圆,白头偕老。《小忽雷》系据孔尚任所拟提纲合作而成。其他著作有《第十一段锦词话》弹词、《辟疆园文稿》《鹤边词钞》《草堂嗣响》《往深斋诗集》等。顾彩有五子,其中长子顾忠,字友京,生于康熙己酉年(1669),卒于乾隆丙辰年(1736),庠生。顾宸曾孙顾奎光、玄孙顾敏恒均是进士,顾翰、顾蕙生等晚清著名文人也是顾宸的直系后裔。

顾毓琇所属的虹桥顾氏,始迁祖为由昆山千墩迁锡的顾鹤。顾鹤,字玉麟,生于明万历丁酉年(1597),卒于清顺治乙酉年(1645),系顾炎武同乡近支宗亲。相传天启年间顾鹤因参与苏州民众抗议抓捕周顺昌,而被魏忠贤阉党毛一鹭通缉,为避祸于天启六年(1626)迁居无锡蓉湖庄丁埭里,先以木工为业,有“顾木匠”之称。传至五世孙顾锡畴转为经商,乾隆年间在兴隆桥堍经营米业,家族开始走向兴盛。顾锡畴长子顾鸿逵,继承产业后,于1807年在城内虹桥湾置产,虹桥湾顾氏遂始于此。各房先后建有惟善堂、燕誉堂、亲仁堂和经德堂,四堂并立,20世纪50年代初,门牌大致编在虹桥湾7号到15号之间。家族经营典当、米业、堆栈、木材、油坊等业,一时富甲当地,在经济后盾的支撑下,子弟逐步走上读书之路,渐有顾沐润、顾大奎、顾大猷、顾云鹏、顾型、顾大治等入庠,并开始与锡邑望族薛氏、杨氏、王氏等联姻。家族勃兴后,又有从虹桥湾播迁出的宗支,如中市桥巷的恭俭堂、后竹场巷的宝纶堂和花园弄的颐萱庐等,如顾毓琇所在的燕誉堂一支,源于顾汾(字晋川),顾汾以经营米业典当为主,有达源堆栈及保大、保滋典当。顾汾孙维桢在虹桥湾东口建新宅宝善堂,由三子顾赓明居住,顾维桢长子顾赓良(字康伯)在欢喜巷建有花园,也名为辟疆园(参看“欢喜巷”一章)。三子顾赓明育有毓琦、毓琇、毓璜、毓珍、毓瑞、毓琛六子,均为杰出人才,六兄弟也跻身虹桥湾顾氏文风昌盛的代表性人物之列。

　　其中最为著名是顾毓琇，生于1902年，1922年在亲友（包括后竹场巷顾文蔚等）的资助下赴美留学，在麻省理工学院攻读电机专业，1927年获科学博士学位，以"非线性控制"研究饮誉国际应用力学界。先后任国立中央大学工学院院长、清华大学首任工学院院长、国民政府教育部次长、国立音乐学院首任院长、中央大学校长、国立政治大学校长。20世纪50年代后历任美国麻省理工学院、宾夕法尼亚大学教授。1972年退休，定居美国费城。1945年时曾任上海市教育局局长兼上海交通大学教授。毕生从事教育、科研、学术事业，文理融会，中西贯通，出版自然科学、戏剧、小说、诗词和音乐作品等60余种。他从1972—1992年多次回国探亲、参访、讲学。2002年9月9日在美国俄克拉荷马大学医疗中心逝世。顾毓琇母王镜苏、妻王婉靖均出自泰定桥王氏，故与民革中央主席王昆仑是至亲。

虹桥（来源于《城市年轮》）

顾毓琇长兄顾毓琦,字景韩,化名夏士琦,生于1901年,1922年毕业于上海同济医工专门学校。旋任上海宝隆医院内科医师。发现肺蛭虫病例,以论文获德国汉堡大学医学博士学位。后任上海同德医学专门学校内科教授,兼附属同德医院内科主任;1932年任临时校务委员会主任委员,主持校务。后历任私立上海同德医学院院长、上海第二医学院附属同德医院院长、上海北站医院院长等职。1978年去世。

顾毓琇三弟顾毓瑔,字一泉,号玉泉,生1905年,上海交通大学毕业,留美获康奈尔大学机械工程硕士、哲学博士学位。1931年起,历任实业部简任技正、中央工业试验所所长、行政院河北平津敌伪产业处理局副局长、南京中央大学机械工程系教授、全国经济委员会秘书长、中国纺织建设公司总经理、中国纺织机械制造公司总经理等职,中华人民共和国建立后,担任上海纺织器材公司总工程师、纺织工业部顾问。原配华珊,出自留芳声巷华氏,为举人、锡邑名医华申祺(字实甫)女;继配曹雪蔚,为宋庆龄表舅曹霖生之女。

顾毓琇四弟顾毓珍,生于1907年,1927年毕业于清华大学化工系。1932年获美国麻省理工学院博士学位。曾任中央工业试验所所长及金陵大学、清华大学、燕京大学等校教授,为中国化学工程学会发起人之一。1949年后,历任同济大学、华东化工学院教授。专于化学工程、油脂、流体力学及传热等方面研究,其发表的顾氏公式—流体在管内流动时的摩擦系数关联式被广泛采用,并发明"酒精脱水技术"。1968年去世。

五弟顾毓瑞,生于1908年,先后获美国哥伦比亚大学和英国伦敦大学两个硕士学位,又获台湾文化大学博士学位。担任过著名外交家顾维钧秘书,长期工作在外交领域。妻王琏卿,系海上闻人、工商界巨子王晓籁之女。

六弟顾毓琛,字一村,生于1916年,毕业于上海交通大学土木系,担任过同德中学校长,后去台湾,任水库工程师等。

除顾毓琛外,顾毓琇昆仲有五人获博士学位,所以有"一门五博士"之誉来描述虹桥湾顾氏人才之盛。其实,除顾毓琇昆仲外,其他同族宗亲中也出了许多人才,如顾大治、顾在垌、顾在宥、顾型、顾曾锡、顾曾授等,不胜枚举。

本文对其中的顾型，略作介绍。

顾型，字绍衣，生于清光绪丁丑年（1877），十六岁入庠，十九岁中乡试副榜，即为副贡，二十岁赴沪学习理化，曾留学英国，回锡后与族兄顾大治共创理化研究会，历任上海龙门师范教师、交通银行第四科科长等职。1914年，在上海中华书局顶楼、龙门师范顶楼、无锡图书馆顶楼自制仪器，设立无线电报通信，1915年为无锡县图书馆自制无线电收音机，顾型为我国无线电通信技术的开创者之一。1924年编撰出版《飞行器要

1937年7月4日《锡报》新闻中的顾型

义》，选入商务印书馆"民国东方文库"，顾型是当时中国最早研究飞机制造的人。顾型还在教育学、生理学、地质学等方面广有涉猎。"一·二八"事变后顾型退居回乡，以诗词为乐，与无锡名士廉泉等时相过从，酬唱无虚日，于1946年去世。他是顾曾锡、顾曾授（"花园弄"一章有述）之叔父、顾毓琇之族伯。

在虹桥湾建宅的旧族还有秦氏和薛氏等，在虹桥湾的秦氏先后有两支，均为"河上秦"，一支是明代右副都御史、巡抚湖广秦耀（号舜峰）之孙秦伯钦（字公安，秦文锦十世祖），另一支是清代刑部右侍郎秦瀛，秦瀛晚年设宅虹桥西侧，取名"世恩堂"，此宅第最早系薛氏所有。世恩堂虽地属虹桥湾，但在后来的地名中归于南市桥上塘，详情可参看"南市桥上塘"一章。

秦氏世恩堂宅第前身的主人薛氏，具体宗支所属已不可考，但薛福辰、薛福成兄弟所在的寺头支薛氏却也与这里渊源很深。薛福辰兄弟族伯薛诏于乾嘉时期由寺头迁居学前街北面的北禅寺巷，宅毁于太平天国时期，其子薛荫培购得虹桥南首宅基地（虹桥湾与南市桥上塘转角处）建造新宅，后裔被称为虹桥下薛氏。薛荫培曾孙斌钊民国时为中华电料行（在中山路北段）老板，

1946年11月,由薛斌钊创设的无锡青年广播电台(设立在小娄巷)正式开始播音,1947年年底因亏损而停播。

薛福辰兄弟六世祖薛仪,于清初由寺头迁居塔坊桥,学前塔坊桥一带又称为宾雁里,所以薛福成自称宾雁里人。然后薛氏族人陆续由塔坊桥到北面附近的前后西溪下、东面的学前街和西面的西水关建新宅。薛福辰宅,名"观察第",在学前街东段,坐北朝南,共七进,后门抵北禅寺巷,建成于同治十三年(1874),门厅坐落在备弄西,有屏门六扇,檐下悬挂"观察第"匾,门正对的束带河边立有嵌着"鸿禧"砖刻的八字照墙。门厅后有院墙,门头砖雕"和气致祥",二进为轿厅,三进为大厅,厅内悬挂白底黑字"宝善堂"匾额,四进为中厅,五进为后厅,均为内室,六、七进为附房。备弄东三进为花厅,前有池塘、假山。老宅因1992年学前街地区旧城改造而拆除,花厅原建筑构件整体移建于东林书院,仿建成"晚翠山房"。20世纪50年后薛氏"观察第"门牌编为学前街12至16号(今天惠超市西侧菜场处),为薛福辰孙辈薛楚材、薛楚书及曾孙辈薛湛曾、薛焕曾、薛楷曾、薛鉴曾和薛蕴庄等居住,薛楚材和堂兄弟薛汇东都是无锡体育事业的开创者。

薛福辰,字振美,号抚屏,生于清嘉庆丙寅年(1806)。幼承家学,七岁能文,稍长通古博今,尤精岐黄之术。道光三十年(1850)入庠,咸丰五年(1855)中顺天府乡试南元。咸丰十年(1860)太平军攻入无锡,薛福辰携全家避居宝应。后入李鸿章幕府,授候补知府。在山东期间,因治黄河有功调任候补道员,补山东济东泰武临道。光绪六年(1880)慈禧太后患重症,诸医束手,薛福辰时任广东雷琼道调任督粮道,受李鸿章、曾国荃保荐,入长春宫为太后医治。因薛福辰用药与众不同,慈禧病情很快好转,于光绪八年(1882)痊愈。因治病有功,加赏一品顶戴,调补直隶通永道,慈禧还亲书"福"字和"职业修明"匾额赐之,同时赐紫蟒袍及玉钩带,赐宴体元殿,听戏长春宫。光绪十二年(1886),擢升顺天府尹,翌年冬调宗人府丞,又一年授都察院左副都御史。因中风于光绪十五年(1889)夏告归。慈禧赐"寿"字匾额及联"敬谨身修葵向日,光明心事月当天""人游霁月光风表,家在廉泉让水间"。薛福辰于同年七月病逝于学前街宅第。学前街东首的4号系薛福辰夫人窦氏所建的新宅"念恩堂",拆后在无锡浴室范围内。

薛福辰三弟薛福成,字叔耘,号庸盦,生于道光戊戌年(1838)。同治丁卯乡试中副榜,为副贡,早年入曾国藩幕府,后随李鸿章办外交。清光绪五年(1879)作《筹洋刍议》,提出变法主张。光绪十年中法战争期间,任浙江宁绍台道,在镇海参与击退法舰之战。光绪十四年任湖南按察使,次年出使英、法、比、意四国。卒于光绪甲午年(1894)。有《庸盦全集》《出使日记》。薛福成主张向西方学习,实行君主立宪,支持私人兴办工商实业,设立新式学堂传授近代文化技术教育等。在出使期间,薛福成积极保护海外华侨利益,订约英国,解决滇缅边界问题,收回被侵占领土,出色地完成了外交使命。所以薛福成为近代著名的思想家、外交家。

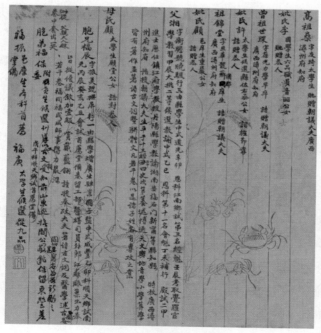

薛福成手书履历(朱刚藏)

薛福成老宅原在前西溪,太平天国时毁于兵火,薛福成遂以一万多银圆在西水关购得秦、丁两姓宅基18亩,再花六万多银圆建新宅"务本堂",习称"钦使第",光绪十五年(1889),薛福成亲自勾画草图设计,光绪十六年(1890)始建,光绪二十年(1894)建成。新宅落成时,薛福成在海外任职期满从巴黎回国,途中患急病去世,未能居住一天。因薛福成担任过四到五年"宁绍台道例兼浙海关监督"这个著名"肥缺",财力雄厚,所以这座宅第建得豪华宏大。建筑群坐北朝南,呈"凸"字形,原有三路六进一百四十余间房子,至今仍保留原建筑一百三十多间,是江苏省内现存最大的近代官僚住宅建筑群。建筑群分为三条轴线,中轴线上共有房屋六进,依次为门厅、轿厅、正厅、房厅等,另有花厅、戏台、仓厅、藏书楼等附属建筑。厅堂有三进,各十架,面阔九间,为防逾制,将其屋脊一分为三,表面为三段三开间的组合,实际是九开间的格局。各进正中三间为主厅,两旁三间为旁厅。各进厅堂前都有天井,两侧旁厅前的天井,布置成花园。厅堂内雕梁画栋,所有落地长窗都雕有《三国演义》等戏文,尤以正厅"务本堂"为甚。中门后,有接连两进,各十一间的两层楼房,两端各与厢楼连接,平面组成"回"字形,楼前后上下都能转通,俗称"转盘楼",以作起坐、书斋、卧室之用。薛福成故居规模宏大,巧妙超越礼制束缚,并在传统基础上吸收西方的建筑风格,形成适于社会交往的园林式开放格局,是中国近代社会转型时期的江南大型宅第的典型。宅第于20世纪50年代初由薛福成之长孙薛育津代表家族捐献给国家,先后为政府机关、学校所用,如苏南行政公署公安局、弘毅学校等。

位于学巷口西侧的人伦坊表坊,因体量较大,是学前街一个引人注目的牌坊,坊表坊后就是嵇氏宗祠,这两者构成了学前街世居望族嵇氏的地标性建筑。锡山嵇氏始迁祖为嵇廷用,字晋南,南明弘光帝任内阁中书。清初,嵇廷用由常熟东塘墅(今唐市)芙蓉庄先迁江宁,再携永隽、永仁及以下诸子迁无锡。自清雍乾朝起,两百七十余年间,无锡嵇氏廷用支各传派子孙大多聚居学前束带河两岸。锡山嵇氏最有名的是嵇永仁及水利专家嵇曾筠和嵇璜父子。

嵇永仁,字匡候,号留山、东田,别号抱犊山农。廷用三子。生于明崇祯十年(1637),卒于清康熙十五年(1676),葬锡南军嶂山。顺治十四年取吴县廪生,康熙恤赠国子监助教,嘉庆十九年奉旨世袭恩骑尉。著《抱犊山房集》入《四库全书》,《东田医补》失传,同时嵇永仁也是一位剧作家,编有杂剧《续离骚》、传奇《扬州梦》《双报应》。

永仁子嵇曾筠,字松友,号礼斋。生于康熙九年(1670),七岁而孤,母杨氏授以书,康熙四十一年(1702)顺天举人,四十五年(1706)中二甲十五名进士,点翰林院庶吉士,官至文华殿大学士兼吏部尚书,总督江南河道,加太子太傅。嵇曾筠治河期间,任河务颇久,其治水用引河杀险之法,故动能奏绩,善建坝,至今有"嵇坝"之称,所以嵇曾筠是清代著名的治河专家。后世赞誉嵇曾筠:姿表魁梧,恭慎廉明,性忠厚,能知人。扬历中外,善政不可悉数。嵇曾筠著有《四书文稿》《防河奏议》《师善堂诗集》和目录学著作《浙江通志·经籍志》。卒于乾隆三年十二月(1739年1月),谥文敏。有八子:瑗、瑛、璜、珊、

嵇氏宗祠前的人伦坊表

瓒、璇、瑊、玫。

　　曾筠三子嵇璜，字尚佐，黼庭，号拙修。生于康熙五十年（1711）生。雍正八年进士，点翰林院庶吉士。官至文渊阁大学士兼吏部尚书、东河总督、《四库全书》总裁官、国史馆三通馆总裁等，嵇璜尤善治河，曾上宣防八事，提出固堤与宣泄相结合之法。又主张疏浚淮扬运河河水入海，在东河总督任内，裁减坝夫节省开支，植堤柳固岸。嵇璜卒于乾隆五十九年（1794），谥文恭。著有《锡庆堂诗集》《治河年谱》。

　　嵇璜宅邸，在薛氏念恩堂东北侧，坐西向东，原建筑有四进。第一进为门厅，硬山顶，面阔四间；第二进正厅，为建于明代末年的楠木大厅，硬山顶，面阔三间，高大宽敞，厅前为一庭院；第三、第四进为面阔五间硬山顶二层楼房，南侧有一条备弄。原门牌号为中市桥上塘17号（在无锡浴室北邻），因中山路拓宽，最早被拆。其楠木厅，因旧材珍贵堪用，为西郊梅园景区修扩开原寺移用。

　　嵇璜八弟嵇玫宅在薛氏宝善堂西，名"师荆堂"，中间隔任氏老宅，后裔、火控雷达专家嵇储申一家居住到拆迁，门牌编为22号。嵇璜仲兄嵇瑛宅在塔坊桥西，东接清节堂，西邻薛明剑洋房，门牌后为学前街122号。会计学专家嵇储英即为其后裔。嵇璜四弟嵇琏宅在塔坊桥南，今在汤巷小区范围内。嵇氏宗祠于1996年被拆，建成居民楼，融入今学前街88号居民区，目前仅剩原宗祠享堂前的一株古银杏。

　　嵇瑛宅西面洋房为教育家、实业家薛明剑故居，后为无锡市轻工局所用。嵇瑛宅东面的清节堂，是旧时一个救助收养寡妇（称节妇）的慈善救济机构，创设于同治三年十月。民国时，董事会代表有孙祖羡、窦慕仪、王淇卿、窦荫臣、杨曾谦（杨楣四子）等。清节堂为三进三开间，正厅悬有"贞节可风""节比冰霜"题匾，两侧挂有民国大总统黎元洪所书对联："节与忠孝并重，然要至冰霜，始终如一；贞亦神人同敬，但须心坚铁石，今古无双。"1949年后，门厅用作粮店，后部为居民大杂院。

　　清节堂东邻就是鸿山杨氏寺头分被城支的一处大宅，居住着分城始祖杨英长房,杨英迁城后为方便子孙入学,在县学西面塔坊桥北建宅,与近邻大族嵇氏、顾氏等联姻,子孙繁衍,逐渐从学前老宅播迁到旗杆下、留芳声巷、北门下塘、道长巷、大成巷等地,长房子孙则留在祖宅,后代中又以长孙铭敦后裔最众。杨铭敦传至玄孙一代,其中德埙、德址的孙辈和曾孙辈人才济济,孙辈最著名是杨春池、杨春灏。

德埙长孙杨春池,字梦连,号秋苑,生于道光甲申年(1824)。杨春池父杨钺早逝,由母顾氏(顾翰之女)抚育成人,成年后因军功保举得官,官至浙江海宁州知州,任官海宁期间,政绩卓著,任满回乡后卒于光绪壬午年(1882)。杨春池买下锡山东麓的共学山居,谋求恢复山居曾经延续的东林讲学传统。杨春池正妻顾氏为凤光桥顾书绅之女。妻妾育有十子三女,除早殇的四子外,其余六子(植、模、栻、楫、楷、相)均有名望。

杨模,字范甫,号蛰庵,春池第五子,生于咸丰二年(1852),早年就读于江阴南菁书院。光绪十一年(1885)被选为拔贡,次年任天津武备学堂汉文教习;后入两湖总督张之洞幕府,协办自强学堂,并任教习。光绪二十年(1894)应本省乡试,中举人。光绪二十二年(1896),任山西武备学堂监督兼总教习。光绪二十三年(1897),杨模与秦谦培、高汝琳、王镜藻等共同筹募经费,购城中连元街上寿禅院空房,修缮后作为校舍,创设竢实学堂,杨模任校长,聘华蘅芳、秦鼎臣、丁福保、许士熊、杨荫恒等为教习。竢实学堂为无锡的第一所新式学堂。1904年因在教育经费分配方面,触动了保守势力的利益,引发了"毁学风潮",矛头直接指向杨模,杨宅也被冲击捣毁。事件后,杨模离锡先后任职于湖北学务处、汉黄德道师范学堂及女子高等师范学堂。后赴京任学部总务司科员兼任大学堂文法两科讲习,于1915年病逝。杨模著有《蛰庵文存》,为"梁溪七子"之一。

杨楫,字石渔,号榆庵,春池第七子,生于咸丰

杨模

1923年的杨宅内景

甲寅年（1854），同治癸酉年（1873）中举，后遭斥革，光绪己卯年（1879）复试，中优贡。后任通商机器局事、兵部武选司主事出使意大利参赞、以知府用为张之洞督署洋务文牌等职。著有《光绪通商列表》《杨楫自述》等。

　　杨道霖，原名楷，字仁山，春池第八子，生于咸丰丙辰年（1856）。17岁时应童子试，以第一名入泮。光绪十八年进士，历任户部主事、农工商部员外郎等职。光绪三十一年，随同载泽、端方、戴鸿慈等五大臣出洋，作为随员驻日本考察政治。光绪三十三年出任柳州知府，在任时，促进柳江森林资源的合理有效利用，造福一方。离任后，于1910年在上海创立华兴木植公司。杨道霖于1932年在无锡病逝，也为"梁溪七子"之一。

　　德址幼孙杨春灏，字幼梅，生于咸丰戊午年（1858），附贡，历任奉天省学务公所二等科员、邮传部郎中。卸任回锡后，为锡邑士绅，1933年曾作为地方耆老参与捐建公花园"九老阁"。原配裘氏，继配为近邻、举人顾棣之女。有权、机、楞、柯四子。

　　学前杨氏大宅，屋宇连毗，从南到北，有门厅、轿厅、花厅、大厅、内厅等多进，规模显宇。大厅悬匾曰"崇兰堂"，为阳湖汪洵所书。光绪三十年（1904），大宅毁于毁学事件,虽经江苏巡抚端方责令肇事者重建,但规模已不复当年,复建后大厅匾额"崇兰堂"由徐世昌所书,有小厅名厚福堂。1937年,日军侵华,新宅又遭轰炸,半付灰烬,面目全非。20世纪50年代宅第尚有杨楫第七子杨曾诉等后裔家庭所居,门牌号为学前街108号。

寄畅园前身凤谷行窝的始建者,为明代正德年间的南京兵部尚书秦金,秦金旧宅在西水关,后裔遂聚居于此,被称为锡山秦氏中的"西关秦",族人虽不断迁出,但20世纪50年代,西水关周边仍有"西关秦"居民,如秦邦宪的族叔秦炳庆就住塔坊桥。

除世居大族外,还有许多名人和他们的后裔住学前街及其周边,如哈佛大学经济学博士丁忱(上海工商联副主委)。著名建筑师江一麟、中宣部部长王忍之(跨塘桥人,1952年前居塔坊桥)等,光绪《锡金县志》主修、无锡知县裴大中的后人就住附近的堰桥下。裴大中之子裴景福(字伯谦),是清末民初大收藏家,斋号"壮陶阁",著有民国时期最重要的书画著录工具书《壮陶阁书画录》。裴景福之子裴祖泽(字岱云),1908年曾随妻兄李准巡视东沙群岛,并将其中一岛命名为"霍邱岛"。堰桥下裴宅与曾设在马培之故宅的无锡美专比

学前街西水关段,右侧建筑为薛福成故居

学前街健康路口,右侧洋房为薛明剑故居

邻,也与汤巷蒋东孚的"香草居"隔路相望。

　　笔者1988年毕业于无锡市第八中学,高中生涯基本就在学前街度过。高三时因有夜自习,晚饭后的课余,一般总在学前街来回散步,经常到这些旧宅走门串户,不时会去后西溪小学教室(薛福成故居的大厅)打乒乓,但那时毫无意识要去了解这些老宅的底细,正所谓"当时只道是寻常"。

西大街

【顾按】本文作者陈倩从1968年到1986年居住在西大街,共计十八年,在西大街度过了从童年到青年的美好时光。她和周边近邻一直保持着联络,并经常共同回顾往事。2022年年底我联系上了王海和刘少达两位先生,2023年1月14日,与陈倩邀请王、刘两位先生及胡元吉夫妇等西大街居民相聚市图书馆晤谈,有了他们的加入,陈倩从而将西大街的忆想之波由近及远,传递到了巷的深处。在更多街坊的忆述下,慢慢拼合勾勒出整条大街的过往,今陈倩通过笔端将那旧时烟云汇聚定格为一幅西大街的历史图卷。

无锡老城厢里有条历史悠久、繁华热闹、弥漫着人间烟火气息的西大街,位置在无锡县衙门的南面偏西,中间隔着一条玉带河。

元代无锡设州治,元代王仁辅《无锡志》中《总坊》一节记载城内各"坊"的划分,有"平政坊在州前大街西""爱民坊在州前大街东""和丰坊即州巷,对州治"等。

"州前大街西",即元代无锡州衙门前那条东西向的大街之西段,说明至晚在元代,西大街已是无锡城内一条重要的街道。"州巷"即今天的健康路从东西大街到学前街的一段,这条巷正对着州衙门。"州巷"这个名称,民间一直挂在嘴上喊到解放初期,只是不知从什么时候开始讹为"周巷"。西大街34号老邻居李鸿钧告诉我,以前在西大街东头对着健康路的墙上,钉着两块牌子,

西横街（2007 年）

西大街庙巷（2005 年）刘志扬摄

北边一块"老县前"，南边一块"周巷"，指示着健康路以东西大街为分界，往北叫"老县前"，往南叫"周巷"。这和光绪七年（1881）的无锡城地图是一致的。

其实，无锡现存最早的一张地图是南宋咸淳四年（1268）绘制的，此外还有从明到清若干幅城区地图，从中可以看出，从宋到元、明、清，"无锡州治"或"无锡县治"的位置始终未曾变过。推想而知，县前的东西大街，应该也有千年以上的历史，直到 20 世纪 90 年代初西大街被拆，原地耸起物产大厦而止。2023 年 4 月路过人民路时，回望一眼西大街遗址，只见物产大厦和新华书店都不见了，西大街遗址又变成平地，只有一组满是疮痍的老建筑兀自立在夕照下，那是西大街 48 号，千年老街的唯一残存。

民国以前的西大街曾经是无锡城里最繁华热闹的去处之一，街两边商铺林立，旧时城隍庙和南水仙庙等"大老爷"出会、逢年过节"调龙灯"、城里人家迎亲或出殡等，游行队伍一定得经过这条街，转弯到横街，再出西门、过吊桥，往"五里香塍"去惠山。每逢听到"咪哩嘛啦"的唢呐声，街上大人小孩都会到门口看"出棺材"，大人看排场、小孩子看闹猛，送葬中男人步行，女眷坐轿（后改坐黄包车），送葬最后能看到坐在黄包车上一把眼泪一把鼻涕哭得十分伤心的"哀丧婆"，这是当时一种职业，被称为无锡"三怪"之一。"出棺材"的排场50 年代初还能看到。到了 1959 年，城内东门到西门贯通了人民路，西大街终于繁华消退，渐渐地安静了。

据解放后有关方面的测量记载，西大街全街长也就170米左右，路宽3米左右。门牌号码坐南向北是1号至55号，坐北向南是2号至68号。咸丰十年（1860），太平军与清军战于无锡，西大街遭到焚烧，东西两座牌坊各剩下南北两根石柱。从石柱的位置看，当时的西大街还是比较宽的，后人重建房屋时占据路面，造成后来的样子。以前西大街中间是用青砖铺成的人字形路面，20世纪50年代初铺设自来水管时，路面遭破坏，改成弹石铺路。

以20世纪50—70年代为时间轴的横截面，让我们拉一个断续的西大街全景：

西大街的东南头，面朝健康路的，是西大街1号，一爿大饼油条店。大饼店的外面搭着个约七八平方米的凉棚；墙上开着一米多见方的窗洞，边上竖着用红漆手写宋体"西大街大饼店"六个字。墙洞里面照例是一个大炉子架着油锅，冒着泡的油里"吱吱"地炸着金黄的油条，捞起后放到窗台上铁丝绾的滤架里，油条价5分钱两根；凉棚一角放着一个烘大饼的柴油桶做的炉子，人们一边排队一边看师傅双手浸水将大饼一拍贴进炉子壁上，再用火夹伸进炉子取出烘好的大饼。那新出炉的圆的是甜大饼，长圆的是咸大饼，上面拍着芝麻，喷香扑鼻。出锅的油条可用一根筷子串好，不怕烫手，方便携带。说起这爿大饼店，西大街上邻居特别有共同语言。据街上七十岁以上的老邻居们回忆，大饼店的前身是"荣惠鑫馄饨店"，老板荣长发，大名荣惠仁，生于1899年，原是走街串巷叫卖挑担馄饨的，后年纪大了，又赚点了钱，赁李振邦的房子开了爿固定的馄饨店，60年代变

西大街48号残存建筑 刘志扬提供

成大饼店。

大饼店对面坐北朝南的西大街2号,是荣长发向4号严家租住的小屋。荣长发不仅开馄饨店,有丧事时他还客串乐队鼓手。

大饼店隔壁,便是西大街3号,是这条街东头朝北的第一家,里面住着老兄弟俩,兄叫仁荣(有点智障),弟叫泉荣。这家50年代曾开过麻油作坊,里面还有小毛驴拉磨;60年代已变成一爿烟酒糖果店,其时笔者尚幼,只记得店铺是上门板的,店里暗洞洞的,不知用了多少年的玻璃柜台模模糊糊的,里面放着小碟子展示2分钱一包的"梅片"、1分钱一包的"老虫屎",还有红绿黄白各种颜色的"弹子糖",柜台似乎很高,小孩要站在上门板的门槛上才能和柜台里的营业员交流。那爿小店大约在20世纪70年代初时就消失了,家里要拷个黄酒买瓶酱油,就得走到茅梓桥。

烟酒店对面是西大街4号,20世纪五六十年代是"仇明朗理发店",印象中门口有扇木头矮栅栏门。仇氏理发店是租的门面,后面才是4号的真正主人严家居住。严家与西大街6号冯家交好,所以冯家在6号院子的东墙开一个月洞门,便于两家往来。据严家后人严忠浩说,严家旧时也是大户,东大街最西头也有他家房子。以前的周巷(州巷)很窄,宽度仅容两辆黄包车过往,故严家曾有"过街楼"可从西大街宅通到东大街宅。

"仇明朗理发店"对面是5号,20世纪50至90年代,这里居住着锡山李氏"集支西门内石柱下派"一族从二十五世长房李龙光、二十六世长房李介福等至三十五世长房李景新及其三个兄弟共四户人家(次子早夭,五子出赘)。西大街是锡山李氏的世居地,西大街5号、9号、32号之二、34号都是这一族后裔。李氏二十四世祖名李瑞甫,生二子,长子李龙光居西大街,次子李龙见居小娄巷。从李龙光(1661—1728)算起,瓜瓞绵延至20世纪90年代此宅拆迁,李氏各代的长房在此居住整整11代人,至少260年。因李景新的两个女儿李梅玲、李红是我的小学不同级的同学,去过她们家玩,印象中临街的门很小,踏上一层石台阶进去就是四兄弟共用的大灶间,灶间里白天也挺暗的,姐妹俩在这间屋子的饭桌上做功课。她们的母亲讲四川话,后来笔者看川剧就会想起她们妈妈。穿过灶间往里面去是天井和房屋,再进去有个大院子,院里有一棵高大的香樟树,再往南就与9号的院子相通了,有一条东西向小弄堂通往健康路的街门。出街门的南邻是无锡旋具厂。

西大街6号,就是笔者全家租住的院子,从1968年住到1986年,笔者也从5岁长到了23岁。这是个中西混搭的大宅子,面阔三间半,连天井、院子有八造进深,南面西大街,北临玉带河。临街大门是铁皮包的木质"和合门",门上以大头铁钉钉成蝙蝠图形,外墙面整体呈黑色。 前造楼房从街沿缩进三四米,楼前形成一片弹石铺地的场,是白天的晒衣场和夏天傍晚的乘凉所在。前后造均是带阁楼的二层楼房。前造一楼是门堂间,白天大门都敞开的。门堂间之西是楼梯,楼梯间里还有一个小厨房,设七星灶台;门堂间之东是个两居室套间。前造二楼有三个房间,笔者全家四口人住在前造二楼靠西一间18平米的房间里,与民国教育家陈石真(1903—1974)全家仅一板壁之隔。后造一楼是三开间厅堂和东面半间小房间。旧时厅堂内有木屏壁,上悬"抱一堂"匾额,厅内挂楹联字画,条桌设彝鼎花瓶、大理石屏架之类。20世纪50年代,厅堂变成西大街的大食堂饭厅,再后来就变为崇安区属企业无锡旋具厂的职工食堂。笔者小时候还见到过饭厅的八扇落地雕花门扇和大春凳,当时木屏壁已经没有了,后来连雕花门扇都不知去向了。大厅后半部连着一排房屋,从西北角走进去是后轩,最西边是很宽大的木楼梯,中间旧时是下人房,后来有周师母家住进来,周家搬走后,和大厅打通变成卖饭间;东北角的一个后厢房,原是冯家的书房,后来这个书房成了西大街居委会办公室,70年代居委搬走,又住进来一户秦姓人家。后造二楼是带走廊的四个套间,形如转盘楼,大楼梯上去第一家是计老师家,计老师名计量石,是惠山初中的地理老师;第二家是刘家,刘先生是水产公司的;第三家即最中间的一户是冯士璋外甥女孙丽丽一家(夫名王命夫);第四家是胡立祥和颜如琨夫妇家,胡立祥解放前毕业于上海立信会计学校,是上海某企业的管理人员,颜如琨是毕业于上海日本人办的护士学校的助产士;走廊转弯后通到前造最东头的房间,里面住着老杨先生和杨师母,老杨先生解放前当过保长,政治运动中也受到冲击。一楼大厅后轩再往北有条隔水弄堂,弄堂之北是大厨房和柴间屋。解放前,6号的后门有小码头,玉带河里运送柴草的船只可以开到最后一造柴间屋的地板下面,柴间屋的地板是方形的大木板,拉开木板,有几级台阶,台阶下就是河面,乡下送来的稻柴直接从船里搬上来堆在柴间屋。后来玉带河填没了,北面还留了一扇不起眼的小门,若见门开着,就可以穿过大厨房、大饭厅到前面楼里。6号门的前后造楼房之间,有一个两造进深、三间半宽的大院子,地面的中间是黄色磨矾石拼成圆形花样,两边是水泥砌的六角形花样,当时无锡城里,这么大的院子还不多见,西大街口头几家小孩都跑到院子里来玩闹,吵得很,赶都赶不走,只有住在后轩的周师母有本事,她用竹丝的马桶刷从大厅里一直扔到二门口,小孩都见她怕。这院子是6号门里所有邻居的共同空间,唯一的水龙头就装在大院南墙上,女人们在这里淘米、汰菜、汰衣裳,孩子们在这里踢毽子玩耍,有时放个小方桌吃饭或做功课。邻里互相都有谦让,极少争吵。6号门里有一口井,却是在前造一楼套间的床底地板下面,所以平时不能用,只能夏天偶尔吊吊西瓜降温用。大院子的东墙有个堵住了的圆洞门,东南角有个七彩玻璃镶长窗的八角亭子间,水泥结构,外墙嵌满五色玻璃小碎片,每到下午,在夕阳的照射下就闪烁着五彩的神秘光芒。最早这里是冯老太太的小佛堂,内部光线昏暗,案台佛龛香炉一应俱全——这是听隔壁陈石真的儿子陈立已先生讲的,他小时候进去过一次。笔者住在院里的时候,亭子间已经变成了刘家老人居住的房间。院子的西墙下是个花坛,花坛里种的"夜饭花"开得很茂盛,还有一株枯死的爬藤植物,从花坛向上呈扇形附着于整面墙上,后来才知道,这是棵木香,以前每年春天,一丛丛雅致的木香花和小翠叶们,一起从西墙延展到前造楼房走廊朝北窗口和后造楼房的走廊阳台,开成雪样的景象,花香暗浮。后来因为过于茂盛,攀援到后楼屋顶房瓦了,被房管局派人来锯断了,仰头看到的是残枝枯藤,呈筋骨状贴着西墙,在风中颤抖。为此,陈石真夫人陈玉阿婆心疼了好久,她的儿子陈立已至今念念不忘那棵木香藤。

西大街6号的房主是冯士璋,听说他家是做花布生意赚了钱,造了这座宅子。冯士璋在上海与人合股开了米高梅舞厅,后来改为国联电影院,他任经理,后又调任音乐厅经理,所以一直在上海。西大街6号住着他的母亲冯老太太。冯士璋是过房给陈石真妹妹的公爹(姓金,住在三皇街大虹霓桥),因这层亲戚关系,解放后陈石真全家随国立社会教育学院从苏州迁回无锡,就住在西大街6号,后来陆续有其他租户进来,他们就成了"二房东",由陈石真夫人陈玉替冯家收房租。陈玉,原名为鑫,又名蕙馨,是民国外交官、报人、秋瑾好友陈以益的独生女儿,从江阴陈家花园走出来的大小姐。老太太晚年患关节炎至手脚变型,十分痛苦,但待人接物依然从容温婉,气度不凡。1968年春,先是红卫兵小将"破四旧",扛着竹梯进来,把二门上方"福禄寿"砖雕敲了,因为砖雕太坚固,只把梅花鹿和老寿星的头敲成支离破碎几小块;5月份陈石真家第二次被抄,从下午1点抄到晚上7点,老先生站在大门口,老太太坐在门堂间,结束时,由十几个壮汉把抄走的东西一箱一箱地抬出去,一个房间被封。半年后笔者一家搬进了由所在部队申请的住房,这就是陈先生隔壁的一个房间。陈老先生早在1958年已被划"右派",此时被迫扫街、扫院子,居委开会就要把他拉来挂牌批斗。印象中,老先生脸色苍白,稀疏的头发梳理得整齐,穿一件褐色对襟罩衫,永远低着头沉默不语,无声地上楼下楼,偶尔用很低的声音和笔者父亲交谈几句,每天午后一个人独坐在楼梯间的小厨房里很久很久,一直到1974年1月悄然去世,他家默默的,似乎也没有任何仪式,笔者父母住隔壁都不知道老先生患什么病去世。笔者当时太小,没有伤感的体会,十八年的邻里生活,平静而欢乐,唯遗憾那时年纪太小,守着隔壁大儒却没得亲炙之福。但现在想来,阿公阿婆的气场熏陶大概是浸到骨子里的。母亲搬来西大街时很年轻,不善烹饪,后来能置一桌酒席,是6号门里邻居们你一句我一句点拨出来的,那些食料高档的招牌菜则是陈玉阿婆亲教的。相邻的两个陈家关系异常亲密,陈玉阿婆手抄越剧《红楼梦》剧本和《第二次握手》给笔者母亲看,她一手老到的钢笔行书是我最初的硬笔"字帖",由此形成笔者一生的写字风格,还影响到妹妹。

近几年才发现,陈石真先生原来就是陈鼎钧——杨荫浏先生在三师范的低一届同学,是杨荫浏第一本著作《雅音集》的合作者,精通各种乐器,出版过《中国乐器练习法》(世界书局印行)。

6号门对面的西大街7号,这户人家曾经开过锡匠铺子,后来建了栋白粉墙二层楼房,没有院子,所以他家要晾晒衣裳被子,经常会早早地在对面6号门口的空地上搭起三脚架、架起竹竿"抢太阳"。7号家里有位老妈妈,还每天推着板车帮街上没劳力的人家倒马桶。

西大街8号,一开间阔,比6号门更缩进约二三米,大门进去即小院落,然后是一幢二层小楼,理发店的仇明朗就住在这里面。还有一户租户姓孙,好像是做豆浆的。

西大街9号是很进深的大院落,与6号大院门对门,住户都姓李,与5号为同族,是锡山李氏"集支西门内石柱下派"二十五世祖李龙光的次子李介禄一脉。9号里面住户很多。他们临街大门是上门板的,清晨要有人卸门板,夜晚闭户时要上门板。这项工作,总是对门的李姓老伯伯夫妻俩做的,他们有个女儿李英和我是一年级第一学期的同班同学。李英告诉笔者,她家祖上开过米行、旅馆、布行等。这也是百年前的事了,在我们小时候,9号院就是普通的民居。记忆中6号、9号这两对门最是友好,一群知青常拱到一起,聚在我家楼底门厅里放炉子烧饭的地方,有时在我们院子里,夏天傍晚则在大门外那片空地上,竹榻、竹椅、藤榻、板凳端出来乘凉,知青们讲他们在苏北偷鸡摸狗的事,讲《一双绣花鞋》,绘声绘色地讲"一辆奶白色的轿车开到门口…"等,最为起劲。"文革"后他们上夜课补文化,大都发展得蛮有出息。

西大街10号有扇门开在朝东的墙上,住户里有一位周师母是居民小组长,笔者父亲至今记得,每次都是她帮领了粮票、布票等送过来的。

西大街11号人家姓张,这也是一个高墙大院,大门口和6号门一样缩进,留出一块空地。记忆中11号的石库门常关,进出的人很少,很神秘的样子。酷暑里,当6号大院井里西瓜吊满时,偶尔见11号大门虚掩,大人进去打个招呼,就用铅桶在他们井里吊西瓜,我们也跟着溜进去玩。印象中满院里只有烈日和蝉声,寂悄无人。11号大院的地下有个防空洞,孩子们也会钻进去玩。

据说这户张姓人家的大儿子20世纪50年代做过工商局副局长。

现将西大街邻居们告知的信息汇总如下：

西大街21号是许姓人家。百年前的无锡昆曲清唱社团天韵社里，有一位活跃的社员名叫许寄萍，不知是否就住在21号院子里？

西大街23号，五六十年代是一对老夫妻开的烟纸店，小孩子常到那里摸彩，买"洋牌"——一种画有故事的牌牌，一版60小张。

西大街25号的门面是个木匠铺，老板姓杨，铺里卖些木制家具和结婚用品。

西大街27号是石库门二层青砖小洋楼，里面住着无锡"丁氏痔科"传人、中医院痔管科主任丁义德一家。丁家是1956年买下了这栋小洋楼。

西大街29号是刘姓人家，临街是石库铁皮门，平时不关门，进去是个宽大的墙门间，那是西大街上小孩子斗蟋蟀、飘

陈石真、陈玉全家福（抗战胜利后）

1953年10月，西大街6号门里的女邻居们在锡惠公园合影，左四是陈石真夫人陈玉

洋牌、抛铜板等游戏场所,平时走江湖的如"猢狲出把戏"、木偶戏、放电影、卖唱的,都在此摆场子。穿过墙门间和天井,在27号小洋楼的后背有一个大厅。六七十年代,西横街粮站每个月会派人到这个大厅来发放粮票、油票等券,领券的居民从大厅一直排到街上,十分热闹。29号刘氏也是大族,院子很进深,到底就是五姓巷3号孙宝安家,两家有亲眷关系。孙宝安是无锡的妇科专家。

在29号门口的街上,解放以前还有一座贞节牌坊,解放后拆除了。

西大街30号是裁缝店,店主叫蒋泰林,大家叫他"阿林",专做中式服装,在街上小有名气。

西大街31号姓王,门面原来是爿寿器店,解放后改成一家铁匠铺,铁匠是王姓本家,50年代在西大街上走,每天能听到"叮叮当当"的打铁声。

西大街32号是张姓宅院,临街的石库门常开,进去就是一栋两层楼房,笔者的小学同学朱英家里就在一楼的西厢房。楼房后面还有几造建筑记不清了。

32号西面的空地,被5号李姓族人买下造了房子,临街开了一扇门,就是西大街32号半。32号半的后门也临玉带河。这块地皮上的房子没有造满,留了不少,园子里还有残存的牌坊石,是小孩子们玩耍的乐园。后来有人在此盖了瓦顶芦席房,又有王姓在此租地盖房,一直住到拆迁。

32号隔壁的34号,也是与5号李姓同族人世居。他家门面店铺,解放前是"集成黄包车行",解放后改成车夫踏三轮车拉人,公私合营时该车行停业。34号里居住着李姓兄弟三人,长房李继德,做木材生意,住前面的祖宅;二房李继垣,行医,解放后是北塘医院小儿科医生,1947年他在祖宅北面新建了三层楼中西结合的小洋房,厅堂里悬的匾额是"瑞锦堂",一堂红木家具,八仙台、太师椅、条桌、高几,标准的厅堂摆设,也是"破四旧"时被全毁;三房李继良,继承了最北边的地皮,但没有建房,全家住在长房的祖宅里,那块空地由二房李继垣建了生活间,种些花草。34号二房的那栋三层楼,是当时西大街的最高建筑。李继垣有三子,长子李鸿钧,次子李鸿远("文革"前《无锡日报》摄影记者),三子李鸿才。据李鸿钧说,他站在自家三楼晒台上,朝南能看到申新三厂;朝东能看到崇安寺的大自鸣钟,夜深人静时还能听到钟声;朝西能看到惠山;在朝北的房间内,能看到胜利门外"大桥下(莲蓉桥)的时和绸缎店那霓虹灯宝塔"。在三楼晒台上,早晨能看日出,傍晚能看夕阳下山;夏天晚上在晒台上乘凉,能看到满天星斗,明亮的北斗星与银河,银河两边的"牛郎星"与"织女星",还时常能看到划过长空的流星。

西大街33号,大概是当时这条街上历史最久、院子最大、居民最多的大宅院,是胡氏世居地。据胡氏分城西大街支族谱记载,迁到西大街的第一代居民是生活在明朝末年、官居山东按察使的胡之竑,所以这片宅院至少在明末就已存在,距西大街拆迁时有三百多年历史。胡之竑的长子胡琛,邑庠生,恩进士,娶城中孙氏状元公孙继皋的孙女为妻。胡之竑十世孙胡光炜(1871—1903),邑庠生,亦即向我提供情况的老邻居胡元吉先生的太公,十七岁时曾与居住在后西溪附近的侯鸿鉴、黄淡如、沈伯伟、张畹荪、嵇长康、陆鲁斯、俞丹石结诗文社,少年意气,挥斥方遒,号称"西溪八君子"。胡光炜的儿子胡葆均(号竹平);胡竹平生四子,次子胡尔仁即胡元吉的父亲,解放前在无锡江南大学面粉专科学习毕业,解放后一直在北京工作。

33号有前后四造厅房,两条备弄。厅堂厢房被隔成大大小小几十间房,院里也有搭建,以便多住几户人家。西大街上要想抄近路到五姓巷,也从33号走,曲径通幽,穿过备弄,再穿过几户人家,最后打开一扇街门,就是五姓巷6号。33号的住户到底有多少谁也弄不清,1955年出生于此的老住户胡元吉先生说"七十二家房客都不止",但"百分之八十是胡姓本家"。20世纪50年代至90年代,在33号里居住着胡氏的二房、三房、四房上百人,合族大小彼此见面还按辈分称呼,若有长辈去世,合族办事,在备弄口头专门有个暂厝棺材的开阔处。从明末的胡之竑算起到胡元吉的儿子胡沁,这个大宅院共繁衍了胡氏十五代人,当然大部分都开枝散叶出去了。笔者小时候的印象中,西大街上小孩子33号里是最多的,一群来一群去的,"文革"中,居委里组织排练文艺节目,33号可以不参加居委,自成体系吹拉弹唱排出一台节目来。院子里有个漂亮毛丫头胡亚萍,是笔者小学一年级同班同学。20世纪五六十年代,在西大街33号里还曾住过少年无锡音乐家王海，年轻时的无锡书法家刘铁平，还有一个练太极拳的武术师傅，等等。你道王海是谁？原来就是20世纪30年代西河头的京昆名票、天韵社社员、县城《锡报》副刊《小锡报》主笔之一、精通书画、擅艺兰菊的王彤云的二房孙子，小时候随父母王纪千、唐芷兰寄居在外婆家西大街33号里，和胡元吉家一板壁之隔。33号里的故事可以写本小说。

胡元吉、高冰夫妇还讲到一件流传已久的趣闻：解放前，每年三月无锡城里"大老爷出会"，游行队伍经过西大街33号门口，要用扇子帮南水仙庙的"大老爷"（奉祀明代知县王其勤）遮住脸。为什么呢？两种说法，一种是说每次"大老爷"经过后，33号里总有人会生病。后来就买通管事的，把"大老爷"的脸遮起来通过他家门口，就再也没事了。还有一种说法，是明代王其勤任知

西大街33号胡竹平家族合影（1948年），二排左四是胡竹平（胡元吉祖父），左三是周桂贞（胡元吉祖母），左五是胡祥生（胡竹平弟）。三排左一是胡遽吉（胡竹平长孙），三排左二是胡尔寿（胡竹平三子）四排左三是胡尔谷（胡竹平长子），四排右一是胡尔仁（胡竹平次子胡元吉父亲），一排右三是胡尔昌（胡竹平四子），一排右四是胡懿吉（胡竹平次孙），一排左四是胡震吉（胡竹平三孙）

县,率领全县军民修城墙抗倭,向各富户征用石料,只有西大街33号不肯捐。原来胡家大门口有一条3米多长的条沿青石,王大老爷看中这条青石,谁知胡家说这是我镇宅之宝,不能捐。于是每当"大老爷"出会,人们就用扇子遮其脸,以示其忿。这条三米多长的街沿青石,直到60年代末还在33号大门口,"文革"中,无锡城内大修防空洞,这条长长的沿石终于被征收走了,至今不知下落。其实这段掌故细细推敲起来,年份上有问题,迁居西大街第一代胡之竑是天启丁卯年(1627)举人,崇祯戊辰(1628年)进士,比嘉靖年间王其勤抗倭的时间要晚多了,只能姑妄听之、姑妄记之。

西大街35号是门面房,可能是33号出租给姓董的人家,经营车木店,过年时白相的"天皇皇"(北方称空竹)就出自该店,有几年打"康乐球"成风,车木店就出产各种式样的"康乐球",即四种颜色的大棋子,可以四个人像打台球一样打着白相的。

西大街36号院子户主姓刘,叫刘梓翔,是文艺活跃分子,解放初期,西大街俱乐部组织演话剧《小二黑结婚》,他演"小诸葛"。他家门面租户叫汪梅生,是制作佛像的手艺人,店铺朝东的墙上写着"成佛处"三个大字,是专做庙里泥塑菩萨的,小孩子都叫他"汪摩摩"。

西大街39号的房子是黄色砖墙小洋楼,是一户王姓世家。1881年,西河头王宗猛(1865—?)迁到西大街,传至20世纪90年代,王宗猛一脉在此居住也有百年以上了。据《锡金游庠录》《王宗猛自述》,他父亲在其出生前三个月去世,他生下便是孤儿,赖母秦太夫人养教。7岁时与同父异母的长兄分家,遂奉母在沈果巷赁屋居住。10岁时,因外祖父秦临士公掌教东林书院,便依居东林书院。16岁时,购买了西大街孙氏旧宅,稍事修葺即搬入。19岁娶西门凌氏。王宗猛于光绪甲申科(1884)入庠,辛卯科(1891)乡试中副榜,40岁任福建建安县知县,43岁调任三都海防同知,后返建安知县任。1910年45岁时,闻母病故,丁忧回籍,不久辛亥革命爆发,时局动荡,遂息影不出二十年。王宗猛生六子。长子王传献生于光绪十二年,庠生,做过县丞;另五子是传龄、传奎、传森、传康、传彦。

王宗猛小像

西大街42号，街面有租户曾经开过做牙刷的作坊和上鞋子的皮匠店铺。42号里面，是传统的江南民居宅院，里面住着吴姓人家，房屋多，住户也多。查到家谱，这家吴氏与黄泥桥吴畹卿是族亲。42号主人吴总一，至今保存着太公吴耀卿于光绪二十九年(1903)向子女分拨西大街房产家什和他开设在北城门口的德裕钧绸布店的《分拨书》。展开这张约100厘米*60厘米的宣纸，120年前无锡西大街上一户商人家庭的气息立刻弥漫开来……

立拨付吴耀卿，自问一生劳苦，未肯怠惰，托赖祖德，薄有余资，置造锡邑西大街住房壹所，开设金邑北城门口德裕钧绸布店。荆室沈氏所出长子乐镛，继室沈氏所出次子和钧、三子荣锦以及长女，侧室包氏乃生四子柏锦并育次女。长次二子咸已成婚，产有孙息；幼子柏锦尚未婚娶，长女秉性孝贞，矢志不嫁，次女尚在襁褓。今余年将古稀，精力就衰，与其开后日之争端，不若余先期为分析，兹邀族亲将现有房产，除提出长孙以及祭扫公产之外，并同器用什物配搭均匀四股分派；店中存货装顶典价放出账目统共估值，提出生膳老费、次女奁资外，亦凭亲族四股分晰。店中继妻仪记户名存项酌给长女守贞诸用外，今先约分千元，每房应派洋贰百五拾元，只能存店支利，不准动本。每房每月凭折支用利洋两元五角以作媳妇月费。凭族亲分晰之后，长三两男得洋另创新店，德裕钧老店归次男四男另弃外股改记合开。一切议款列后，从此兄弟各自经营，分晰过割，务各克勤克俭，以冀蒸蒸日上，光大门楣，毋怠毋忽，凛之惧之，立此拨付，一样四纸，各执一纸存。

后面便是详细供财产分析的数目：

存货7407元，存洋130元8角，"生财顶首会"抵押洋888元，放出洋估作

1000元,店屋典价洋2230元,共计11655元8角。除各存户洋5808元3角,过年存客货1047元5角,两项共计除6855元8角;提"生膳老费"2000元,净余2800元。四子各分得700元。长三两子另开新店。次四两子继承老店,但须拼(拼)外股另立新号。存户洋中,有继母的存洋2425元,其中500元作长女守贞费,另约1000元,每子分得250元,但母亲存日不得动本,只取利息,每月2元5角作为媳妇月费,其余由母亲收贮。

西大街住宅一所,头造旧平屋5间,天井3个,砖井1口;二造平屋3间;三造平屋9架,弄东横天井1个;四造天井1个,砖井1口,上下披厢4个,上下厅楼6间;五造上下披厢4个,上下楼房6间。长备弄1条。浴锅1只。共计二十间九架八侧厢六天井一衖。

续置东邻王姓头造平屋1间,基地1间;二造平屋3间,靠西披3架。拟将头造基地盖屋分拨。

供分配的家什有:梧树单靠8张,大厅搁几1副,四抽八仙台2张,梧木八仙台2张,大供桌1张,木长台1张,八仙堂幔1个,红绉堂幔2个,六角出吉灯2堂,彩六角灯1堂,朱灯1堂,雕花扇灯1堂,大字机2对,光漆方机10张,罗汉榻3张,十锦书椅4张,茶几4张,花窗拼桌,太师椅1堂半,方桌3张,大理石罗汉榻1座,炕几1张。

以上可见,西大街42号这户吴氏商人家庭,家境宽裕,子息也算茂盛,一家之长吴耀卿擅经营,会生活,且深谋远虑,按旧时宗族制度理性分析家产,化繁为简,令人叹服。由42号吴人家的《家产分拨书》,可以还原出一百多年前大部分西大街住户的家庭细节,脑补出近代西大街居民生活的生动样貌。

42号过去就是庙巷,是西大街通到人民路的一条幽静弄堂。过庙巷是西大街44、46号,这是沿街面的石库门房子,住着医生过大白,开着诊所,门口挂一牌"过大白寓所"。

西大街48号是一座中西合璧的宅院,南到西大街、北到玉带河,东为庙巷,西邻民居,三宅七进式构造,占地800平方米左右,由周梅坡(1852—?)建

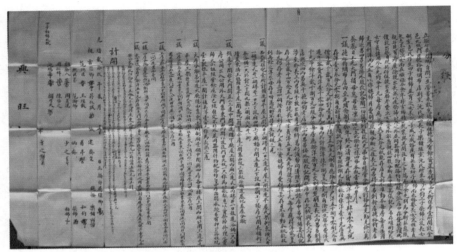

西大街42号吴耀卿立于1904年的《分拔书》

于1925年。周梅坡在蓉湖庄开有"增益堆栈",即粮食仓库。周梅坡1912年老来得子,取名周慕生,是梅坡独子,非常宝爱,随他自己爱好,不叫他学生意。周慕生长到22岁就在堆栈做挂名经理。抗战时周梅坡去世,增益堆栈歇业,后转给钱锦章经营,周慕生仍每月拿定息养家糊口。解放后公司合营,增益堆栈归国有,就是后来的第一米厂,周慕生便失业在家。起初每月还有定息拿,后来就失去了生活来源。1958年,48号房子由国家经租了大部分,自己只住了很小一部分,1981年落实政策还了一部分。周慕生自公私合营后一直居家没有工作,所以周慕生的儿子周健说他父亲"没有社会地位的"。不过,周慕生与清代无锡诗人画家刘继增又能扯上些瓜葛。刘继增(1843—1905),字石香,号寄沤,江苏无锡人,工诗文,善花卉,又是金石家、藏书家,与常熟翁同龢有交往,颇得其赏识。做过幕僚。著有《寄沤文钞》《寄沤诗钞》《寄沤词钞》《惠山竹枝词》《忍草庵志》《南唐二主词笺》等,曾为杨荫浏的书法老师黄绪初写有小传。刘继增的次子刘秉采(字书勋)也是位藏书家,无锡县图书馆书目序传中说他是"城中西大街人",曾任无锡县图书馆馆长。而周慕生就是刘继增的重孙女婿——其岳父即刘继增的孙子刘幹甫（长子刘秉亮之子）。刘幹甫供职银行，亦是业余画家，解放前从外地回到无锡，因刘家世代不置产，便带着全家居住在女儿女婿的房子即西大街48号里，直至1955年去世。

周、刘两家世代爱好音乐书画，是文艺之家。周慕生虽不善经营，却喜吹拉弹唱，在家里阳台上养花做盆景。他的三子四女都有音乐天赋，周慕生自己二胡拉得好；长子周麟也擅二胡；次女周可可是南师音乐系毕业的老师；四女周菲菲歌唱得好，钢琴家刁锦富常邀其唱歌；周健也钟爱音乐。刘幹甫一子二女及其家人们都住在48号院落里，刘幹甫善画，工山水；次女刘卓英和儿媳顾淑婉（刘邦达妻）均毕业于苏州美专，刘卓英是国画花鸟专业，毕业后任是申新子弟学校美术教师；顾淑婉随颜文樑学习西洋画，任三皇街小学美术教师，晚年学习国画。顾淑婉的儿子刘少达深受其母影响，退休前是大桥中学美术老师，至今仍在家里研习水彩画。50年代这个院子里的大家庭跳舞、演戏、奏乐，是非常热闹的。

50年代初，将48号分隔为南北两个院落。前院易主，住的是过家（过大白

80年代的周慕生在家里阳台上侍弄花草盆景

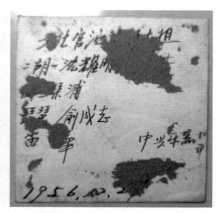

1956年周慕生(后座拉二胡者)参加文化宫演出

寓所)和鲍家(西大街44号和46号)。后院和前院用墙完全隔断,在庙巷开了一扇门,门牌有两块,写着"西大街48号后门""庙巷1号"。后院里除了周家和刘家,又分配住进多户家庭,其中有薛汉民和陈丽珍夫妇。薛汉民1948年考入江南大学面粉专修科学习,当时是中共地下党员。解放后从事技术领导工作,改革开放后曾任无锡市人民政府研究室主任、无锡市经济学会会长、无锡市高级经济师联谊会会长、无锡市人民对外友好协会副会长、江南大学无锡校友会会长等职。陈丽珍曾任国棉三厂工会主席,能力很强,口才极好。薛家祖上是做丝业的,薛汉民原来住在东鼓楼巷一幢西洋别墅里,早就用上了抽水马桶,人民路扩路拆除了他家房子,房管所将他们分配到庙巷1号(西大街48号后院),与刘家做了二十多年隔壁邻居,直到落实政策,政府归还了东大街的部分老宅。刘家对这户邻居温良谦恭的知识分子气质印象深刻,至今难忘。

再说说西大街50号,是陈荣生开的铜活店。据说陈家原来开的是袜子作坊,其父是铜匠,配钥匙、修补铜器,平时挑担走街串巷做生意。铜匠担子前头上方挂有一排长条铜片,挑担行走时能发出"磬咣! 磬咣!"的声音,这是铜匠担的特色,铜匠挑担做生意不用吆喝。(西横街中间朝南位置也有爿做铜具作坊,制作"汤婆子""铜吊子"及箱子上的铜配件等。)

53号大院是吉姓人家,常被称为"吉家里"。院子和西大街西南、南北走向的日晖巷贯通。这个院子里最有意思的,是有一个船型的房子,里面房间也造成甲板前仓、中仓、后仓的式样,中仓里是卧室。西大街6号陈石真夫人陈玉阿婆很喜欢这个房子,不止一次带着家人去拜访这户人家。陈玉阿婆的儿子陈立己和外孙女小冬都跟着外婆去作过客。小冬回忆并赞叹说:船屋的女主人是位优雅的老太太,长得像电影演员秦怡,她对阿婆的来访热情招待;她说这船形的屋子是她的父亲特别叫人造的。她还剪了很多纸花装饰在窗沿上。在那个时代、那样的环境里,始终保持着对生活的热爱,是西大街上大多数居民从容不迫的样子,所谓"生活以痛吻我,我报生活以歌"。

西大街西边到头是高氏兄弟的理发店,其中一位叫高力显(音)。再过去向南拐弯是"日晖巷",向北拐弯就是"西横街"——旧时游行队伍都走西横街去西门。西横街似乎比西大街更热闹一些,因为这里的住户不是深院大户,反而显得更富于生活气息。20世纪五六十年代,西大街与西横街相交的丁字口有爿甜粥摊,西大街上居民对这爿甜粥摊的记忆十分美好,据说无锡城里很有点名气的。八月中秋甜粥摊卖糖芋头,要是小孩子实在没有钱,也可以花三分钱,给你一碗糖芋头汤。那碗汤,许多人想起来比后来的山珍海味不知强多少,都说那香甜是终生难忘的"小辰光味道"。甜粥摊往南,有家轿行,老板叫吴梅轩,他家孙子阿民说,他小时候还看见家里阁楼上堆满了轿子。西横街上还有老虎灶、箍桶店,有卖铜炉香烛的、配钥匙的,到人民路口头还有一爿卖劈柴的店。不知怎么的,这个以前有名的"西横街"的街名,现在被移到棉花巷里去了,以至于一讲到"西横街",就在脑子里发生了地理混乱!

1949年4月23日,无锡解放的头天夜里,解放军从江阴进入无锡,士兵们在西大街休息,现在八十岁以上的西大街居民都还历历在目。29号的老居民刘海平回忆:

1949年4月23日解放当晚,保长来敲我家大门,说解放军要借住我家大厅,不要怕。我爸同意了。进来很多解放军住在我们大厅、楼梯间、墙门间。当时我们住在楼上,楼面三个房间是我爷爷、祖母、佣人各住一间,大厅外有一个大天井,后面是厨房、柴间及浴室,顶上是一个大晒台,下面有一口井。解放军来了,我爸就在楼梯口做了一扇门关上。他们从未到楼上来过。有一天晚上解放军来敲门,说要借用柴间的柴火。我爸说你们尽管用。浴室内是一口大铁锅,下面用柴火烧,他们把锅洗了一下,烧了一大锅粥吃,此后基本上天天烧。再后来他们南下了,临走还和我们算清了柴钱,十分客气,到了海南岛还写信来感谢。第一批解放军来时,还在我家晒台上架起了高射机枪,在铺上放着手榴弹。当时我才7岁,见了手榴还去拿着玩,士兵见了立即阻止。

解放后,西大街焕发了新的生机,一派欣欣向荣。20世纪50年代初,西大街还无居委会,街上却有个俱乐部,主任是谁不清楚了,副主任是西大街34号的祝月琴,即李鸿钧的母亲。俱乐部还有个骨干叫陈磊,是部队上下来的一位青年,会作曲编歌,排练很多节目,经常组织文娱活动,他教西大街一群小孩子唱歌跳舞,春节时慰问军烈属。那时在48号周家进门的厅堂搞演出、开舞会,乐队都是西大街周边的西洋乐器爱好者,其中吹黑管的是家住西横街的徐广照。那时人们兴致都很高,演出时几乎全家出动。

大约是1950年,为配合宣传新婚姻法,西大街居民用无锡方言排演《小二黑结婚》,在老县前原驿栈旁的官家弄内的军营礼堂和东大街南面的毛桃巷商业俱乐部都演出过。组织者是36号里的刘梓翔,为演出他半家出动。他自己演剧中的"小诸葛",他的太太演"小诸葛"妻;"小诸葛"遇事必"起课",问问凶吉。这天他浑身发痒,牵动身体连说"痒到,痒到",其妻在一旁说:"身上出虱了!"他想溰浴,但"起课"结果是不能溰浴。电影《小二黑结婚》里"小诸葛""起课"是为了春耕,这里西大街居民们按自己的生活改编了。

48号周慕生的妻妹刘卓英在剧中扮演"三仙姑",周慕生扮演"三仙姑"的呆木丈夫。这天"三仙姑"做法,坐在八仙桌前似睡非睡,哼哼哈哈地唱,忽然闻到一股香味,心想:不好,饭要烧焦了!她在做法不能离开,只能一边唱,一边说:"饭香了! 饭香了!"谁知呆木丈夫不接翎子,毫无反应,只得对站在一旁的丈夫,拧了一把大腿,提高声音:"饭香了!"这时呆木丈夫如梦苏醒,赶紧跑了进去。门口有几个顽皮小孩子,在门缝中张望着"三仙姑"作法,跟着高声喧嚷:"饭香了! 饭香了!"然后一哄而散。顽皮小孩子由家住老县前的小孩子客串。

34号的李鸿钧先生说:好多年过去了,但剧中刘梓翔的"小诸葛"、刘阿姨的"三仙姑"、周慕生扮演的"呆木丈夫"(尽管他一句台词也没有),历历在目,难以忘却。

西大街上的妇女普遍有点文化,热心公益,34号的李鸿钧说:"她的母亲祝月琴对地方工作一贯热心,'文革'前一直是居委会的治保委员。那时居委主任每月有24元津贴,其他人都是义务不拿报酬。"下面这张照片是1953年拍摄的"无锡市第一区第一届妇女代表会议全体代表留影"里,第二排右四是48号里的刘聿英;最后一排左四是江尧仙,是西大街居委主任。

对于有着上千年历史的西大街来说,这些细碎往事真如偶尔飘过的几缕

无锡市第一区第一届妇女代表会议合影,1953年摄(48号居民周健提供)

轻烟不值一提。可是对于生活在这条街上几十年、一辈子甚至几辈子、十几代人的西大街居民来说,点点滴滴都是深情。物质上的西大街消灭了,却还可以有精神上的西大街,那一张张泛黄的旧照片,一个个活色生香的过往场景,无论悲喜,永远难忘。写作这篇文章的过程中,西大街上几十年不见的老居民见面了,记忆中的孩童、姑娘、小伙,再见面已是沧桑翁媪。但是,分明感受到西大街上的温情,又弥漫在身边的空气里……

(陈 倩)

前西溪

无锡西城墙内有西里城河,在西城门南,有两河道与西里城河相通,分别为前、后西溪,纳西水关来之梁溪河水,故名。前西溪至清中叶,东段已塞,七尺渡(也作埭)遂改名七尺场(今新街巷),原来跨溪的观桥(以西原有女贞观而名,在今前西溪健康路路口)早已有桥无水。清代光绪时,河道已缩至铸冶巷东几米处,巷口原有社学桥。溪南有薛福成钦使第仓厅、吴昆生花园(曾为市政协大院),溪北岸沿河地名也称为"前西溪"。

提到前西溪,人们就会想起东头路口三座巴洛克风格的小洋楼,这是薛福成之孙薛汇东和袁世凯次女袁仲祯成婚的新居,建于民国六年(1917),薛

薛汇东旧居(来源于《城市年轮》)

汇东故宅共有三幢楼房,分别为门楼、主楼和偏楼,后面有一座用餐小平房。三幢建筑均为砖混结构,花岗岩墙裙,盖红色洋瓦。门楼坐北朝南,面阔五间,高两层,用进口彩色瓷砖铺地。主楼坐北朝南,面宽三大间,高三层,局部四层,走廊及楼梯均在中间。大厅内也用进口彩色瓷砖铺地,其余房间均为实木地板,并有西式壁炉。附楼在主楼西侧,坐西向东,面阔三间,高两层。三幢洋楼以院墙围成一个大院,栽有两棵雪松、一棵银杏树及两棵桂花树等,这是无锡城内建造较早又最时尚的西式住宅群。

薛汇东,名学海,字汇东,以字行,薛南溟次子,生于清光绪戊戌年(1898)六月二十五日,先后就读于清华学堂、东吴大学等校,毕业于美国威斯康辛大学。先后在北洋政府外交部、财政部以及广东省等机关任职。1927年回锡热心发展地方体育事业,任梁溪体育会会长,1932年薛汇东夫妻移居上海。1949年薛汇东夫妇去香港定居,1965年薛汇东去世。

薛汇东精于围棋,曾担任无锡棋社社长,1934年5月曾邀请日本围棋国手木谷实和旅日围棋名家吴清源等一行来锡访问,交流棋艺,吴清源等还在前西溪薛宅对弈。

薛汇东的洋楼是薛氏与前西溪渊源的一个象征性建筑,薛汇东的祖父即大名鼎鼎的晚清外交家薛福成,薛福成之父薛湘,字晓帆,祖居北乡寺头,生于清嘉庆丙寅年(1806)五月初一,卒于咸丰戊午年(1858)七月二十八,中道光乙巳年(1845)会试,两年后参加殿试,为道光丁未科进士,官至广西浔州知府。薛湘擅长八股文,文章风格独树一帜,时称"薛调",为一时名师,也得到曾国藩等人的欣赏,而成为故交。薛湘虽祖居寺头,但五世祖薛仪(字羽吉,1628–1701,邑庠生)已由寺头迁居城中学前塔坊桥(今学前街睦亲坊巷口到健康路段),高祖薛振采四女嫁山东邹平知县孙洙(《唐诗三百首》的编选者,薛为原配,徐兰英为继配)。薛湘娶国学生顾钧(字愿堂)之女为妻,顾钧就住在与塔坊桥近在咫尺的西溪,家族被称为"西溪顾氏",薛福成在《庸盦笔记》中对这个外祖家有不少记述,"余外家顾氏,居无锡城内西溪上,数百年旧族也","西溪顾氏无锡旧族也,捷乡会试者近十人"。关于西溪顾宅,《庸盦笔记》在"学使旧宅"一节中也有提及:"余幼居无锡西溪上外家顾氏宅中,其右邻秦氏亦巨宅也,父老尝告余曰'此前福建学政俞鸿图旧宅也'。"俞鸿图因科场舞弊传被腰斩,因此使得秦氏巨宅成了凶宅,虽然至今没有俞曾住无锡前西溪的文献依据。

所谓西溪顾氏实际是无锡顾氏亭子桥支的一个分支,其中最著名的人物是杭州知府顾岱(1625—1697),字商若,号止庵,顺治十五年进士,清初无锡著名词人,有《青霞集》。此支顾氏的迁锡始祖名顾胜四,元末因避张士诚征辟而由苏州光福铜坑迁居无锡东门外亭子桥,因亭子桥在锡城东门外,故也称"东里顾氏"。到第六代顾诜考中举人后,家族开始勃兴,第八世顾三达,号念田,即顾岱祖父,第九世顾际虞,即顾岱之父。顾岱之子顾起佐,字右丞,号蔗轩,有顾预、顾景、顾迁、顾维、顾赞等八子,均列科第,其中顾预、顾景、顾迁、顾赞四子取得举人以上功名,加上顾诜、顾岱、顾嵫、顾起伦(顾嵫子)以及稍后的顾芝,此族共有九人捷乡会试。顾岱这支宗族从祖居东门外亭子桥开始,主要播迁聚居城内各处,已知有西溪、百岁坊巷、柳浪桥等地。顾起佐子顾维(字持国),国学生,有诗才,著有《棣萼轩诗》《明史杂咏》,是薛福成外祖顾钧的曾祖,顾维一支居西溪,被称为西溪顾氏,但到顾钧一代,此支族中已人丁不兴,顾宅遂渐由女婿薛家所居,此支寺头薛氏也变成了"西溪薛氏"。

薛氏宅第除薛汇东旧居和前西溪南面的钦使第外,薛福保住附近后西溪,薛寿萱居四郎君庙巷健康路口,薛汇东旧居西邻的一大片房产为薛福同所居,民国地图在此处标有"薛家花园",20世纪50年代,薛福成长兄薛福辰曾孙薛葆廉一家还住在前西溪15号老宅。

北塘大街接官亭弄口的国药老字号"乐氏仁仁堂"店主是乐子华,其子乐曙临承其业,乐曙临一家包括仁仁堂的店员住在前西溪东头的一个宅院内。

民国锡邑士绅、天韵社成员周寄湄原住官街弄,后居前西溪东段。周寄湄,名渭南,生于光绪元年(1875),卒于1934年5月10日。周寄湄毕业于日本高等宪警学校,历任湖北宪兵学校校长、上海镇守使军法官兼地方监狱监狱长、山东渔台县知事、奉军谍报处主任等职,1926年8月任青岛海防司令部谍报处长期间,主持破获青岛珠宝行重大国际凶案。卸任回乡后进入锡城士绅圈,为清风茶墅中绰号"跳卜虫"者,广泛介入地方治理和各项公益事业建设。周是天主教徒,参与筹办和管理三等学堂、时疫医院等文卫机构,1929年8月任时疫医院总务主任。早在1919年4月,周寄湄就接任无锡公花园主任,任职期间对公花园的策划建设以及管理尤为着力,天韵社因而有了固定的理想活动场地。周寄湄爱好广泛,除积极参加天韵社昆曲活动外,对养花、书画等雅事均有涉猎,秦古柳拜师吴观岱,即由周引介。周寄湄性诙谐,会表演滑稽说书。所育两子周纶、周绪均为无锡著名西医。

长子周纶,字绶如,同济医科大学毕业后,留学德国,入柏林大学攻医科。周纶的未婚妻系米业巨商北塘陶念钧之女,同时留学法国巴黎,习文学。1924年某日,周纶赴巴黎见陶,谈话中两人因琐事有龃龉,周纶愤而跃入火车铁轨中,被飞驰而来的火车轧去两脚。周纶发奋读书,苦心钻研,在柏林大学学习七年,获医学博士学位。回国后,在本乡开业,因两脚已缺,用木制假肢,行动不便,谢绝出诊,在前西溪(民国时门牌号为二号)设诊所看门诊。周纶医术高明,就诊者络绎不绝,户限为穿,连当时无锡最有名的普仁医院治不好的病人,到周纶诊所求治,周纶也往往能治好,于是周纶的声望日隆,街坊中都戏呼他为"木脚周纶""无脚仙人"等。其弟周绪(字纯如)在新生路设诊。

周纶诊所隔壁是赵锡麟一家,长子赵昆玉毕业于无锡县中,后在上海福新面粉厂工作,弟赵昆荣是无锡茂新面粉厂的记账员。

周寄湄

和周纶诊所相邻而居的华雁臣也是天韵社成员,华雁臣,名鸿宾,号寿弟,生于1898年,属无锡华氏通四兴二支荡口老西庄派,祖父华锡范,迁居无锡北门外转水河头(及荷叶村一带),祖母窦氏,父名汝樸,母贾氏。华雁臣住城中前西溪,妻秦蓁如(出自虹桥下秦家),有韵秋、蕴秋、振秋、忆秋等二子三女。华雁臣先后担任无锡县行政局文牍主任、镇长等职，1922年与吴畹卿、乐述先在公花园兰簃之北，建屋两间，作为天韵社活动场所。吴畹卿去世后，华雁臣参与维持社务，在《锡报》上多次发表天韵社活动和昆曲方面的文章。1930年稍晚华雁臣到镇江县政府任职。1933年华雁臣祖母窦太夫人八十寿辰，天韵社成员到贺，杨幼梅（春灏）撰联："丹桂流芬，闱内义方承祖训；金萱不老，阶前雅乐奏孙枝。"华雁臣抗战前在两家丝厂任高层，也曾以地方绅士的身份在永泰丝厂学校任国文教师。抗战中携全家九人逃难上海，家庭经济及身体情况遂一落千丈，1941年因肺疾逝于无锡家中。其业余擅吹笛，是天韵社骨干，活跃于30年前后曲社的活动中。

1930年2月22日《锡报》刊出了王云楼的文章《天韵社觞咏后记》，记述了元宵节天韵社在前西溪华宅举办雅集的盛况。

废历元宵节，天韵同人假座西溪下华雁臣宅开局觞咏，本定下午一时起至天明为止，奈同人于确守时间习惯，未能一致，余于未初赴会，至者寥落，仅华君雁臣与秦君瑞延，布置曲场，直至傍晚始开唱。到静轩、鸣琴、述先、养卿、伯涛、石琴、伯康、组云、暮椿、荫浏、端行、寄萍、轩臣、寄湄、瑞延、君植、健秋、瑞仲、雁臣、彤云父女等二十余人。曲目为《栈道》《弹词》《游园》《杀监》《刺虎》《云阳》《瑶台》《小宴》《惊变》《伏虎》《思凡》《下山》《楼会》《絮阁》《佳期》《折柳》《阳关》《拾画》《访普》《醉妃》《惨睹》《扫花》《三醉》《仙关》词曲专家某公，琴学家蒋君、阚君，名票吟父君，社员燕庭、领勋、恃庵、曼君，均以事缺席。来宾为公鲁、景仪、子东、湘石、观翁。夜三时，休止开筵，述先之《访普》，组云之《惊变》，石琴之《下山》，瑞延之《弹词》，鸣琴之鼓板，养卿之笛，静轩、述先、荫浏之三弦，均称绝作。余兴有湘石、荫浏之《大套琵琶》《江干话别》《十面埋伏》，公鲁之《醉妃》《惨睹》《夜奔》，京剧《宿店》《洪羊洞》。景仪之京剧《状元谱》《鸟盆计》，尤名隽不凡。其余诸社员所歌，亦工力悉敌，名擅胜场。席终，东方既白，竟符天明之约。是日筵资杂费，除女社员及来宾不计外，以二十份均摊，每份一元六角五分，共用三十元有奇，不为费也。废历二月花朝,交行汪君以父母双寿,将先期敦请觞咏,闻各社员亦准备全体出席云。

20世纪50年代,华雁臣女儿华蕴秋和女婿张其栋一家还住在此地,当时的门牌号为前西溪7号。

华雁臣

林业专家高镜伦住在前西溪东段,高镜伦,字若农,是东林领袖高攀龙弟高如麟九世孙,其五世祖由城中迁居前洲北七房,1924年高镜伦兄弟随父迁回城中前西溪。高镜伦大学毕业后,在抗战时期参加无锡青年抗日救亡团,其间在湖北枝江加入中国共产党,中华人民共和国成立后在农垦部从事林业科研工作,1955年初全家迁居北京东四八宝胡同,前西溪由他兄长高镜秋一家所居。

前西溪中段有严毓芬宅,前西溪中段有严毓芬宅,严毓芬,字尧钦,号纫秋、六芳,生于清同治甲戌(1874)九月初九,清光绪举人,未仕,严毓芬出自东北乡寨门严氏,寨门严氏迁锡始祖为严宗一,元代末年由苏州角直迁无锡寨门,寨门严氏诗文传家,为东北乡较为著名的文化家族。严毓芬工诗文,善书法,热心公益,教书育人,创办"严氏私立经正学

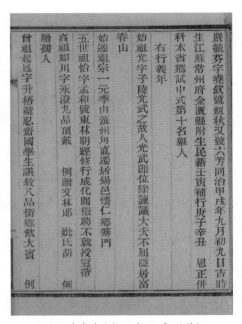

严毓芬朱卷(木活字版 朱刚藏)

堂"，这是无锡地区第一所农村学堂。1912年严毓芬任无锡县立图书馆馆长、县政府编修处录事等职。有《砚罢斋诗集》（二卷）存世，1936年去世。源大火油公司经理、无锡县商会常务理事戈子才（名渊亮，生于1892年，瓦屑坝人，原配为严氏）也有房产在此地。

严宅西邻的一块地产，原系周舜卿所有，后由唐文治购得建宅，《唐文治年谱长编》（刘桂秋编著，上海交通大学出版社2019年版）一书中整理出了详细的史料。

1911年（辛亥 宣统三年）47岁

农历九月，先生于无锡西溪建筑新屋落成。屋之东北为家祠，先生并将先人遗书及外祖父胡汝直手泽都藏其中。

唐文治《茹经先生自订年谱·辛亥四十七岁》：

九月，在无锡西溪建筑新屋落成。其地本为周君舜卿所有，余以三千金购得之。三月间动工，并建家祠一幢于屋之东北，至是工竣。吾父因乱事方殷，仍居上海。

许岱云《唐文治先生轶事几则》：

唐文治先生是太仓县人，为什么会定居到无锡，这中间有这样一段历程。唐文治先生的父亲唐若钦老先生是清朝的恩贡生，很有学问，但一生不得意，只是靠授徒课读为生。老先生品格高尚，喜欢游山玩水，过悠游自在的生活。他老人家欣慕无锡山明水秀，风景优美，有定居无锡的意思。此事恰为无锡周舜卿先生所知道，周舜卿是唐文治先生的知友，他深悉唐先生非常孝顺父母，很听从父母的话，一定会定居到无锡来，便主动送给唐先生荷花荡前西溪一块基地。唐先生坚决不肯接受，但愿意买下这块基地。唐先生屡次持款给周舜卿，周又屡次璧还。按理讲，朋友之间的馈赠是极为寻常的事，何况唐先生当时已经摆脱仕途，出长南洋大学，即使接受下来也不是受贿；但唐先生坚决不接受。他说："我一向为官清廉，决不能受人厚馈。"后来，周舜卿去世了，唐先生向周的长子周肇甫再三表明自己的心迹，才以三千元代价买下这块基地,始筑"行素堂",定居无锡。

于芷《唐文治故居轶事》：

一九〇三年至一九〇六年间,唐先生供职满清政府,从商部右丞做到署理尚书,父亲唐若钦老塾师,性喜水乡山林,对无锡风光极为欣赏,有终老之意。偶为无锡民族工商业家周舜卿所知,便主动赠予前西溪宅基地一块,面积约十余亩。唐先生孝顺父意,愿购此地基筑室寓居,但绝不接受馈赠。一九〇九年左右,唐先生送上地价,周氏原款璧还,往返几次,如《镜花缘》中之君子交易。直到周氏去世,唐先生向其长子周肇甫表明:"礼义廉耻,国之四维,四维不张,国乃灭亡。我一向清廉自守,令尊厚赠使我感激,但我不能有损节操,望能见谅。"结果周家终于收银圆三千元,了却唐先生心愿。

…………

此前前西溪已成断头河浜,不通城中直河。唐宅居河浜中段,宅第北延之后西溪,东与严毓芬宅相邻,西面有些零星民居。交通尚称方便,是市区闹中取静的地块。

经唐先生亲自擘划,四周筑墙,中部建堂,前后建园……大门南向,平时关闭,从旁门出入。门房一间,司阍兼任花匠杂役。后有鸽舍如水塔,蓄鸽子数十只,飞翔空中,昼出晚归。主建筑行素堂两层,木结构,自成院落,形似四合院、转盘楼。大厅五开间,堂匾为黎元洪手书,桌椅、茶几与一般厅堂相同,并设一米见方之书柜六只,内贮经史子集,异于常规。厅上铺方砖,楼上楼下居室敷广漆木地板,皆有外廊转通。后面院子植梨树两棵,秋天硕果累累。最后平房七间为下房。

唐文治《家祠藏书谨志》(见《茹经堂文集初编》卷五):

宣统三年辛亥春,文治将建新屋于无锡之西溪。吾父命之曰:"君子将营宫室,宗庙为先。吾家世素寒,祠宇未就,汝宜先建家祠,以展春秋祀事。"文治谨受命,谨建祠两楹于屋之左偏,北上南向。敬将先人遗书都藏其中。

唐文治《外祖古愚胡公手迹谨志》(见《茹经堂文集初编》卷五):

……壬子岁,家祠成,既钩刻公(按:指胡汝直)所书楹联,悬诸祠中;并将手泽附藏于吾祖遗书之右。

1912年(壬子 民国元年) 48岁

2月29日(正月十二日),父亲唐受祺徙居无锡新屋,先生随侍至锡,旋回上海。

唐文治《茹经先生自订年谱·壬子四十八岁》:

正月十二日,吾父徙居无锡新屋,余随侍至锡,旋回上海。暂离膝下,不胜依依。是后,遂时往来申锡间,悔不建屋在上海也。

唐受祺《春日迁居锡山新屋》(见《浣花庐诗钞》卷三):

故园无片瓦,新筑近名山。望益常开径,偷闲急掩关。篱疏花点缀,池小石回环。桑者闲闲意,将无在此间(屋旁拟种桑)。

1913年(癸丑 民国二年) 49岁

农历二月,先生于无锡西溪之家祠始行春祭礼,又于小园中筑爱莲、坐花二亭成。

唐文治《茹经先生自订年谱·癸丑四十九岁》:

二月,家祠始行春祭礼,寄亭叔父来助祭。筑爱莲、坐花二亭成。爱莲为高祖考墨池公别号,吾父手书亭中匾额,思祖德也。坐花亭,吾父所题名,桐城吴芝瑛女士为书匾额,时布置苟完矣。

唐受祺《景周陆君以爱莲亭诗十二韵见赠,依韵奉答》(见《浣花庐诗钞》卷三):

敢诩承先志,清风袭德馨(用宋人句,谓先曾祖以爱莲名居,详见诗集)。爱莲怀旧集,卜筑创新亭。绕屋烟霏淡,滋花雨被灵。嫩红依石径,空翠补窗棂。池涨三篙水,山开一面屏(谓惠山)。濂溪同著说,陋室待镌铭。入座宜烹茗,焚香此读经。斜窥帆转侧(谓城外帆影),背指塔珑玲(谓锡山梵塔)。蕉叶浓围绿,桑阴近展青。长吟诗欲锻,豪饮酒迟醒。鱼共濠间乐,鹂偕陌上听。传家留半舫,庭训忆髫龄(幼年闻之先君,谓曾有半舫匾额)。

唐庆增《爱莲亭记》(见《锡秀》第三卷第一期):

植物中清品而可爱者,莫如莲。得君子之名,是以雅人墨客,辄喜植之。

余六世祖息影刘湄,曾植艺数本,灌溉培植,发生并蒂,把玩不释。相传有爱莲居,年湮代远,几经风霜兵燹,陈迹渺然。壬子之春,余祖若父由娄迁锡,卜筑于城西南隅,引泉成池,移置菡萏,作亭其上,基址高敞,聊为家园休息之所,颜其亭曰"爱莲",盖不忘先世之遗泽也。当此之时,投壶博弈,饮酒赋诗,凉风入座,芳气沁人。况乃菱荇泛绿,绿柳成荫,甘蕉掩映于前,藤萝缭绕于后。时而蜻蜓点水,蛱蝶穿花;时而清鸟弄声,游鱼出跃;时而片帆掠影,远衔一角斜阳;时而缫车震音,恍听山半飞瀑。试步回廊而北,度小桥而东,亭之东南,又有茅亭一座,以资游息。上倚茂荫,下环清流,短篱密树,不漏天日。揽惠山之胜境,把太湖之余气,凭栏四顾,俗虑顿消。时当薄春,余随伺祖若父,并偕昆季辈憩息于此。一日,祖若父训曰:"汝读周濂溪先生《爱莲说》乎?有曰:'出淤泥而不染,濯清涟而不妍(妖),中通外直,不蔓不枝,香远益清,亭亭净植。'余亦云然,余先世之有爱莲居者,迨亦取义于是。兹之筑亭于西溪,盖以感慨沧桑,缅怀遗泽,略见水源木本之义,非仅供游息为也,汝知之乎?"余唯唯而退,窃秉笔而为之记。

　　唐文治,字颖侯,号蔚芝,晚号茹经老人,太仓人,生于1865年。清光绪十八年(1892)进士,任户部江西司主事,1895年支持康有为等"公车上书"。1901年随那桐出使日本,调任外务部榷算司主事。次年随载振赴欧美、日本考察宪政。后任商部右丞,转左丞,迁左侍郎,制订商律。三十二年改任农工商部左侍郎,署理尚书。次年任邮传部上海高等实业学堂监督。1920年任私立无锡中学校长,并被施肇曾聘为无锡国学专修馆馆长,后改任无锡国学专修学校校长。抗战时期曾于上海创办国专分校(后改为国学专修馆),拒任伪职。中华人民共和国成立后,

唐文治和唐庆诒

申新九厂领导层合影，右三吴昆生，左一吴中一

无锡国专改为中国文学院，仍任院长。后任苏南文教学院教授、江苏师范学院名誉教授。唐文治工诗和古文辞，经学称大家，弟子多成名。曾与人合纂《乙亥志稿》。著有《性理学大义》《国学经纬贯通大义》《茹经堂文集》《茹经先生自订年谱》等。唐文治晚年居沪，1963年去世。唐文治一家居沪后，无锡前西溪的房产在长子唐庆诒名下，一度租赁给赵姓等人家，门牌号为22号。

唐庆诒，字郁生，号谋伯，生于1898年。1914年南洋公学毕业。后留学美国威斯康星州比伊洛大学，为该校首位中国留学生，1918年毕业，考取哥伦比亚大学研究院，1920年获政治学硕士学位。1921年被外交部聘为中国代表团秘书，出席华盛顿会议。1922年任上海商科大学教授。1925年任南洋大学教授，次年任光华大学政治系教授，1926年供职于国民革命军总政治训练部，任国际宣传联合讨论会秘书，1928年任上海交通大学外国文学系首任系主任。曾兼任大夏大学、震旦大学、江苏教育学院、无锡国专等校教授。1934年因病双目失明。1939年兼任无锡国专沪校、暑校特约教授，为无锡庆丰纺织公司股东。唐庆诒著有《忆往录》《南游日记》等，卒于1986年。

唐庆诒妻俞庆棠是著名的民众教育家，1928年，江苏省立民众教育院迁无锡，俞任教授兼研究实验部主任，主持创办了黄巷实验区、丽新路工人教育实验区、高长岸农民教育馆等社教机构。

　　唐文治、唐庆诒父子均爱好昆曲,唐庆诒擅唱《八阳》,唐文治专工小生。上海大中华唱片公司特地请他们灌制了一张昆曲唱片,曲目是父子合唱《长生殿·小宴》(唱片的另一面是唐文治吟诵古文录音)。1947年,唐文治和王季烈组织正俗曲社,唐特邀张元济共同列名为发起人。

　　唐文治宅大门对面隔溪相望是实业家吴昆生的花园,名为艺圃。

　　吴宅的门牌编在西水关。吴昆生,名增裕,生于1885年,无锡西乡人,任上海申新九厂总经理,子吴中一任协理。吴昆生爱好园艺,故前西溪的吴家艺圃也是亭台楼阁,花木扶疏,此院后为市政协驻地。

　　民国时曾任无锡县中校长的李公威曾住在唐文治宅西面,20世纪50年代门牌号为前西溪26号。1895年9月19日李公威生于东垮前锡铁巷,1913年考入苏州桃坞中学,1915年入上海圣约翰大学,1920年毕业。先后任江苏公立商业专门学校训育主任兼总务主任、江苏省区长训练所总务主任、苏州桃坞中学训育主任等职。1928年回锡,任无锡县政府第二科科长,1934年任无锡县中校长,抗战后又当选县临时参议员。中华人民共和国成立后,李公威先后任锡光中学、第七中学等校校长,并担任过民主促进会无锡市委主委。

吴昆生花园

李公威

前西溪最西端是荷花荡,相传原是秦氏巨绅花园的荷花池,荷花池填没后遂有民居,形成荷花荡这个地名,此传说有一定依据,因为此地原是锡山秦氏中"西关秦"一支(秦金所属)的聚居地。另外据光绪《嵇氏宗谱》附卷序言:"无锡嵇氏源出浙江湖州,旧谱称为南直支,其宗派也由湖郡分析而来。清康熙嵇永福任云贵知府蔡毓莹幕僚,平吴三桂叛乱,官任浙江严州府推官,文采卓厉,望重一时。居第于无锡前西溪荷花荡,时称荷花荡嵇氏。"嵇永福,字尔遐,号漪园,顺治乙未进士,授严州府推官,左迁历城县丞,著有《漪园遗稿》。著名音乐教育家、民乐演奏家程午嘉曾在1954年下半年居住于荷花荡。程午嘉是上海奉贤人,1902年1月3日生,同时也是著名古琴家。1952年程午嘉到设在无锡的华东艺专工作,曾住荣巷、前西溪荷花塘及社桥等地,多次参加无锡民族音乐会的演奏。1958年随迁南京,成立南京艺术学院。

荷花荡而今拆迁后已辟为公共绿地,略微恢复了此地旧时的园墅景致。清代著名词人顾贞观有一首词收录在《弹指词》中:

满江红

六月二十四日,苎萝人张水嬉邀余为荷花荡之游,至则残红折尽,但见田田数顷而已,当筵出绢素索题,乘醉疾书,以付歌者。

为问烟波,是甚日、锦帆曾住。刚留得、绿荷千柄,暗消残暑。翠袖纵怜憔悴客,青衫那作繁华主。只江湖、载酒记前身,重题句。听不尽,流莺语。看乍稳,栖鸾树。莫歌阑舞歇,彩云飞去。第一难忘花月夜,成双便结渔樵侣。共香香、深处短裛眠,天应许。

顾贞观这首《满江红》序文中所提到的荷花荡是不是就是前西溪的这处所在呢?

青果巷

　　一提青果巷,外地人总以为是常州那条著名的古巷,而无锡城中心也有一条同名的小巷。无锡的青果巷,北起大市桥西堍东大街口,南抵三皇街,迤西接水獭桥,长度不足百米,但地处闹市,在旧时的无锡,其知名度不低,至于巷名来历,传说颇多,未有定论。

　　青果巷居民以经商和行医居多,传统望族聚居不多,比较著名的是明代广东按察副使顾可久(字与新,号洞阳,海瑞老师)有一支后裔世居于此,出自他的次子顾起予(字长言,号蓉溪),此支后人谱中称为蓉溪公武阳公派青果巷支,此支顾氏代有科名,清代乾隆年间有会元顾钰。顾钰,字式度,号容庄,生于乾隆乙亥年(1755),卒于嘉庆戊午年(1798),中乾隆己亥科江南乡试第八名,乾隆丁未科会元、史致光榜进士。历任翰林院庶吉士、礼部主事、员外郎、吏部郎中、福建道监察御史等职,顾钰既文章超群,又工诗和古文辞,著有《容庄集》。诗选《续梁溪诗钞》,在《光绪锡金县志·宦望》有传。

　　顾钰,字式度。乾隆五十二年会试第一,以庶常改部曹。时和珅方柄国,招致之,钰屏迹不往。嘉庆初,擢御史。旋卒。钰性伉直,遇事不阿,论者多以未竟其用惜之。

　　顾钰侄(胞弟顾鑑子)顾寅清,生于乾隆癸丑年(1793),卒于咸丰辛亥年

（1851），邑庠生，《续梁溪诗钞》选有其诗，并有传。

寅清，字秩卿。曾祖熙，祖应春，父鑅，累叶清德，以笃实敦行为本。研精经术，发为诗文，具有根柢。家贫，授徒自给，教人先行后文。居常闭门危坐，默通六经，视人世荣利，泊如也。卒年五十有五。著《云根楼诗钞》。

顾寅清孙顾鸿声，谱名煋曾，字鹤年，号旭泉、菊影。生于光绪丁丑年（1877），邑庠生，毕业于理科研究会江苏专门学校。1921年北方五省大旱，受灾严重。10月13日秦毓鎏在城中公园举行筹赈义演，顾鸿声捐助新居乔迁筵资洋25元。

20世纪50年代，青果巷还有顾氏后裔居住。

被称为"艺兰世家"的沈养卿家族就住在青果巷南段，其宅内"耕兰草庐"也成为巷中一景，主人沈养卿既是名医，也是曲友，作为天韵社成员，他贯穿了天韵社的各个历史阶段，与子沈白涛在社中留下了非常活跃的身影。沈家位于城中心青果巷内，并在升平巷也有一处房产，目前已基本明确沈养卿世

沈养卿家族合影

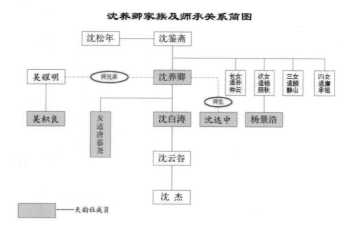

居地为青果巷,故沈养卿就可能出自无锡《范氏家谱》中所载的"青果巷沈氏",因乏嗣,故有范氏在清代乾隆年间入继青果巷沈氏的记录,而青果巷在20世纪50年初就剩沈养卿一家沈姓世居户,那似乎可以追溯沈养卿祖上可能原姓范。也许是"青果巷沈氏"后继乏人,也许是沈养卿祖上失载而未能入谱,在现存的无锡各种沈氏家谱中未能找到沈养卿一族的分支,现在只能在其曾孙沈杰保存的谱稿中有限地了解其先人的信息。

这本由沈家历代补记的谱稿只追溯到沈养卿的祖父沈松年,谱中记松年为十一世,沈松年长子沈秉铨,字鉴斋,小名荣大,住水獭桥本宅,专治外科伤科事业,生于道光二十三年(1843)五月十六日丑时,光绪二十五年(1899)七月二十四日卯时中风而卒。配尤氏,生于道光二十一年(1841)九月廿七日巳时,卒于光绪三十四年(1908)四月十二日寅时。沈鉴斋子沈宗浩,号养卿,小名润元官,以祖传医术为业。女四:长适孙仲云;次适杨照秋;三适顾静山;四适廉承祖。

贺养卿姻伯哲嗣伯涛兄婚

养卿姻丈，嗜灵素，擅针灸，秉性孤高，心怀利济。曾见其业务余暇，鼓琴和曲，叠石艺兰，纫得楚香，谱成陶韵，且效元章之拜，发扬白云之歌，南面王无以易其乐也。庚午之秋，相度祖基，卜筑数椽，落成之日，题其额曰"耕兰"。兹筮吉畅月，为其哲嗣伯涛姻兄授室，祐行能无似，谨赋七律二首，藉伸燕贺，并叩鸣禧：

嫁娶新图绘一阳，耕兰堂上轴高张。红鸾镜照小嘉耦，紫凤箫吹大吉祥。礼服美君披猞猁，令醉愧我颂鸳鸯。交杯酒引金尊满，明月团乐良夜长。

吴兴门第四庐江，福介鸿光禄骏庞。旖旎大开新乐府，琉璃地拓古书窗。花堂笑点眉三两，医国好凭手一双。灯火薪传欣绍述，瑶琴紫韵谱红腔。

（《锡报》柔红 1931 年 1 月 14 日）

沈养卿家族世代行医，目前有记载的就有沈鉴斋、沈养卿、沈白涛、沈云谷四代人，实际沈鉴斋医术很大可能也是祖传，所以家族医术传统还能往上追溯。青果巷沈家本身擅长中医外科及伤科，沈养卿在有家传的基础上，又师从无锡针灸推拿名家胡最良，加上自身努力，于光绪二十八年（1902）九月起在城中青果巷家中正式坐诊行医，并很快成为锡城针灸名医。1928 年，沈养卿与师兄弟吴耀明、天韵社同仁唐石琴同为无锡中医讲习所针灸学讲员，这个讲员的资格体现了沈在业内的水准和地位。由于医术高明，声名日隆，给沈养卿带来了较高的诊疗收入，也为承其传的儿子沈白涛铺平了从医之路，这时期的沈家在经济方面达到了鼎盛阶段，正因为有良好的财力基础，沈养卿、沈白涛父子可以从容投入自己的业余爱好中。

父子的爱好大致相同，只是造诣有差异。他们的兴趣主要在三个方面，首先是艺兰，这个传统来源于沈养卿的祖父沈松年，经父亲沈鉴斋延续了下来，沈鉴斋著有《兰蕙调藏法》稿。沈养卿子沈白涛有《兰蕙日记》存世，此日记目前保存在沈伯涛之孙沈杰处。《兰蕙日记》比较详尽地记录了沈家艺兰诸

沈家的兰房和所育兰花名品

事。艺兰传统从沈松年到沈杰共历六世，被称为"六世艺兰"，这个世家在国内兰界也是罕见的。

《兰蕙日记》序

余家艺兰成癖，自曾祖松年公始即爱兰蕙。公生平勤俭，素尚节约，以未见花担为其购买之所，精心选择，冀得佳种为幸。并有限度，不越二十盆，多则恐有荒废。其谨慎如此……祖父鉴斋公，继曾祖遗风，亦嗜兰蕙……先父养卿公，则较祖父为胜。所交者皆艺兰名流；培植者多古老名种，最盛时期，至近二百盆。每届花期，满室芬芳。

其次是绘画，沈养卿与沈白涛均擅绘事，沈养卿作品轻不示于人，沈白涛师从租住沈宅的诸健秋，山水、人物、花卉皆工，尤工仕女，作品存世不少。天韵社同仁中的唐石琴和诸健秋是他们的绘友兼曲友。

其三是饮酒美食，沈氏父子皆能饮，通食事。沈家常常张筵款客，在众友酒足饭饱之际，拍曲唱和，赏兰挥毫，不亦乐乎。

沈白涛绘《东山报捷》图

诸健秋绘《耕兰草庐图》

沈宅雅集记

天韵社社员沈君养卿,精音律,善艺兰。今岁所莳名花,近正开放,沈君于其私宅凝道轩中,作赏兰之举,柬邀天韵社全体社员,坐唱昆曲,花香馥郁,笛韵悠扬,洵为一时盛会。计所列名花,有宋梅、龙字、汪字、绿暎、张玉荷、老文团、萧山素梅、余姚第一等十余种,都一时名种。琴学家蒋君汉槎与沈君对抚《平沙落雁》一阕,古调独弹,闻者神往,张筵款客。列席者老曲师吴君畹卿、天韵社全体社员、画家诸君健秋,医士孙君蟾卿及不佞等。

(《裦报》禅 1924 年 3 月 27 日)

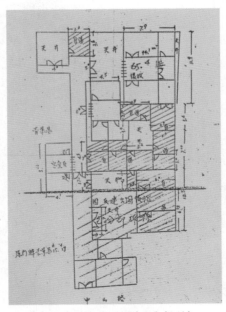

青果巷沈宅平面图(沈杰提供)

其四是精音律,沈养卿擅长昆曲、笛子、琵琶、古琴等,也是二胡高手,沈白涛拍曲之外也弹古琴。详见父子传略。

沈养卿二姐(妹)嫁江溪桥杨照秋,生子杨景浩,杨景浩即沈养卿外甥,杨景浩从小跟随舅舅习曲,是天韵社比较年轻但却资深的成员。沈养卿女婿唐慕尧,业西医,也擅昆曲,是天韵社后期成员,主要活跃在1948年复社前后。

沈宅位于青果巷南端,坐西朝东,门面原在青果巷,宅南近水獭桥,西临毛桃巷。解放后,改造中山路,在中山路后西溪路口建新风饭店,沈宅被拆去门面几进,门改在朝南,对后西溪。

青果巷特殊的地理位置,决定了其在城建过程中消失较早的命运,中山路的几次拓宽改造,鸿运饭店的新建,都将这条小巷的历史印迹抹得干干净净,但巷中曾经的文采雅意会在文字中获得永存。

南市桥上塘

　　小娄巷是无锡一处名门望族的世居之地，有谈、王、秦、孙等宗族在此繁衍或由此播迁。近几年政府将此地修复改建成历史文化街区，同时以"书香"为主题，充分挖掘小巷历史及望族文脉，以增加街区的人文底蕴，其间也有人把《唐诗三百首》的编者孙洙想当然地列为小娄巷名人加以宣传，可是，这只是一个美丽的误会。

　　误会在于将孙洙当作了状元孙继皋的族裔，但据《新安孙氏家乘》，孙洙一族源自徽州，其曾祖孙继远清初才由安徽休宁迁锡，故有别于少宰第孙氏和孟里孙氏等本土大族。《家乘》孙洙条载：洙，字临西，一字苓西，号蘅塘，晚号退士，金匮县庠生，例入国学中。乾隆甲子科顺天举人，考授景山教习，乙丑会试明通榜，除江苏上元县教谕，辛未会试成进士，任直隶大成县知县，调卢龙县挂误，起复补山东邹平县。敕授文林郎、庚辰壬午山东乡试同考官，改江宁府教授致仕，举乡饮大宾。公天资英敏，通籍后未尝一日废学，诗学少陵，有《蘅塘漫稿》，书法宗欧阳，晚益苍劲。生于康熙辛卯七月初十，卒于乾隆戊戌十二月初七，享年六十八。孙洙原配薛氏，为薛振采四女，薛振采是薛福成五世祖。帮孙洙辑定《唐诗三百首》的重要助手是其继妻徐兰英，《家乘》也有记述：继配徐氏，名兰英，字沣仙，敕封孺人。幼学诗于杜云川诏，学书于金坛蒋拙存先生衡，书法秀劲，与蘅塘相伯仲，生于康熙壬辰八月初二，卒于乾隆己酉八月十六，享年七十八。

　　《新安孙氏家乘》修于道光年间,故家谱信息只到孙洙曾孙一辈,但《锡金游庠续录》《锡金游庠同人自述汇刊》可以将家族情况贯穿下来。因为孙洙的玄孙孙念祖(字诵言、仲延,又名守铭)以及五世孙孙撰鸿(字祖羡)、孙诰鸿(字锡承)均为金匮县庠生,从家谱和游庠录中可知孙洙及其后裔均为金匮籍,无锡有关研究者据此认为孙洙故宅应在无锡城东,但实际上当时居住地与籍贯不一致的情况比比皆是。游庠录里记载孙念祖、孙撰鸿、孙诰鸿一家的居住地为南市桥,再根据孙诰鸿的有关文献记载,可知其具体住在南市桥上塘119号,而南市桥上塘在城中直河以西,是无锡县的地界。《锡金游庠同人自述汇刊》中孙撰鸿和孙诰鸿都有对家世的叙述。

　　孙撰鸿,字祖羡,一字祖潜,无锡人,唐金吾上将军忠贞公讳万登三十五世孙也。自八世祖候选州同知慎庵公讳继远于清初由安徽休宁迁锡,传至高高祖蘅塘公,讳洙,乾隆辛未进士,直隶大城、卢龙、山东邹平等县知县,庚辰壬午两科山东乡试同考官,著有《蘅塘漫稿》,诗入《梁溪诗钞》,辑唐诗三百首通行海内。妣氏薛,直隶州州同揩陞公振采女;继妣氏徐,兰英工诗善书,载邑志,诗入《梁溪诗钞》,御赐"江南女士"印章。高祖少白公,讳光颜,邑庠生,考授州佐,妣氏王,为山阳望族,娴于礼教。曾祖和叔公,讳燮,恩贡生,就职直隶州州判,妣氏周,庚辰经魁福建武平彰化等县知县永保公女。祖蓉塘公,讳世显,道光己酉科顺天乡试挑取誊录,候选州同知。咸丰庚申殉难,奉旨赐恤,入祀忠义祠。妣氏王,邑庠生尹寿公女。父诵言公,讳守铭,增贡生,乡饮大宾,选用训导,著有《凝香书屋丛稿》,诗列《续梁溪诗钞》并《近代诗选》,从祀孔庙致斋所、报功祠、惠山尊贤报功祠、进贤桥清节堂报功祠。母许太恭人,附贡生、候选州判孟远公讳宗慎季女。生子女四,长即撰鸿,诞于同治十年辛未八月初一日卯时;次诰鸿,优增生,光禄寺典簿衔东河效用奏保县丞;三诒鸿,侩生,于民国十七年病殁;妹莲如,适优增生日本弘文学院范科毕业华国铨。述家世之大略。

南市桥上塘孙氏世系简图

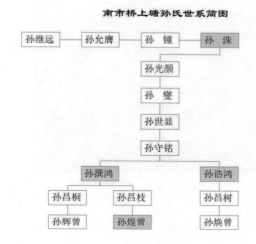

孙撰鸿,字祖羡、祖潜,生于1871年,附贡生,试用训导。先后在无锡县立工业学校、丽泽中学、女子美术学校、致用国文英算专修馆、翼中女学、华英中学等校任教,又担任清节堂董理、救火会评议员、县佛学会会员等社会职务。子昌桐、昌枝。

孙诰鸿,字锡承,号劼庵,生于1878年4月,卒于1959年1月,优增生,光禄寺典簿衔东河效用奏保县丞。清朝末年曾在上海南海会馆任职,担任过沪军都督书记官,后主要从事教育,历任河朔中学、辰州中学、无锡县立工业学校、私立振艺女校等校教师,做过杨翰西、杨森千、杨经笙等人的塾师。1949年后担任过市政协委员,20世纪50年代后期迁出祖居住健康路。子昌树,字芝庭,县中毕业。

南市桥上塘119号除了孙诰鸿祖孙居住外,还有孙撰鸿的后人,他们和秦琢如的近支族人秦锺俨一家比邻而居,与清华大学校长助理、清华控股有限公司董事长荣泳霖一家也是近邻。荣泳霖祖父荣颂纬,名培基,生于1879年,与荣德生同属荣氏下荣春沂公支,是荣德生的族弟。南市桥上塘119号大致位于现在的中山路梁溪饭店南面、育才弄小区附近。从目前掌握的文献信息

孙撰鸿(左)、孙诰鸿兄弟

推断,孙洙旧居在南市桥上塘的可能性非常大。

近年出现一张源于孔网的旧明信片,寄自南市桥上塘119号,寄者名王禹卿,并自称蘅塘退士孙洙的外玄孙,而此王禹卿刚好与蠡园主人同名。笔者联系上了孙撰鸿的嫡孙孙煌曾,孙煌曾忆述了孙宅和南市桥上塘的大致情况。

南市桥上塘,因出于南市桥城中直河上首,故名,又简称南上塘,位于城中直河南段的西岸。原来北抵大市桥西堍,后来只称虹桥南(学前街口)到南城门一段为南市桥上塘,而虹桥北为中市桥上塘。东口开于南市桥上塘东西向的小巷,由北到南,依次为鱼腥巷、升平巷、时郎中巷、南市桥巷、水曲巷等。南市桥上塘和直河东岸的南门内下塘(又称二下塘)隔河并行为城内南北向干道,南上塘正对南城门,民国初年建致和桥跨直河,沟通南上塘和二下塘。

南市桥上塘北段鱼腥巷口有秦氏世恩堂,宅第主人是秦瀛,原名沛,字凌沧,一字小岘,晚号遂庵,生于清乾隆八年(1743),卒于道光元年(1821)。乾隆甲午(1774)顺天举人,乾隆丙申年(1776),高宗巡游山东时,召试一等,并赐内阁中书,充军机章京,嘉庆时官至刑部右侍郎。秦瀛工文章,与姚鼐相推重,又与姚门弟子交好,深受桐城文风影响。所作散文简洁醇雅,颇近姚鼐,著有《小岘山房诗文集》等。秦瀛晚年设宅虹桥西侧,取名"世恩堂",此宅第

南市桥上塘东临的城中直河

最早系薛氏所有,新落成时,薛家演剧酬宾,八岁的秦瀛曾跟随曾祖父秦实然受邀观剧。后宅第转归邹氏,若干年后秦瀛又以四千两白银的代价从邹家购得,故秦瀛回顾此宅历史,唏嘘不已。秦瀛子缃武、缃文、缃业均有名望,其中秦缃业,字澹如,生于嘉庆癸酉年(1813),卒于光绪癸未年(1883),道光丙午副贡。官至浙江候补道、署理盐运使。秦缃业工诗文辞,著有《虹桥老屋遗稿》《平浙纪略》《两浙忠义录》等。此宅逐代递传至秦瀛五世孙秦宗潞一家,直至拆迁。

著名的甲科文学世家邹氏一族聚居于南市桥上塘,属于无锡邹氏龙泾三房的一支,此族科甲鼎盛,进士众多,科名中不乏状元、探花和传胪,而且其中还有不少著名诗人、画家、剧作家和音乐家。明清两代宅第在秦氏世恩堂南,是湖广提学副使、愚公谷主人邹迪光堂兄邹龙光的后裔。邹龙光,字彦为,号斗墟。生于嘉靖甲辰年(1544),万历八年(1580)庚辰科进士,官至内阁中书舍人。迁居南上塘的是从其子邹弘基始。邹弘基,字贞儒,号让初,邑庠生,生于嘉靖甲子年(1564),卒于万历庚申年(1620)。邹弘基虬髯大耳,广额丰颐。年少时好读书,父亲因为他是独子而溺爱之,担心其不胜劳苦,不让他求取功名。其父谢世时,尚有债务五千金待还,邹弘基始发经营,积二十年勤苦节俭之功,起家于衰微之际,并迁城卜居于南市桥上塘。锡城邹氏子孙后来科第之盛及城中聚居,实肇始于此。

邹弘基次子邹式金,字仲愔,号木石,生于万历丙申年(1596),崇祯庚辰年(1640)科进士,历任南京户部主事、郎中,官至福建泉州府知府。明亡后,邹式金归隐乡里,平时穿戴白衣素冠,即使遇重要聚会场合,也不改变。曾出资刊刻吴梅村和钱谦益诗集,爱好书画古玩,潜心研究禅理,筑有众香庵,晚年居惠山读书台,以佛火青灯为伴。邹式金尤其擅长剧作,思致艳逸,常命侍儿司吟坛玉尺,时吹箫度之,亦能调歌撛管,记霓裳拍不误。其元夕诗有"敢吟梁父称高士,且剔灯花看美人"之句,评者谓为其一生之总结。因此,邹式金是明末清初著名戏曲家,著有《醉新丰》《风流冢家》等杂剧,编有《杂剧新编》,收录清初杂剧三十四种。著有《香眉亭诗集》《香眉语录》《宋遗民录》等。式金有漪、滋、汲、洌、洼、润、溶、泟八子。长子邹漪,字流漪,号西村,邑庠生,有《启祯野乘》《绥寇纪略》《流漪诗集》《明季遗闻》《红蕉集》等著作,其中《启祯野乘》尤为著名。七子邹溶,字可远,又字二辞,生于崇祯癸未年(1643),卒于康熙丁亥年(1707)。监生,擅丹青,山水学吴镇。喜吟咏,著有《香眉亭词》一卷,毁于火,又著《思梦录》。邹溶早年曾在北京,在京时与满人法葆结交,因法葆也擅书画,又能鼓琴,故两人交谊很深。康熙二十四年(1685),法葆管陵工,因故弃职,潜逃到无锡,邹溶将其藏匿于惠山忍草庵,后法葆被捕事发。邹溶因接纳罪犯被逮京论斩,关押五年后,减等处罚,流放边疆。康熙三十八年(1699),赦归无锡,归后,邹溶只能在寺庙中寄食为生。

邹弘基三子邹兑金,字叔介,生于明万历己亥年(1599),卒于清顺治丙戌年(1646)。崇祯庚午年(1630)举人,邹兑金著有《空堂话》传世,是明末清初戏剧家和画家。有两子忠倚、治。次子邹忠倚,字于度,号海岳,生于明天启三年(1623),卒于清顺治十一年(1654)。清顺治九年(1652)汉榜状元,授秘书院修撰。原为上一科进士,殿试未能通过。发愤三年,终获魁首。是清朝第一个"补考状元",又因该科效元朝制,分设汉、满两榜,邹忠倚是入清后满汉分榜后的第一名汉榜状元,授官国史院修撰,两年后病逝,时年三十二岁。邹忠倚精于书法,以孝友著称,内心向往在恬静山水间的归隐,故其诗文意境静幽,著有《雪蕉集》《箕园集》。

邹忠倚孙邹一桂,字原褒,号小山,晚号二知老人,生于康熙丙寅年(1686),卒于乾隆壬辰年(1772)。雍正丁未(1727)科二甲第一名进士(传胪),授翰林院编修。历官云南道监察御史、贵州学政、太常寺少卿、大理寺卿、礼部侍郎,官至内阁学士。擅画花卉,学寿平画法,风格清秀。著有《小山画谱》《大雅续稿》等。

邹忠倚另一个孙子邹升恒,即邹一桂次兄,原名登恒,字泰和,号慎斋,生于康熙乙卯年(1675),卒于乾隆壬戌年(1742)。康熙庚子(1720)科进士及第,选翰林院庶吉士,授编修,历官至翰林院侍讲学士。邹升恒诗文俱佳,其"文尚体要,诗充和渊永,以标格胜",著有《借柳轩诗集》《泰和文稿》《恬淡诗集》等。邹升恒孙邹奕孝,字念乔,号锡麓,生于雍正戊申年(1728),卒于乾隆癸丑年(1793)。乾隆丁丑(1757)科一甲第三名进士(探花),历官翰林院编修、国子监祭酒、内阁学士、礼部侍郎,官志工部左侍郎。邹奕孝是乾隆时期著名音乐家,"深通音律,郊祀大典,中和韶乐,皆由奕孝奉敕编定",邹奕孝参与订正明代朱载堉《乐律全书》,谱写成《万寿衢歌》三百首,纂有《诗经乐谱》三十卷,著有《律吕正义》四卷。

邹忠倚状元第就大致在原江南中学的范围,有面宽六间,门口高悬"状元及第"匾额,门前是上塘河,南面是水曲巷,北面为一片蔬菜田,大门前有直立抄手照墙,黑白相间,中间为"鸿禧"两个大字。状元第宅基后渐为他姓所有,1930年5月,钱殷之、倪铁如、许岱云等发起办学,在此地创江南中学,除购买杨姓、邹姓、薛姓桑田十余亩外,还租赁杨高伯住宅内五个大厅和花园,平土整修,自建教室十三间,办公室、宿舍五间,操场、花园俱全,规模初具。聘请唐文治、钱基博、杨荫溥、钱孙卿、薛天汉、虞炳烈、薛溱龄、周肇甫等组成校董会。公推钱基博侄子钱殷之任校长,倪铁如任教务主任,许岱云任训育主任,并定校名为私立江南中学。

邹式金旧宅在南上塘北段,大致位于秦氏世恩堂和孙撰鸿兄弟住宅之间,门牌编为南上塘133、135号,邹式金十一世孙邹仰之(名家骥,生于1883

朱研琛绘华起鹏宅印象图

年)、邹汉琴(生于1914年)等后裔一直居住到中山路改扩建。

著名书法家、苏州大学博士生导师华人德(原名德旋)出生在南上塘,旧居靠近南城门,门牌为南上塘17号;祖父华起鹏,名懋熙,生于1897年,是蚕蛾工场的场主,也是宏泰堆栈的业主;父亲华振基,生于1924年,继为蚕蛾场主。华人德为无锡华氏通八支子苍派菰里三十世。2023年去世的南图古籍版本专家沈燮元,20世纪50年代初也在南上塘的北段住过,沈燮元是秦巷镇孙巷(后属石塘湾)人,父亲沈颐为山货行职员。

随着城中直河的填塞,南市桥上塘遂为中山南路所吸收,而这里曾经的文采风流也已汇入了无锡文化延续的源流之中。

城内西北隅

营桥巷

　　前几年，笔者与友人一起策划怡园琴会纪念活动和天韵社复社，得到了苏州顾笃璜老先生的大力支持，同时也完成了顾老的嘱托，故在办事能力方面，看得出顾老对无锡人有好感，因为顾老经常提起他的母亲，说母亲张娴是个能干的无锡人，不管是在夫家还是娘家，都是主心骨。母亲出自无锡营桥巷张尚书家，生于1902年，因家庭思想开明，她自小不缠脚，且就读并毕业于女子职业学校，精刺绣，会书法，书法曾得到公公顾麟士的认可，解放前张娴曾帮助和掩护过中共地下党的活动，中华人民共和国成立后，其协助丈夫顾公硕做好恢复刺绣等苏州传统工艺的工作，但她没出去就业，承担并处理好了家中的绝大部分事务。

　　顾老说他小时候每年都会随母到无锡外婆家拜年，那时能说一口无锡话。顾老成年后参加地下党，1948年春他按组织指示撤离苏州，曾隐蔽在无锡外婆家两个月。笔者知悉后，回来就查过营桥巷的有关文献以及张家的家谱，并把一些初步信息反馈给了顾老。前段时间，因为在检索天韵社早期成员糜浚千（1890—1964，协泰昌酱园经理）材料时，发现他自1952年起就

张娴和顾笃璜

赁住张新仲营桥巷8号的房子直至去世,张新仲是顾老的二舅,所以他们在营桥巷8号的交集,触发笔者对此地的进一步探索。

营桥巷是一条已湮失的巷子,原来位于无锡县城中心偏西处,在无锡县署东南,从营桥起东至沈果巷,东西向,长约一百多米,后来建人民路,营桥巷被人民路吸收,目前大致位置是财富大厦到东方百货大楼西侧的人民路段北侧。

据《锡金考乘》载,明代周文恪公宅在营桥巷,周文恪公即周子义。其子周炳谟宅也住巷中,在父宅对面,宅内有书房名"学易草庐",父子两人在光绪《无锡金匮县志·宦望》中有传:

> 周子义,字以方。嘉靖四十四年进士,选庶吉士,授编修,预修《世宗实录》,进南京国子司业。神宗初,大学士张居正枋政。给事中余懋学上书论时政,疏自南中来。余,故子义所取士,由是居正衔之。会夺情事起,九列皆疏留。子义戟手向堂上,指曰:"此为彝伦者,何名也?"不为动。久之始移北,累迁至吏部左侍郎,掌詹事府。屡疏乞归,未许而卒,谥文恪。
>
> 周炳谟,字仲觐,子义子。万历三十三年进士,选庶吉士,授翰林检讨。疏请"储学不宜久旷,春讲不宜再稽",进左赞善。上言兵事,累数千言。迁谕德,时值三大丧,礼文典册多与参咨。熹宗即位,累官礼部侍郎,奉命修《光宗实录》,书成,进服俸。载三案事,直笔无所阿,忤魏珰。炳谟典试武闱,所取士许显纯者,请介绍于珰。炳谟厉声拒之,即日告归。逆党御史石三畏因劾所纂实录非实削职,而炳谟已卒。崇祯初,赠礼部尚书,追谥文简。《明史》附文震孟传。

留居祖宅的周子义、周炳谟后裔,被称为锡山周氏营桥支,光绪年间,该支族人周光济(字菊人)主持整修了惠山周文恪公祠。

除周氏外,营桥巷还曾是两支锡山张氏的聚居地,他们均奉北宋理学家张载为始祖。一支为营桥支,是明初迁锡的张载九世孙后裔,宅在巷东段的营桥巷3号,1949年后还有裔孙张咏梅(名企芬,生于1881年)一家居住;另一支为营桥巷支,迁锡祖系张载四世孙南宋张楷(字楚昭)于建炎元年(1127)南渡迁居歙县,张楷五世孙张景(字德庆)于元末自歙县迁居无锡,为营桥支始迁祖。因为营桥支在乾隆年间出了尚书张泰开后,家族勃兴,到了清末,营桥巷所居以营桥支张泰开后裔为多,其中以营桥巷8号(门牌后来改为16号和人民路214号)建筑规模为大。

张泰开,字履安,乾隆七年进士,历任上书房行走、礼部侍郎、通政使、左都御史、礼部尚书、太子少傅等衔职,致仕回锡后在城南荷花池畔(在今锡师附小解放新村范围)建有别墅,他于乾隆三十九年去世,享年八十六岁,谥文恪。所以营桥巷出了周、张两位文恪公。

张泰开《清史稿》有传:

张泰开,字履安,江南金匮人。乾隆七年进士,改庶吉士,命上书房行走。旋自编修五迁礼部侍郎。十九年,国子监学录缺员,泰开举同部侍郎邹一桂(无锡人)子志伊。上责其瞻徇,部议夺职,予编修,仍在上书房行走。二十年,内阁学士胡中藻为诗谤朝政,坐诛,泰开为诗序,授刻,部议夺官治罪,上特宥之,仍在上书房行走。寻复授编修。二十二年,擢通政使。三迁左都御史。三十一年,授礼部尚书。三十二年,复授左都御史。三十三年,以老乞休,上奖其勤慎,加太子少傅,赋诗饯其行。三十九年,卒,年八十六,谥文恪。

张泰开玄孙张鸿逵(1816—1894),字佑兰,国学生,他1856年起赴河南投效军营剿匪剿捻,因功于1873年得授山西曲沃县知县,直至1880年辞官回到故里无锡。回锡时,其石皮巷旧宅因太平天国战乱已被焚毁,片瓦无存,张鸿逵遂归并同族春和堂的屋基以及顾家的部分墙基,扩充建造了新宅,新宅北至石皮路,南抵营桥巷,达四十余间的规模,到1882年竣工时,又将宅门由石皮路改为南开营桥巷,这就是营桥巷张宅的最初模样。据朱研琛先生回忆,张宅主体有正屋六进,面阔五间,东面为花园(后为市卫生局所占),西面有附

人民路市卫生局门口旧影（图左房屋即是张宅）

房一组，旁植老罗汉松一棵。前三进为平屋，依次为门厅、轿厅、大厅，各进厅前的天井为三间，东西对称隔有小天井（各有一湖石），大厅后南向门楼砖额题"克笃前烈"，为主人张鸿逵手迹，后两进为五开间转盘楼，封火马头山墙，天井里一棵广玉兰浓荫蔽日，楼后有天井及后门平房。张鸿逵有三子，长子、次子早卒，三子宝诚继承家业。张宝诚，字望生，号朴耘，国学生，生于1863年，先娶周氏，1892年续娶常州青云里刘氏之女刘绪（刘海粟族姑），和刘育有三子，即国鋆、国铭（字新仲）、国鑑（字镜叔），之后还生一女，即张娴，张娴成年后嫁苏州怡园顾麟士子顾公硕为妻。

因长子国鋆早卒，民国时期，营桥巷8号即为新仲、镜叔兄弟两家及母亲刘绪所居。张新仲（1897—1969），毕业于上海大同大学，并在圣约翰大学进修过外语，曾在外交领域任职，解放后，闲居在家，有三任妻子，育有两男四女。张镜叔（1900—1973），无锡早期的新闻摄影家，曾在民国《锡报》《人报》等多家无锡报社任摄影记者，也兼任中央社特约记者，当时报纸有他多次跟随天韵社外出活动的报道，如1928年秋，张镜叔随天韵社赴宜兴参加协和曲社的雅集，并拍摄了活动的纪念照片两帧。1947年5月他曾参与蒋介石来锡视察期间的摄影报道。此外，他还经营过一家名为"镜芳"的照相馆，并负责管理在山西曲沃祖传御赐的盐矿。他和原配育有一子一女，子名张福原；女张念萱嫁嘉乐堂王庥（字仲复，住小河上15号，父王衍）。张镜叔续弦为苏州著名女画家陈昭新，陈昭新又名景昭，生于1909年，娑罗画社成员，师承孙伯南等人，其画作曾获顾麟士赞赏，晚年居养育巷。张镜叔多才多艺，但性格怪异，是当时"公花园八怪"之一。因为经济实力雄厚，他喜好收藏，除传统的字

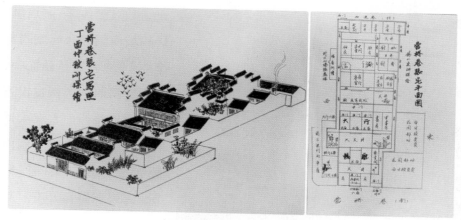

朱研琛绘营桥巷张宅示意图

画瓷器外，还有许多舶来品工具、摄影器材等。解放后张镜叔也闲居在家，据小时候跟祖父母住在张宅的糜大明回忆，幼时看到他有明代的象牙笏板、德国的钻子等种种稀奇玩意，动手能力很强，每天晚上要捧一大摞物件由前院书房带到后院卧室捣鼓，翌日早晨起床后，又捧回书房。张镜叔晚年被下放苏北，私自回城后生计无着，潦倒不堪。张氏兄弟两人均去世于"文革"期间。经过历次运动，张家的收藏，或被付之一炬，或因查抄散失，张氏部分后人也因各种原因逐步迁出，营桥巷张宅被拆迁于90年代初，而今老宅原地竖起了财富大厦。

　　糜大明的祖父是天韵社成员糜浚千，他曾住南市桥上塘、五姓巷等地，晚年即居营桥巷8号，这是赁租张新仲、张镜叔（分别为昆曲泰斗顾笃璜先生二舅、三舅）兄弟的住宅，他与张氏兄弟交情深厚。张镜叔是当时无锡报社的摄影记者，他与天韵社交往密切，曾多次随天韵社外

张新仲（左）、张镜叔兄弟

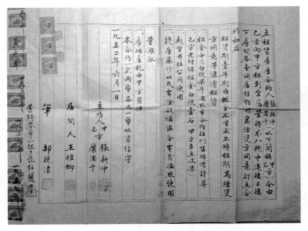

营桥巷张宅的租赁协议（糜大明提供）

出活动。糜浚千,名培淇,祖居锡城南门外张元庵附近的糜巷上(今知足桥西面一带,张元庵门前的两棵古银杏移栽于金塘桥西面太湖大道南侧),1890年7月生于城内皂荚弄,父亲糜桂荣(音)在大市桥青果巷路口开有日新杂货店。糜浚千幼时就读于东林学堂,1910年毕业于(南京)两江师范学校;1911年11月6日,与同学吴卓荪以及侯凤岐、丁士清等人参加秦毓鎏等组织的光复敢死队,当天下午和队友一起冲入县署,无锡顺利光复,翌年获"锡金光复纪念章"一枚。民国时期,糜浚千主要活跃于商界,在县商民协会、国货展览会等机构任职,曾任协泰昌大酱园的经理,协泰昌是当时无锡规模较大的酱园,总分号分别在小三里桥、大河池沿、南长街等处,他经营酱园直到抗战前。

糜浚千相片及手迹

　　糜浚千妻子许正岳，出自东河头巷许氏，育有七子两女。解放后夫妻闲居在家，糜俊千曾参加市政协的健学研究会，他于1964年3月去世，享年七十四岁。

　　《新无锡》的新闻中可知糜俊千业余既是京剧票友又是昆曲曲友。据其孙糜大明回忆，糜浚千还擅围棋，并藏有一副名贵的好棋。他晚年以吟唱昆曲、品茗观棋自怡，家中还壁挂一箫。糜浚千为人清高，不慕官位，也不贪钱财，常孤高自许，并以时代落伍者自嘲。

　　因为找到了糜浚千孙子糜大明先生，从而联系上了之前未知的张新仲之子张福绥先生，几经联络，11月14日上午，笔者驱车带着张福绥先生及其姐姐张慧女士抵苏州昆剧传习所，与他们已九十高龄的表兄顾笃璜老先生会面，没想到的是这竟然是他们的初见。

　　当天上午，在教忠堂排练《红楼梦》咿咿呀呀的昆曲声中，苏锡两个望族的后人们在共同感叹着半个世纪的家世沧桑。

连元街

　　连元街是无锡城中心比较有名的一条街巷。1956年，公私合营后的王兴记馄饨店就位于连元街中山路路口闹市，而使连元街长期保有人气的是巷中的一所著名小学——连元街小学，这所小学的前身是无锡历史上最早的新式学校竢实学堂。1897年锡邑士绅杨模选址连元街设竢实学堂，这与连元街的历史密切相关。

　　连元街位于无锡老县城城中心偏西北，东西走向，长199米，宽三四米，北面是大成巷，连元街东巷口在胡桥北堍，此处原有一眼名为"惺惺"泉的井，泉上筑有楼；巷西头是长大弄口，往南由驻骢桥与复兴路相接，直对官街巷，官街巷西隔墙就是无锡县治。20世纪50年代，连元街门牌号编排为1到46号。

　　连元街街名来源于传说，据称此街曾有顾姓状元、吴姓会元和王姓解元，俗称连中三元，故又名联元街，但此传说未得到地方历史文献的支持。不过确有一位顾姓名人曾居此地，他就是明末东林领袖顾宪成的曾孙顾贞观。顾贞观，初名华文，字华峰，一作华封，又字

连元街民居（来源于过伟敏）

平远,号梁汾,生于明崇祯十年(1637)。祖父顾与渟,官至四川夔州知府,卒于任。父顾枢,为东林党领袖高攀龙门生,天启举人,才高学博,然屡试不第,遂绝意仕进,埋头读书,尤精研理学,明亡不仕,屏居敛迹以终。顾贞观天资聪颖,幼习经史,尤喜古诗词。长兄景文,次兄廷文、姊贞立、弟衡之都具才名,长于文史。少年时代,顾贞观即参加由吴江名士吴兆骞兄弟主盟的"慎交社",并与吴兆骞结为生死之交。顺治十一年(1654)又与同乡结"云门社"于无锡惠山,此社会聚了姜宸英、汪琬、汤斌等江南名士。顺治末年,贞观辞亲远游,到达京师,以求仕进;康熙元年(1662)以"落叶满天声似雨,关卿何事不成眠"之句而受知于尚书龚鼎孳和大学士魏裔介,被荐为内阁中书舍人,顾贞观中举后,改任国史院典籍,官至内阁中书;次年康熙帝南巡,作为扈从随侍左右,在国史院任典籍期间,曾修订其曾祖顾宪成的年谱《顾端文公年谱》,又为其父编定文集《庸庵公日钞》。康熙十年,因受同僚排挤,落职归里。康熙十五年(1676),经国子监祭酒徐元文推荐,入内阁大学士明珠府中任塾师,与明珠之子纳兰性德相识,成为挚友。据《清稗类钞》记载:"容若与无锡顾梁汾舍人贞观尤契,旬日不见则不欢,梁汾诣容若,恒登楼去梯,不令去,谈则日夕。"两人曾合力营救因"丁酉科场案"而蒙冤被遣戍宁古塔的好友吴兆骞,云情高义,士林传颂。后顾贞观回归故里,于惠山之麓建"积书岩",从此隐居避世,终老林泉,卒于康熙五十三年(1714),终年七十七岁,著有《弹指词》,是清代著名词人。顾贞观康熙五年(1666)参加顺天府乡试得中第二名,顺天府乡试的第二名举人被称为"南元",所以顾贞观不是状元、解元,而是南元。顾贞观祖居泾里(今张泾),后迁居城内连元街。顾贞观曾被擢为内阁中书,故其在连元街的住所被称为"内史第"。顾贞观主持疏浚过巷口的"惺惺泉"。光绪《无锡金匮县志》记载连元街内曾立有"内史第坊"。大约至太平天国时期,因战乱,顾贞观的后人逐步迁离连元街,在槐树巷、仓桥下等处另辟新居,至晚近,连元街已无顾贞观后人居住了。

相比于小河上、大河上、大小娄巷等地,连元街后来就基本没有世家大族聚居,居民姓氏比较多元,相对规模大一点的世居家族主要有蔡家、杨家、王家和范家等。蔡家住连元街偏东位置,户主系辛亥革命无锡光复队领袖、钱庄业代表人物蔡容之弟蔡定(字有定,生于1890年,祖居北塘大街小泗房弄口),从事金融业,蔡定妻周杰(字湘英)毕业于无锡县立女子师范学校,曾任宜兴女校教师,夫妇所育子女众多,其中一子蔡铭璞娶天韵社骨干成员王云楼(住西河头)幼女王世瑛为妻。蔡家西隔壁为杨家,20世纪中叶杨家男主人在沪经营油料生意,家族经济状况良好,但族源一直不明,与无锡本地的鸿山杨氏、锡山杨氏、江陵杨氏等都对不上谱,故近年家族成员单独修了一个小规模的族谱,谱中也记录了连元街的部分旧貌。杨家西面是个庵,街坊俗称"和尚堂",这个庵有点历史,正名"上寿庵",据县志记载,此庵由僧霖若建于清代康熙年间。1949年前后,当家和尚为道然,道然俗名陈桂根,常熟人,由东亭九里庵移驻此地。太平天国时期无锡县治毁于战乱,战后,县治建筑未曾修复,正好上寿庵西部留有大片空房,遂利用这些空房作为临时办公场所,连元街一度也就成为县署所在地,位于临时县署西隔壁的范家,也就被称为署西支范氏,这支范氏是范仲淹的旁系后人,属于"郎中房"系统。后来原县治建筑修复,县府搬回办公,上寿庵西部的这片房屋又空了出来,于是杨模办学看中了这块地方,竢实学堂就在连元街扎下了根。

20世纪50年代,由竢实学堂沿革而来的连元街小学扩建操场,将范宅拆迁,把住户分散安置在连元街的其他住房内,范家主要被安置到连元街27号王竹坪宅。王宅规模较大,从连元街一直向北延伸到大成巷。王竹坪,名荣楣,字怡庵,号竹坪,女婿为举人、乾源丝厂议董孙泰圻(石塘湾人)。王竹坪子王宗渭,字翊周,生于咸丰四年(1854),附贡,清末官至农工商部员外郎,分管矿业。王宗渭

旧时连元街小学大门,图左可见范宅一角(图片来自无锡市史志办公室)

长子王传钧,字海涛,生于光绪三年(1877),毕业于北京协和医科大学,担任过北洋政府验疫医官,回锡后设诊连元街本宅,系锡城著名西医。除王宅以外,其他范家族人也继续居住在连元街及周边地区,直至20世纪末此地整体改造。

晚年范鸣琴

从《范氏家谱》看,连元街的这支署西支范氏先人,大多担任县府幕僚一类的工作,所以一般只有虚衔,而没有实职。1948年天韵社复社时任社长的范鸣琴,就属这支范氏。范鸣琴,名广达,字古奇,候选州同,国学生,担任过五都一图(长安大利市)区书,堂侄(堂兄范韶琴与乐氏之子)范素臣也为区书。范鸣琴生于光绪四年(1878)十一月二日,卒于1957年3月25日。世居连元街,兼擅南北曲鼓板,师从张敏斋、吴子芳、吴畹卿。1948年天韵社复社,任社长、总教授。1950年8月,杨荫浏、曹安和回锡为昆曲鼓板记谱16段,由范鸣琴司鼓。

范家家境尚称优渥,范鸣琴可以闲居在家,以收租为生,并捐有国学生和候选州同的绅士身份。范鸣琴作为天韵社成员,以擅长鼓板而著称一时。现今他的孙辈还能回忆起他晚年击鼓敲板的情景。

弹指一挥间,而今的连元街已没了原住民,但百多年来,读书声依旧在巷中回荡,然范鸣琴的黄昏鼓板声却早已永久地远去了。

西河头

　　西河头，又名西河里、斥渎上，因在斥渎北岸，方志上又称斥渎桥巷，有三座小桥横跨斥渎，东面是太平桥（即泰定桥），连接北门内下塘和太平桥街，中部是玉带桥，连接南面的姚宝巷，巷内有著名政治活动家王昆仑的故居。西面是黄石弄北端的黄石桥，跨河后向西与永定桥相接。西河头岸边砌有黄石条凳和散列的树木，清幽古朴，一派典型的水巷风景。西河头北面是道长巷，有两条南北向的小弄相通，分别是天主弄和九房弄。天主弄因清乾隆四十六

1957年的西河头（源于《城市年轮》）

年(1781)传教士法隆盛在此建造了锡城第一座天主教堂而名。

斥渎东连城中直河,西接西内城河,水路畅通便利,西河头成为城内北扇较为主要的街巷,和南面的学前街相对应,故也聚居过不少大族,其中吴氏一度成为西河头最主要的宗族,谱中称为西河支,是锡山吴氏的一大支派,分脉众多。始迁祖吴瓒,字文器,号福庵,邑庠生,大约生活在明代中期。吴瓒曾孙吴汝伦,字文叙,号震华,生于嘉靖甲午年(1534),卒于万历乙亥年(1575),隆庆庚午年(1570)科乡试解元,辛未科(1571)会魁。任彰德府推官,任职期间,能抑制当地宗藩和豪民盐贩势力,改善交通,颇有政绩。后升任礼科给事中,不久去世。吴汝伦中解元的过程颇有传奇色彩,隆庆四年庚午科乡试主考是少詹事兼侍读学士马自强,副主考为陶大临。《诗经》分房考官已把吴汝伦的试卷涂抹丢弃,却被其他分房的考官偶然发现,经仔细审阅后,吴汝伦竟被取为解元。在无锡县学前有"六科三解元"匾额,三解元中,吴汝伦为先。

无锡有推官牌楼的传说,一方当事人的吴姓庠生,就是西河吴氏,吴氏在太平桥街附近宅院门口,建有"龙门首跃"匾额,号称"吴半城"。施教担粪路过不慎泼洒,被吴秀才侮辱。施教子施策因此发愤图强,不久获功名,奏建"推官牌楼"于崇安寺后门,西向以阻吴姓风水,吴姓得知后,即在牌楼之侧建一"茶仙庙",奉卢仝、陆羽为茶神。

由西河本支播迁出去的吴氏分支遍布锡邑城乡,而西河头吴姓祖宅一直存续到拆迁,位置大致分别在西河头中段和西段,20世纪50年代,门牌编为西河头21号、36号等,仍有相当数量的吴姓族人所居。

吴氏的近邻22号,则是王家,此族区别无锡其他王氏,如嘉乐堂王氏、三沙王氏、泰定桥王氏等,是琅琊王氏无锡支,从家谱等文献记载发现,西河头曾是此支族人的聚居地之一,如晚清副贡、福建建安知县王宗猛,就是由西河头迁居西大街的。此族是明初著名诗人王达的后裔。王达(1343—1407),字达善,号耐轩居士,居北门外江阴巷,少孤贫,但发奋读书。王达性简淡,博通经史,明洪武年间举人,历任县学训导、大同府学、国子助教等职。永乐年间,擢翰林院编修,官至侍读学士。王达有盛名,与解缙、王佣、王遂等号称"东南

王云楼老宅内的全家合影

五才子",其他四人先后获罪死,就王达一人善终。王达著有《耐轩集》《天游集》,县志和《梁溪诗钞》中均有其传。王达十三世孙王颖锐也是当时著名文人。王颖锐(1713—1794),字秉成,号瓶城,国学生。年轻时勤于科举,擅长文章,与弟友爱,有《听雨楼诗文稿》。到晚近,城中的此支族人,大致按"芳""荣""宗""传""世""志"等行字排序,西河头22号主人王云楼,谱名即为传律。王云楼曾祖漱芳居北门外莲蓉桥塅,祖父荣标迁东大街,光绪五年(1879)王云楼父宗淦再迁居西河头,王宗淦是王荣标的继子,所以,血统上王云楼不一定是王氏嫡裔。

王云楼,名传律,字彤云、韵楼等,在报上刊文笔名有酸枣、酸丁、彤翁、亚丹、兰一道人、禅等。生于光绪七年(1881)七月二十九日,卒于1960年,是天韵社骨干成员。王云楼锡金师范本科毕业。参与辛亥革命无锡光复,光复后在锡金军政府任职。民国初年创办女子学艺专科学校并任校长,担任过无锡县公安局会计主任及无锡《工商日报》总编,后在泰山饭店太湖厅任经理,1946年被无锡县商会聘为名誉顾问。王云楼既是京剧名票,又是著名曲家,在书法、绘画、诗文、美食、花卉等方面也造诣不浅。1920年6月,王彤云、杨敬威、庞如朋等成立庚记票社,研习京剧。1924年锡山书画社成立时,王云楼被选为干事员。王云楼常在《锡报》上发表文章,其中有许多有关京剧票房和天韵社活动的报道,对保留大量天韵社历史信息厥功至伟。王云楼子女中不是京剧名票,就是擅昆曲和器乐等,王氏父子曾作为票友同台演出"捉放曹",轰动锡城,时评为"一门艺人"。

王云楼三子王骏叔,名世骊,生于1912年,素有"无锡马连良"之称,并擅长二胡;四子王纪千,名世腾,生于1921年,从事税务工作,也精通戏曲和中西音乐,长期活跃于无锡文艺领域;王云楼女儿王蕙云,生于1906年,卒于1977年,出生于西河头,初小文化程度,嫁兄弟照相馆店主张国栋;王蕙云妹王蕙芬,生于1911年,卒于1999年,初中文化程度,嫁吴惠荪,吴后为无锡市第九中学教师。

据王云楼之孙王海回忆,旧宅是石砌门洞,有两扇铜钉铁皮大门,进门便是天井,北面是正厅,两侧为东西厢房。正厅前有石阶,厅内立柱粗大,铺有方砖,内为中堂对联、长台搁几和花瓶插景等典型传统江南民居布置,花木书画琳琅满目。厅东侧书房为王云楼的卧室,王海曾和祖父一起住过。

正厅旁边是一条备弄,直通后园。正厅后面分别是各家卧室和厨房,最后是一个面积较大的花园,这个花园为王云楼的菊花栽培提供了很大的舞台,每到深秋,王云楼会在家中举办菊展,邀请同好赏花宴饮,也会到苏州、浙江等周边地区参加菊展。后来王蕙芬一家搬进后花园的屋子,其丈夫吴惠荪成了这里最有威望的人,王家众人都喜欢围坐于此听吴老师聊天和商量家事。

西河头王云楼家当时是锡邑一处艺文中心,常有书画赏鉴、庚记京剧票房、天韵社、饮酒赏花等活动,风雅一时。

彤云楼觞咏记

彤翁于十三日嫁女,先期柬邀天韵社同人曲叙,余接柬后,先一日由沪遄返。杨君荫浏亦自宁回锡。是日到李君静轩、乐君述先、范君鸣琴、杨君组云、沈君养卿、唐君石琴、侯君敬舆、李君轩臣、杨君荫浏、许君寄萍、吴君积良、彤云父女暨不佞共十六人。彤云楼中，遍悬名人书画，琳琅满目，美不胜收，尤以胡君汀鹭指画竹菊，吴稚老、朱高士、裘可桴、孙寒厓、许修直所书小屏为最佳，杨令莆墨妙，亦殊可贵，所歌曲目，为荫浏之《三醉》，鸣琴、积良之《楼会》，组云、伯涛之《絮阁》，述先、伯涛之《出罪府场》，荫浏、伯涛之《乔醋》，石琴、述先之《昭君》，荫浏、伯涛之《佳期》，蕙芬女士临别纪念，与乃姊蕙云，合唱《游园》，余歌《闻铃》，并为轩臣合歌《折柳阳关》，共十二阙。彤云以余与荫浏均服务他方，述先又僻处相间，叙首不易，坚持翌日再叙，以竟余兴，同人均乐从。十三日曲社社员四时许，均如约而至，宜兴协和徐恃盒，适亦被邀而来，同人特请歌《养子认子》，余为述先、伯涛之《情勾》，轩臣之《拾画》，述先之《侠试》，慕椿、伯涛之《醉妃》，组云之《惊变》《思凡》，述先之《下山》，彤云之《访普》，荫浏之《观画》，余之《书馆》。其时侯君疑始适由崇明遄返，专诚趋贺，侯君长文学，精音律，与皮黄尤研究有素，由观蠡促请试嗓，歌《捉放》一折，咬字连腔，俱见工夫。组云歌《樊江关》，嗓音甜醇，宛如姣女。彤云歌《朱砂痣》《法门寺》《丁甲山》，大吕黄钟，不同凡响，迨曲终人散，已更鱼初跃时矣。

（雁臣，《锡报》1930年10月17日）

在西河头东段的9号为陆定一故居，为其祖父陆蓉第于清光绪末年购得。陆蓉第（1841—1920），字企贤，号希泉，父陆敦善（字凤楼）时资财雄厚，咸丰年间，太平天国战乱，陆蓉第举家避居江北，等事平回乡时，家产损失殆尽。陆蓉第精于理财，胼手胝足，重振家业。陆蓉第以经营稻米为主，从金坛、溧阳一带收购稻谷，在自办的碾米厂里加工成大米后到市场上出售，由于经营得法，家境日渐富裕。随后广置田产、房产，在西漳周围已拥有田地近千亩。陆蓉第虽以经商为主业，但很重视子孙读书，出资在西漳办私塾，请名师教子苦读，四子中有次子陆澄宙、三子陆佐运入庠。陆蓉第还把大部分田产，作为"义田"，资助教育，为子弟提供学费，在陆蓉第的重视下，孙辈均受到良好教育，大多成才。

长房陆焕子玉麐,交通传习所毕业,后习金石书画。

二房陆澄宙长子坤一,清华留美预备学校毕业,美国耶鲁大学经济学、历史学硕士;次子定一,上海交通大学电机系毕业;三子亘一,上海交通大学通讯电信系毕业;四子正一,苏州东吴大学物理系毕业。

三房陆佐运长子竹安,中学毕业;次子贯一,美国麻省理工学院工程系主修石油探矿;三子宇安,上海同济大学医科毕业。

四房陆藩长子福元,中学毕业;次子福培,上海同济大学医科毕业;三子福臻,浙江大学毕业后前往美国学习化工。

陆蓉第

陆蓉第孙辈中最著名的人物无疑是我国文化宣传领域的重要领导人陆定一。陆定一,字慕武,1906年生于西漳,1913年迁居城中,上小学期间就住在西河头陆氏新居,1918年考入上海交通大学附中,1922年入交通大学。陆定一擅武术,大学期间曾表演潭腿、春秋大刀和子母枪。1925年冬加入中国共产党,1926年大学毕业后,参加上海工人三次武装起义,历任共青团上海法南区委书记、团中央宣传部部长等职。1928年赴苏联,任中国共产主义青年团驻少共国际代表、少共国际执委、中共驻共产国际代表团成员。1930年回国后,任共青团中央委员、宣传部部长。1931年到中央革命根据地首府瑞金,任共青团苏区中央局宣传部部长。1934年10月随中央第二纵队干

大学时期的陆定一

部队参加了长征。1935年1月遵义会议后，任红军总政治部宣传干事。1936
年起，任红军总政治部宣传部部长，主编《红星报》。红军长征到达陕北后，陆
定一任第一方面军政治部宣传部部长。抗日战争爆发后，任八路军总政治部
宣传部部长、八路军前方总部野战政治部副主任，领导《新华日报》华北版的
工作。1942年8月，担任《解放日报》总编辑。1945年任中共中央宣传部部
长。中华人民共和国成立后，陆定一先后任中央人民政府文教委员会主任、
中共八届中央政治局委员、中共中央书记处书记、国务院副总理兼文化部部
长、全国政协副主席等职。

陆定一父陆澄宙（1874—1929），字松琴，晚号涤庵。光绪二十七年
（1901）入庠。后任法部主事，毕业于京师法律学堂。民国时期，历任江苏省
第一审判厅推事兼民庭庭长、浙江高等审判厅推事和北京高等检察厅首席检
察官、总检察厅检察官等职。在京期间，曾住二龙坑梯子胡同。著有《秣陵审
判录》《之江判决录》《涤庵丛录》等。

西河头陆宅坐北朝南，砖木结构，呈现出江南书香门第大宅院建筑的典
型风格，是一组规模较为宏大的晚清住宅建筑群，占地2.367亩，建筑面积约
1300多平方米。整体建筑分为左、右两路，中间以备弄相隔相通。西路五进

陆定一故居内景

陆定一故居全景

为主体建筑,第一、二进为硬山顶平房,面阔四间,其明间通天井各有一座砖雕门头,题额分别为"怀德维新""兰芬桂馥";第三、四进为转盘楼,高三层,面阔各四间,中为天井;第五进为硬山顶平房,面阔五间;最后为一小花园。东路四进,第二进为矮楼外,其余均为平房,属家祠陆慎德堂及其附属建筑,老宅两侧均是很高的风火墙,勾勒出陆氏宅第的规格和轮廓。后因西河头拓宽为县前西街,拆除第一进,目前还尚存两路四进房屋,大致完整保留了原有格局。20世纪50年代,陆蓉第子佐运和孙玉麐、竹安等仍在此居住。

西河头交通便利,自然也会吸引医家、商户和工场入驻。

1948年,名医黄莘农正式在西河头挂牌行医,住西河头东段(后来门牌编为8号),白天行医,夜间研读整理祖传医籍,行医技能得到了很快提升,门庭若市。黄莘农生于1928年,20周岁的他成为黄氏喉科第九代衣钵传人,其子黄正色,生于1951年,为第十代传人,所以无锡黄氏喉科至今已历十世,由第一代黄文炳创始,起于清乾隆年间,治疗喉科名药黄氏响声丸之源头即为黄氏喉科。黄氏祖居八士斗山西大房,第一至第四世因家谱散失,第五世为黄大茆,六世元昔,七世鹤鸣、鹤杲,八世冠群、冕群,九世莘农、近农,到第十世正色,其中最有成就者当推八世黄冕群(1907—1970)。冕群少时随父学医,极勤勉，尽得喉科诊治秘要，临证能掌握喉科疾病转归变化之规律，治疗时内治与外治并重、整体与局部相结合，名噪一时。

抗战时期，天才画家曹涵美与其妻袁疏珍（别名可风）在无锡西河头开设"涵美可风室"，为无锡《人报》《新锡日报》《大锡报》等报纸画报眉、漫画，有时兼编辑、校对工作。

曹涵美，1902年生于无锡北门外三里桥。曹涵美弟兄三人，都是著名画家，其兄张光宇（动画片《大闹天宫》美术设计），其弟张正宇。曹涵美先生原名张美宇，因舅父曹家缺丁，遂过继给曹家，更名曹涵美。曹涵美青年时期，饱览无锡湖光山色，好写生与临摹陈老莲、任伯年等人的国画。兄张光宇、弟张正宇出版漫画期刊后，始作漫画，以稿费维持生活。创作题材多样，常发表政治性较强的讽刺漫画和时事漫画，如《钟进士斩妖》，用隐喻手法表达中国人民对日本侵略者的愤慨，《兵变画谣》连环漫画20幅，揭露军阀混战的罪行。曾作《百美图》一幅，画有100个不同类型、姿态神采各异的古装仕女，为曹氏平生精美之作。1933年，应张光宇之邀，到上海任时代公司经理，曾作《金瓶梅词话》插图300幅，画艺精湛，历多年而成。1945年，曹涵美接任同亿布厂经理。1950年12月27日，同亿布厂由国家接管，成为地方国营企业，他仍留厂工作，历任秘书、统计员、会计员等职。1965年后至无锡毛巾厂设计室工作。1975年病逝，终年73岁。

1946年，鉴于抗战后木材来源缺乏，著名工商人士薛明剑与同乡在无锡西城脚成立允利木行，以利地方建设，又在西河头办起允中冰厂，而允中冰厂不知是否就是西河头黄石弄口糖果冷饮食品厂的前身？反正西河头与冷饮批发在一代人的童年记忆中是紧密相连的。西河头东端与中山路拐角处的江南菜馆，这是20世纪70、80年代锡城一家非常有档次的菜馆，当时的人们以在此地品尝地道的锡帮菜为荣。

笔者对西河头印象，基本停留在20世纪80年代的小商品一条街和新华书店仓库的场景中。当时，每次骑车经过这个马路市场，总是人山人海，令人烦躁，而那个书店仓库门市，倒是经常能淘到需要的书。

大成巷

     大成巷位于无锡旧城中心偏西北的位置,北面为西河头,南面是连元街,巷东口在北门内二下塘(有时也分称泰定桥街、胡桥街,后合并为中山路),西到应宿桥(后为解放西路),巷东段与西河头之间有姚宝巷,巷西部向南有长大弄通连元街,北面经黄石弄接西河头。大成巷长约270米,平均宽3米,路面砌有弹石。2004年改造前,大成巷编有32个门牌号。大成巷在明弘治《无锡县志》中作打绳巷,这是无锡这个运河之城留在地名中的印迹,因大成巷东口就临京杭运河故道——城中直河,当直河还是运河干道时,以打制船缆绳索为生的匠人聚居于此,为近侧的繁忙航运及码头服务,因此得名。到清代,因巷地近城中心,杨、吴、赵等士绅逐步聚居于此,嫌"打绳"俚俗,根据谐音将其雅化为斯文的"大成巷"。巷西头原有一座应宿桥,跨里城河,因附近有应宿墩(位置在今锦绣花园内)而得名。

     以20世纪四五十年代为时间断面,大成巷东头朝南的第一家为过姓住户,主人名过璇(字行洁),属锡山过氏老二房分支,与无锡曲局八士桥分局成员过浩然是同支近亲。1946年,无锡过氏续修宗谱,就将谱局设在此地,过学纶等纂修人员在此修谱直至告成。1940年8月底,过家还发生过一起劫案,劫犯吴菊全被击毙,范文宝等3人被捕,轰动一时。过家西侧住户是施云程家。施云程,名寿熊,是永大米行职员,与城中施氏名人施嘉绩、施霭人、施锡祺、施毓鼎等均为近房宗亲,民国时报端常见他们广告联署处理族中事务。

　　施宅相邻的大成巷4号，住过一位名人，是锡师附小教师吴启瑞。吴启瑞的丈夫王人路是湖南浏阳人，两人于1922年在中华书局同事时结识，"五卅"运动时王人路因宣传进步思想，遭工部局密探缉捕，遂一度匿居无锡大成巷吴家，并且两人于此时结婚。婚后夫妇曾到武汉国民革命军总政治部工作，受邓演达、郭沫若领导。1927年国共分裂后，两人回到无锡大成巷，王人路贫病交加于1948年年底因脑溢血去世。临终前，他曾给吴启瑞留下遗言："八个孩子就全靠你了。有为难之事，你可去找毛大哥！他与吾父交厚，也与我兄弟亲密。"原来，王人路之父王正枢（字立庵）是湖南省教育界著名人士，在湖南长沙第一师范任教时，曾做过毛泽东的数学老师。1950年，吴启瑞一家生活已经十分困难，除了长女王心元已结婚外，其余七个孩子均需要她抚养，孩子的生活和学习费用都无法解决。当年5月22日，万般无奈的吴启瑞想起了丈夫临终前的遗言，鼓足勇气给毛主席写了一封信。1950年5月22日，经过再三考虑，吴启瑞提笔给毛泽东写信："主席，容我自己来介绍，我叫吴启瑞，是无锡师范附小低年级的教员……解放以来，对于时政及社会主义各种理论文件越读越感兴趣，但限于时间，不能充分学习，很少收获，深感苦闷，而造成这苦闷的因素，乃是为了背着八个小孩的包，使瑞终日碌碌于生活的挣扎，精疲力尽。""今受生活的威胁，小儿等体力不良顾虑，万乞主席者世交之谊，垂念小儿等孤苦体弱，特予提携，准予小女心月和小儿心丰、心支加入苏南区干部子女班。裨小儿等生活入于正轨，增加体格，瑞得全心全意努力业务时政的学习……"

　　1950年7月9日，吴启瑞欣喜地收到了毛泽东的亲笔回信，收信地址正是无锡大成巷4号。毛泽东在信中对吴启瑞的困难情形表示十分挂念，并告知会作妥善的批示安排。正是毛泽东

1960年毛泽东在沪接见吴启瑞时的合影

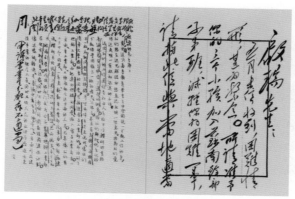

吴启瑞与毛泽东的来往信件

的批示,解决了吴启瑞迫在眉睫的生活困难问题。十年后的1960年,毛泽东在上海锦江饭店单独接见了吴启瑞,并于年底又给她汇去了1000元生活补助,这段交往也将领袖与大成巷联系在了一起。

吴启瑞1901年生于一个书香世家,曾祖吴宗洛为附贡生,祖父吴祥麟,字雨三,系邑廪生,同治乙丑在修复的惠山吴氏宗祠中用辑谱余资建"来雨亭"。吴宗洛、吴祥麟分别是《锡山吴氏世谱》咸丰版、光绪版的主修。吴启瑞父吴敏,母顾梅秀(顾可久后裔,出自凤光桥顾氏),兄吴启宇,所在大成巷吴氏属西河分扬华公支。吴家与锡邑士绅高映川是姻亲。

民国锡城钱业领袖陈颂勋住大成巷6号,陈颂勋生于1876年,祖居南门张家弄,担任过福昌润钱庄经理、无锡钱业公所常委、无锡城区工商职业保险合作社理事会主席。

其子陈葭生为无锡著名摄影家,1914年1月2日生,私立无锡中学毕业。1936年毕业于国立浙江大学工学院机械系,获学士学位。1939年赴英国实习,专攻精密机械和特种钢冶炼技术,并参加英国工程学会。在英期间,陈葭生广览国外摄影书籍,作了几十万字读书笔记,为摄影创作打下良好基础。回国后,在百炼机械工程公司、永力冶炼磁钢厂、中国进出口公司、中国机械进出口公司上海分公司等单位任管理和技术职务。陈葭生业余钻研摄影,30

陈葭生

年代曾组织无锡第一个业余摄影团体"雪浪影社",在无锡城中公园同庚厅举办过无锡历史上第二次影展。其《看风扯蓬》《雪雾》刊登于《华昌摄影杂志》和《雪浪影展特辑》中。作品多次入选全国影展。在风光、人物、静物摄影、暗房制作方面,造诣很深。与子陈寿祜合译有《人物摄影指南》。陈葭生是英国皇家摄影家学会会员、中国摄影家协会会员。2013年1月27日逝世,享年100岁。大成巷6号建筑群朝南,后来门改在东侧,进门是一条备弄,陈葭生宅在靠近备弄底的位置,在邮电局工作的过祖照也一直赁居在此。过祖照业余爱好音乐,和锡城音乐同好们有一个小型团体——华光国乐团,过自任团长,20世纪50年代,乐团经常开展活动,请华东艺专的教授为他们排练,原来的活动场地在大成巷25号,这是一个带天井的洋房,系文明书局编辑、著名画家丁宝书之子丁锡康的房产。丁锡康生于1894年,圣约翰大学毕业,系医学博士,后寓沪行

吴日永

医,曾就职于工部局医院。乐团在洋房一楼大厅合练,排练结束,有时还就地举行舞会。但没持续几年,此地改为大成巷幼儿园,乐团只能另选活动场所,过祖照平时也会带着乐器找隔壁吴宅内的知音邻居切磋。

民国无锡著名金融家吴日永住大成巷9号。吴日永,名豫昶,号惠思道人,生于清光绪丁亥年(1887)二月初八,上海圣约翰大学毕业。吴日永热心教育,1918年与杨四篯、唐纪云等圣约翰校友,一起创办辅仁中学,任校董部司库,后还推动公益、实业等多所中学的创办。历任恒

吴日永宅门厅(左)及"乔寿庐"洋房(右)

升钱庄协理、县商会咨议、商埠局顾问、水利局会计主任、广勤纺织公司及肥皂公司秘书等。1920年6月,美国教育家杜威来锡考察,他与荣鄂生、吴士枚等一起轮流充当翻译。吴日永先后开办了江西豫章银行、爱国银行等金融机构。吴日永晚年居沪,去世于1942年11月15日。吴有王氏、陆氏两房夫人,育有莐人、立人、达人、树人、惠人、上人、虎人等多位子女,王氏和莐人、立人、达人、树人等居沪,陆氏和惠人、上人、虎人等留无锡大成巷。子女在各领域多有建树,其中吴达人,1916年生,复旦大学英语系教授;吴虎人,1938年生,1962年毕业于西北工业大学航空无线电系,是我国自动控制及计算机方面专家。

　　吴日永所在家族也是西河分扬华公支,与近邻吴启瑞是同支宗亲,吴日永父亲吴镗,字俊夫(甫),业商,勤俭起家,经营有术。大成巷吴宅坐北朝南,五开间,六扇排门,过门厅即为花园,园后便是西式三层楼房,是无锡最早的私人洋房之一,

"乔寿庐"石匾额

由上海圣约翰大学建筑学博士沃克教授参照该校校长卜方济的住宅设计，1915年建成，名"乔寿庐"。楼朝南，一楼为客厅，大厅采用花式磨矶石地面，客厅前有石额"乔寿庐"，寄托了吴日永希望父亲长寿的愿望，为锡邑名家曹铨所书；二层中间为起居室，两侧为卧房；三层房间前设阳台，西侧房间为"春晖堂"。洋房内电铃、壁炉、水箱等各种设施一应俱全。1922年10月24日，北京政府批准无锡自开商埠，成立商埠局，12月6日，租设在吴宅洋房底楼的无锡商埠局办事处正式办公。

吴日永兴趣广泛，还擅长命理风水之术，杨荫浏叔父、庠生杨锺珏所撰《家传》中有提及。

吴豫昶家传

民国吴豫昶，字日永，别号惠思道人，无锡人。天性纯孝，驯谨好学。肆业上海约翰，精研格致，成绩优越，为校长卜芳济博士所器重。毕业后，忽政忽商，克尽厥职，人皆称之。先后居父母丧，衰毁尽礼。每岁元旦，必徒步省墓，以展孝思。齐卢之役，黄渡、安亭，蹂躏最甚，豫昶与杨绅翰西，拨款急赈，全活无算。又喜表彰文献，选刊其外王父侯子勤公遗著，《古柈秋馆诗钞》《禹贡古今通释》，圈点《孝经集注》及《弟子规》《张端甫先生遗稿》，以广流传。至兴办辅仁实业两中学，亦捐巨资。豫昶固多才多艺，于星命堪舆之道，尤得神奥。公余为人谈相批命卜地，莫不奇验，故请求者户限为穿。著有《星相地理丛书》。卒年五十六。子九人，皆绩学敦品，有负中外者。

吴宅隔壁11号里世居申新三厂高管薛耘圃一家，薛耘圃生于1896年。1928年3月，薛耘圃曾与同事薛明剑等人借西乡姚湾种植除虫菊，制造蚊香，定名为"我华种植试验场"，试验场办事处就设在大成巷薛宅。这里后来一度做过居委办公地。

西安事变时任西安广播电台台长的王劲（字中权），播放过张、杨两将军的爱国政治主张，事后被禁五十五天，蒋介石对王亦曾批过"永不录用"。王劲毕业于南洋公学，是无锡大成巷人，其宅民国门牌号码为14号，王劲兄王勋（字克循）曾任无锡县商会会长。另一位兄长王勋（字友涵）为杨荫浏姐夫。王家属嘉乐堂王氏，文人辈出，仅大成巷一支，就有王际熙、王以铨、王绰、王蕴时到王勋五代游庠。

翻译家周藩自其高祖周是斋筑宅大成巷起，周家就成为大成巷的世居一族，几代人以商为业，周藩是族中唯一读书的。周藩，字慕范，生于同治十三年（1874），光绪二十一年（1895）入庠。1906年冬毕业于两江师范学堂，后任中国图书公司、商务印书馆等处编译。民国后一度习医，后在陆军部军学司及军学研究院任编译员。译有《农业仓库论》《农业政策》及军事书多种。

1937年2月19日《锡报》中关于王劲的报道

大成巷17号、20号是清末状元张謇之师赵菊泉的故居，民国时编户为中二镇十三保十四甲五户。赵菊泉，名彭渊，字味羹、养怡，菊泉为号，生于清嘉庆丙寅年（1806）九月初六，卒于光绪壬午年（1882）八月十二日，道光己酉科举人。同治八年（1869），64岁的赵菊泉获补授海门厅训导，时海门地处相对偏僻，训导是属清水衙门的教职，但赵菊泉不顾年迈辛劳，尽职奉公至光绪四年（1878）引归，此时他已73岁，四年后77岁时去世。

赵菊泉承古文桐城派余脉，道光十一年中院试第一，即案首，未出仕时，即为锡邑举业名师，所谓"门下称盛，知名之士，率从问业"。赵菊泉补授海门

赵菊泉故居门厅(左)和房屋平面图(右)

厅训导后的第三年(1871),在师山书院学习的张謇拜他为师。在三年的学习过程中,除制艺外,赵菊泉要求张謇"尽弃向所读之文,以桐城方氏所选《四书文》及所选明正、嘉、隆、万、天、崇文授读",全面改变张謇原有的学习途径和方法,使张謇学业大进,为其日后蟾宫折桂、独占鳌头打下了最重要的基础,张謇对这位良师也推崇备至、感恩终生。张謇在日记中留下了辞别赵师之际的感人一幕:

辞菊师,不言而神伤。行十数武,菊师招回,以茶食二件赐余,殷殷谓"孙观察爱才者,至彼无懈功课而习世故。予年老,有厚望于子,勿忘斯言"。余泪不敢落,恐伤菊师意也。是时雨濛蒙如飞沙,行已半里,菊师犹遥遥目注。噫!知己之感,江深岳重,茫茫身世,顾安得报恩于万一哉?零涕潸然,心焉如醉。

在功成名就后,张謇便在其读书处建"赵亭"一座,以示纪念。1925年第二次江浙战争爆发,2月至4月间,奉军毕庶澄部进驻无锡,3月31日张謇在参加张仁奎招待抵达南通的毕庶澄宴会上,嘱托毕回锡后保护大成巷赵菊泉师家。

赵宅始建于清同治年间,坐北朝南,面阔三间,共四进,名"敦仁堂"。门厅有排门六扇,第二进客厅上有楹联一副,联曰:"数百年人家无非积善;第一等好事还是读书。"传为张謇所题。书房门上也有一副楹联,曰:"开径望三益;高谈玩四时。"据传也为张謇所书。20世纪五六十年代,老宅内居住着赵菊泉玄孙赵雪咏一家,赵雪咏民国时期当过国本中学校长。赵雪咏舅父许卓然(迎溪桥人)曾任民国交通部秘书长、内政部次长、伪北平市长。

赵菊泉长子德晋为候选盐大使,德晋之女嫁山东道监察御史、北京锡金会馆创设者俞肯堂孙俞德淦(浙江建德县典史),次子光第和孙祖荫均入庠,光第为附贡,祖荫选为岁贡。家族属锡山赵氏六房大成巷支。

无锡荣氏上荣曾有一支族人居大成巷,无锡天韵社师承中有荣云坡和荣耀宗父子属于此分支。荣耀宗工曲、笛,受传于徐苹香,弟子有沈养卿。但到20世纪50年代,大成巷已不见此支后裔居住。荣耀宗堂兄荣起凤是庠生,居北门坛头弄。其次子荣宝沣,1898年出生,毕业于圣约翰大学,1939年曾任国民政府驻缅甸仰光总领事。荣耀宗堂弟荣文卿(名焕章)为民国锡邑艺兰

赵宅俯瞰图

赵宅第三进客厅

名家。

　　大成巷西段为杨氏大宅,后来门牌号编为26到30号,名为杨氏"保滋堂",为鸿山杨氏寺头分城支杨度汪后裔的几个分支所居。无锡城内杨氏源出于鸿山寺头,明末杨英(字文叔)迁城,世居北门下塘,杨英为分城支始祖。后子孙繁盈,显达者渐有分居城内塔坊桥、留芳声巷等处。杨英曾孙度汪(字若迁),举清乾隆丙辰(1736)"博学鸿词"科,入翰林,例于下塘宅前柱立旗杆,遂有"旗杆下"之称。旗杆下老宅后扩展至内城河包括道长巷一带范围,在同治三年(1864)均毁于兵火。同治五年(1866),杨宗濂(艺芳)兄弟五人营建大成巷新宅,奉母居住。至光绪十年(1884),杨艺芳于旗杆下老宅旧基重建新屋迁居,后由杨艺芳诸子分居。大成巷宅仍由杨以迥、杨宗瀚、杨宗济、杨宗瀛四兄弟居住。光绪三十四年(1908)杨宗济之子杨味云(寿枏)迁居大成巷老宅西太平桥新宅(即现长大弄)。杨宗瀚长子杨森千(寿彬)于1919年并进道长巷杨氏旧基,建西式新宅,1921年落成后迁居道长巷。杨宗濂、杨宗瀚兄弟在大成巷建成新宅,侍奉母侯太夫人居住。该新宅堂号为"保滋堂",原额由李鸿章所书,后毁,徐世昌任大总统时,又重书"保世滋大"匾额。光绪十年(1884),杨宗濂迁居旗杆下老宅复建之新屋。侯太夫人去世后,杨宗瀚又迁住道长巷新宅。最后杨以迵和杨宗瀛的两支后人留居大成巷宅。

杨以迵,字霖士,杨延俊次子,生于道光甲午年(1834),卒于光绪甲辰年(1904)。入李鸿章和曾国藩幕,积功官至浙江候补道,著有《周易通解》。杨宗瀛,字望舟,号凌州,杨延俊五子,光绪己卯举人,生于道光丙午年(1846),卒于光绪乙巳年(1905),官至永宁州知州。杨宗瀛次子寿朴为举人,三子寿棠、四子寿棣、五子寿梁、六子寿柱均为贡生,八子杨组云、孙杨慕椿为天韵社成员。杨组云,名寿机,生于光绪辛巳年(1881),卒于1947年。曾任陆军第三镇军佐。配邹氏,一子杨景黔(字研艻),一女杨景芙。精于绘画,是锡山书画社社员,1934年7月,作品在瑞士日内瓦中国画展上展出。杨慕椿,名景燕,字则严,生于光绪辛卯年(1891),1953年12月21日因急性伤寒去世。北京财政学堂肄业,大学文化程度。曾任无锡县党部工作人员、松江叶榭批验所所长等职,并一度居天津。杨慕椿除昆曲外,也是京剧票友。

关于大成巷杨宅内部详情,杨翰西孙杨世奎有回忆文章:

吾家无锡北门下塘大成巷老宅在大成巷底,建于清同治五年,占地甚广。前门南向在大成巷,北后街沿河,对河即为西河头。后门有水码头可直接上船,亦为佣仆洗涤及汲水之处(下塘大成巷口,为姻亲王氏巨宅,俗称"王保头里",今均已不存)。老宅大门前,有三面大照墙,极宽广,照墙正中镌有"鸿禧"(笔者注:据称是慈禧太后所书)两个砖雕大字。照墙下立有系马石,东西两边有青石条凳,供轿班、夫役休息之用。照墙间有大树两棵,干可及抱,冠枝茂密,几可蔽及全部空间,常为路人作为纳凉之所,解放前后,无人管理,鸟雀筑巢其间,尤其是一种"青占"(音),鸟多形大,树下雀粪遍地,则无人敢在树下耽搁矣。正宅中路,深五进,大门有石阶,朱门六扇,门厅,轿厅,沿墙均立有"肃静""回避"及职衔牌。大厅宽五大间有台基,额"保滋堂"。大厅之后有反轩及走道,走道间置有七石大缸多只,蓄水而能作"消防"之用。厅与厅之间均有大天井,特别是门厅与轿厅之间,植有二棵大桂花树,树龄已近百年,每至中秋前后,满庭金黄,全宅飘香。走道中有墙隔断即为内宅,建有楼房两进,亦俱有石板大天井,甚畅亮。楼房之后亦有走道,再后尚有下屋及余屋以达后门。后门沿街弄亦建有楼房,民国后曾开设过典当。正宅两旁设有东西备弄(东弄较宽,为前后主道,西弄稍狭,供内宅交通之用)。备弄之东,北面沿黄石弄建有平房仓廪,原拟建设义庄仓厅之用,后义庄移建旗杆下故未作用。杨氏后人曾在此间开设冰厂,夏日并兼营冷饮。东路南向,以迎公建有三间楼房,前有天井,天井前复有用舟公所建平屋三间,余地多设园。沿东备弄且设有厨房、仓库、小仓厅等。西备弄房则建有精致花园、大假山、河池,且有大树蔽荫,曾建有船厅、花厅,为会宴、憩息之所,花厅前之小花园,除亦堆有小假山及小池外,还植有一棵南方少见之"白皮松"。印象颇深者,在花厅之后另有一细巧之庭园,建高畅房屋三间,额"颐寿堂",乃专为侯太夫人晚年颐养之所。陈设庄重,其东间为卧室,中间为起座,西间专设为佛堂。侯太夫人逝世后,抗战前多年间仍一直有一老妇专事打扫、上香、念佛。逢生、忌之间,子孙必往祭念。"颐萱"之西,则由望舟公建有楼房。楼房之侧,后复由伯庚公增建西式楼房。总之,宅之西路,应是全宅之精华。

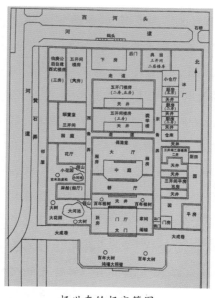

杨世奎绘杨宅简图

余生也晚,十余岁前,每逢过年、节庆及长辈生辰庆贺,必去老宅嬉游(主要是在正宅及西路园庭,东路印象则较浅)。对厅堂柱门屏等,印象中采用材料高大考究,好像均系本色,未像"旗杆下"宅油漆光亮也。抗战时,无锡沦陷,宅中被抢掠一空,大厅之后的楼房亦遭焚毁,余屋毁损亦颇严重。时老二房长伯父显渔公及老六房诸叔避难归仍住宅中余之屋,观之有不胜沧桑之感。抗战胜利之后,又曾再往,已有多户杂居,房屋亦已旧不堪。解放之后房屋改造,则更非旧貌。现按城市规划全宅房屋已全部拆除,原西河头一带已改建有宽阔之县前西街。南至大成巷则已成高楼新区。大树早已砍去,两棵老桂亦不知迁往何处。惟原小园中之古木"白皮松"(树龄已近二百年),一直作为市级保护之古木维护,未搬动,现则圈在"西河头"楼群小区83号楼旁,可作变迁之遗证。

为了作吾邑世系大族巨宅历史变迁参考,根据青年时的记忆,并经世墉弟(78岁)、世鹤姐(93岁)及承正华甥女和顾寿根甥婿之助,草绘杨氏大成巷老宅平面简图,留为雪泥鸿爪之思。

杨宗瀛曾孙女杨世英,为朱研琛老师,故朱年轻时曾造访过杨宅,朱根据回忆和文献绘制下图,他对西花园杨老师所居旱船印象尤深。1935年夏,这个旱船旁的天井内还发现过一条灰色大蛇,身长约2丈。

朱研琛绘杨宅图

关于杨宅旱船

杨宅旱船解放后改作杨景勋之女杨世英一家居所。1978年,我先后去过两次,其时,虽河池已填,假山花木尽佚,但湖石驳岸的痕迹尚可辨。船体及门窗隔断均很完整,内部的方椽轩顶广漆殷红,描金的灯笼钩托历久如新。

该船坐东向西,体量较大,长近9米,宽达3米多,三面环水,由船台及前中后三舱组成。船台为金山石沿边中铺小方砖,两块金山石条组成的平桥连接连驳岸与船台。前舱为东西向歇山式顶，中、后舱为南北向双坡顶，与西备弄暗廊接檐，南至大假山，依次贯通花厅、颐萱堂等，北至下房。

现存杨家的白皮松

两侧船舷为金山石长石条。窗是一色的冰纹格船篷窗式样，四边嵌明瓦（后改糊丝棉纸），中间镶一小方玻璃，打开时需用窗栓撑起。窗下有万字团寿组成的护栏，护栏后背是可装卸的广漆裙板。

杨世英和杨组云独孙女杨胜男等杨家后人一直住在大成巷老宅，直至拆迁。

杨宅斜对面是大成巷18号，这实际是连元街27号王竹坪宅的后门。王竹轩长子王宗渭，字翊周，附贡，清末官至农工商部员外郎，分管矿业。王宗渭长子王传钧，字海涛，毕业于北京协和医科大学，担任过北洋政府验疫医官，回锡后设诊连元街本宅，系锡城著名西医。

笔者一位朋友的家在大成巷18号，20世纪90年笔者随友曾到过此地，后来得知小学老师王世岳也住在此院，他父亲是王宗渭次子王传鎏。而今，笔者对这个院落的天井和老屋记忆犹新。

2004年，大成古巷拆迁改造为大成巷步行街，巷名虽留，然旧景不复，从"打绳"到"大成"，仅剩的古井和一棵杨宅白皮松，还在见证着无锡这一运河之城的快速变迁。

城外

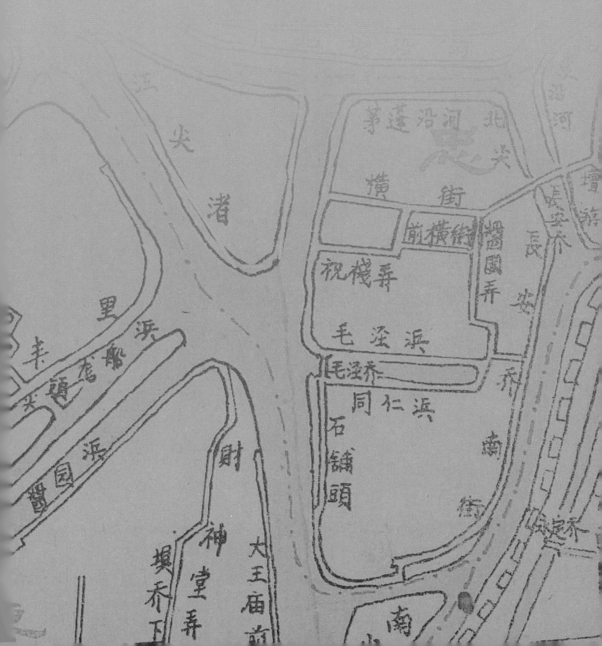

江尖

京杭运河往南过黄埠墩后,逐步收狭,到梁溪河分叉处,有三角形小岛,四周环水,即是江尖,江尖与黄埠墩均是原芙蓉湖中岛渚,当地人习称"江尖渚",由于有大量的缸、盆、坛、罐,堆得又高又尖,故书面有时又作"缸尖"。此地湖光山色,帆影穿梭,素有"蓉湖樯帆"之誉。江尖北面与三里桥北塘大街隔运河相对,东南面横浜对岸是长安桥地区的横浜口和横浜里,西南对丁埭里,在以水运为主的旧时,此处是个交通要冲,因此商业随之驻足,形成环岛封闭的街巷。江尖渚上曾聚居邹、张、陈、尤、蒋、袁、徐等姓人家,其中邹、陈、尤、蒋中不少人世世代代经营陶器行业,是陶都宜兴各窑户陶器集散地,批零兼售,艺兰家蒋东孚就是业主之一。虽四面环水,过去"江尖渚上团团转"无桥与对岸相通(如居民办大事,会暂在横浜口架设浮桥),刚好陶器适于船装,水运便捷,因此营业额大、销售网广,闻名周边。旧时每年农历七月三十夜,地藏王诞辰,江尖地藏殿内会有演剧,会吸引众多本地及周边群众前来观看,又常由蒋仁茂等陶器号发起,江尖渚上环岛垒起缸塔,塔顶塔身燃起油脚、木屑,谓之"点塔灯",成为一道风景。以经营陶业作为经济基础,江尖上的居民就逐渐有了读书做官或投资其他行业的资本。

蒋东孚所在蒋氏,属锡山蒋氏蓉湖庄支,蒋东孚五世祖由北门外亮坝上迁蓉湖庄,江尖又称蓉湖尖,西面隔河即是蓉湖庄。蒋东孚曾祖、伯祖、叔祖均擅医术,特别是疗科。蒋东孚是蒋义茂陶器店店主,兄长蒋履伯是蒋仁茂

京杭运河江尖段（图右为江尖）

陶器店店主，兄弟同时在江尖经营陶器业。蒋庐伯，名凤清，生于光绪壬午年（1882）；蒋东孚，名凤瀛，生于光绪庚寅年（1890），由于与宜兴丁山有业务往来，人脉延伸，娶丁山葛氏为妻，有枋、楞、棠三子。蒋东孚后在城中汤巷建有花园，种植兰花，取名"香草居"，由孙寒厓、杨楚孙等文人题写楹联。

　　君家旧有一梅堂，相逢西堰城隅，高士美人，褰裳俟我；
　　此地雅称众香国，恰好东皋禽落，黄花白酒，开径延宾。

（孙寒厓）

何以遗有涯生，或种菊，或艺兰，或蓄水养鱼，避地即仙源，芳序四时开蒋径；
于此间得佳趣，宜敲诗，宜读画，宜临流垂钓，叫关无俗客，小园一角枕梁溪。

（杨楚孙）

　　锡山张氏中有一支蓉湖尖支,先祖张魁元(字公钺)在明代天顺年间由苏州府长洲县迁居江尖,张氏从此成为江尖一大姓,张魁元五世孙张恒年(字舜期)与当时著名文人秦道然是好友兼姻亲,秦道然常去江尖游玩,曾作七律《题蓉湖尖张氏春晖楼》:

　　爽气迎秋湛碧空,湖边高阁坐吟风。远山藏树归云里,野水浮村落照中。一带柳阴停画舫,半溪芦渚集渔翁。升平乐事非容易,满目佳禾又岁丰。

　　民国期间著名的技术官员张轶欧就出自江尖。张轶欧,原名肇桐,字翼后,又字一鸥,江苏省无锡县人,清光绪七年(1881)四月十三日生于无锡,光绪二十三年(1897)入上海南洋公学。1901年张轶欧东渡日本,就读早稻田大学,由于受到日本人歧视,于1903年返国,此时吴稚晖由英国来信,告知那里生活便宜,可以去那里学习。张轶欧决定赴欧深造。他先到马相伯主持的上海徐家汇震旦学院学习,随即参加留学生考试,成绩优异,于1904年公费保送入比利时海南工科大学预科攻读,二年后升入大学本科,专攻采矿冶金。1911年大学毕业,获工学硕士学位及采矿科工业技师职称。辛亥革命后,张轶欧回国担任北洋政府工商部矿政司司长。在张轶欧的坚持下,1913年,处理官方公文的地质科终于改组成为承担具体工作的地质调查所,张特批给经费每年3,000元,成为独立核算单位,由丁文江任所长。按照张轶欧的意见,地质调查所曾一度上升为地质局,张自兼局长。张轶欧认为要开展地质调查首先要培植专门人才。他呈准工商部于1913年10月设立专门地质教学单位——地质研究所,由章鸿钊任所长,张轶欧亲自教课,又聘请在比利时鲁汶大学毕业的地质学家翁文灏为专任讲师。1923年,张轶欧主持完成寿康堂《锡山张氏宗谱》的续修。他还在甘肃团结一批人,组成"甘肃地质委员会"从事地质调查研究工作,开拓了西北的地质事业。张轶欧曾兼任南开大学矿科董事。1917年任江苏省实业厅厅长。1925年任直隶省临城矿务局工程总办。1928年任南京政府工商部(后分为实业部及农商部)商业司司长。1935年任

张轶欧

实业部技监。他始终提倡科学的调查研究方法，对我国早期工矿业的改进，多有贡献。张轶欧于1937年患病，逢日寇来侵，医治失时，于1938年5月24日逝世，终年57岁。张轶欧祖居在江尖，后建宅于城中永兴巷。蓉湖尖支张氏人才辈出，像张轶欧一样，后人们逐渐走出江尖，播迁到锡邑城中或外地。无锡教育学院院长张永绵、江南大学中文系教师张永鑫均是此支族人。

邹氏也是旧时江尖大族之一，据《无锡邹氏家乘》记载，此系无锡邹氏西南庄支的一个分支，明嘉靖年间，邹锷（无锡邹氏第二十世）离祖居西南庄（今在硕放）到锡城谋生，租住北门外接官亭处，以弹棉花为业，后定居蓉湖尖，成为西南庄支江尖蓉湖分支始祖。至清康熙时期，家族开始勃兴。雍正初年，江尖分支的邹云锦（字霞章，无锡邹氏第二十五世），传说与大将军年羹尧义结金兰，信守年氏托孤承诺。云锦玄孙邹安鬯，为清代无锡琴人，字敬甫，贡生出身，对天文、地理、音乐、围棋、书法、算法等方面的学问有着广泛的兴趣并均取得一定造诣，在琴学方面，著有《琴律细草》。乾隆年间，邹云锦兄邹文锦（字焕章），仗义疏财，乐施积善，修建江尖邹氏家祠和环秀庵（后改关帝庙），重建惠山东岳庙和张中丞庙以及城中崇安寺和洞虚宫道观，还出资修建迎龙桥、汇龙桥、顺龙桥以及闾江西面的阳湖周渡桥等。同治年间，第二十九世邹氏建勋、建烈、建镳三兄弟，创建江尖邹家大宅"承志堂"并续修家谱，他们的子孙也陆续开办陶器店、钱庄、丝厂等实业。

太平天国战争时期，江尖邹氏因战乱而一度陷于困境，战后才得以操旧业而慢慢恢复元气，积累资本后向酿造、钱庄、丝业、粮食加工、橡胶等行业拓展，有邹成茂、邹成泰、邹义泰的字号，其中名气、规模较大的为邹成泰，开设人为邹海洲。邹海洲,谱名煜熙,生于1862年,长子福威,谱名福绥,字梅堂,生于1890年;次子颂范,谱名福祺,是该家族企业的代表人物;三子纪康,谱名福麟。邹成泰是当时一个有名的企业集团,集碾米厂、油饼厂、石粉厂、橡胶厂等于一身,对无锡民族工商业发展作出了重大贡献,解放后,分别改造为国营企业。第三代邹敬行是无锡著名的技术管理专家,在业内较有建树。邹海洲从弟邹家麟(1881—1958)是民国无锡著名士绅、教育家。邹家麟,名明恕,字同一,邑庠生,参与在福寿堂的光复密议,也是清风茶墅的常客,绰号"硬壳虫",是乙种实业学校的创办人和无锡国专的校董之一,邹家麟后住大河上秦淮海祠东侧。邹海洲、邹家麟同为邹文桂的曾孙,属近亲。

值得一提的是民国元老吴稚晖与江尖邹氏的关系。吴稚晖原名脁,后改敬恒,字稚晖,江苏武进人,清光绪举人。1897年去天津任北洋大学堂教习。次年到上海,任南洋公学教习。1901年留学日本。1902年回沪,与蔡元培、章炳麟等组织爱国学社。1903年因"苏报"案逃亡海外,1905年冬在伦敦参加同盟会。1906年与李石曾等成立世界社,发行《新世纪》杂志,倡导反满革命,武昌起义后回国。1921年法国中法大学成立,被聘任为校长。1924年出席国民党第一次全国代表大会,当选中央监察委员。后历任南京国民政府国防最高委员会常委、国民党中央监委常委、总统府资政等职。1949年去台湾,后在台北去世。著有《吴稚晖先生全集》。吴稚晖的外公名邹绍曾,系邹氏三十世,字永思,生于1818年,卒于1850年,外婆陈氏是邑庠生陈彦秀之女,生于1821年,夫妇育有二子一女,二子早殇,一女嫁阳湖吴有成,即吴稚晖母亲。吴稚晖生于1865年,幼年母亲就去世,一直由江尖的外祖母抚养,并在江尖接受早期教育,吴稚晖长大后也曾在邹氏宗祠教授过子弟。杀害烈士秦起的元凶之一邹广恒系吴稚晖表弟,生于1908年,应为吴稚晖母亲嗣弟(邹祖庚或邹树基)之子,小名柏寿,居江尖中上渡,1927年任国民党无锡市党部常委,参与"四一四"事件,后担任无锡戽水同业会理事长,1949年前后,化名周宝海潜逃上海,1952年被捕,关押于社渚,1955年9月被人民政府镇压。

江尖上不少居民都有一定的产业,相对富足,比较大的宅院不少,所以很多人家有养花、养金鱼的喜好。2002年起江尖开始拆迁，家家户户的小花园，从此合并成了一个现代化的大公园，公园内也保留了纸业公所等老建筑。当下，如要在这块一览无余的开阔地上访古寻幽的话，再也不会"团团转"了。

后记

　　2017年前后，我开始关注无锡的老街巷，起因是为《泾里顾氏分编支谱》（顾宪成家谱）撰文。在近年无锡古琴史料收集和天韵社成员研究的过程中，需要掌握大量人物的居住地信息，根据居住地，往往就能识别出相关人物的出身、阶层，对于人物分析研究非常有价值，在拙著《天韵社成员研究》一书中，专门有"住宅方位"一节，对成员的居地进行标图列表，通过分析，取得了令人满意的结论。因而我在这五六年的撰书过程中，不经意间积累了较多街巷材料和望族名人信息，再通过一年左右的梳理，略具形态。去年承蒙过旭明先生的引介和梁溪区政协有关领导的大力支持，因此能将之汇聚成书，忝列本项目而获出版，深感幸运。

　　梁溪区是无锡城市的中心和母体，其中老城区和北塘一带是地方人文历史最集中的区域，其中的街巷就是流淌着浓缩历史血液的毛细血管，本书对这些区域比较重要街巷的人文掌故进行挖掘梳理，以所居人物的科名、学历、著作、艺术成就等的文化标志物作为大致选择标准，择写了25条街巷。将无锡旧县城以后来的中山路、人民路垂直划分为东南、东北、西南、西北四隅，从这25条街巷的分布看，城内东南隅尤为集中，因为这些街巷基本都是地方望族、大族世代聚居地，而其中更典型的大河上、小河上、大娄巷等街巷，历史过于丰富，相关家族文献众多，比较适合于专著叙述，以待机会再作研究；城内北扇，曾是两个县署所在地域，附近街巷胥吏、区书、衙役等居住较多，望族世家不多,故本书择写的街巷也相对较少;对于城中、北门外、南门外商业区范围的街巷,则不在本书选择之列。另外,旧时讼师、律师聚居的东西鼓楼巷和北塘前后竹场巷以及城内道长巷等著名街巷,虽已动笔,但自认为不够成熟,因此暂未收录。

本书使用20世纪50年代初的地名,也以街巷当时的样貌作为断面,大致向前追溯百年左右,为交代一些人物的结局,偶尔往后延续二三十年。

通过对这些街巷人物过往的还原,可发现各个街巷其实是紧密联系在一起的,其中的纽带,或联姻、或同学、或同好、或同行等,本书只是点到为止,没有展开,但一个个的城中人脉圈隐然其间,从人物所在的人脉圈,就能大致知道他所处的阶层。所以,在地图展示的平面的一条条街巷,其实也比较充分地展示了一个时段内居民中立体的分层结构,一定程度上展现当时锡城的真实社会生活场景。

随着城市建设的加快,无锡留下的历史人文地标越来越少,城市同质化日益加剧。所以本书对城市老街巷人文掌故的挖掘讲述,是还原地方历史和特征,留下城市记忆的一种途径。

本书的撰写,通过文献和访查结合的方式来钩沉街巷掌故历史。在文献方面,主要通过老地图、老照片、航拍图和回忆画作等手段还原街巷以及老建筑的旧貌,依据档案、家谱和地方文献挖掘出巷中名人许多鲜为人知的故事,自然也勾勒出每个街巷的特色与风貌。其间,朱研琛专门绘制了其中老宅回忆画作,有助于唤回大家尘封久远的记忆;秦绍楹提供了许多珍贵照片;无锡市图书馆历史文献部主任朱刚一如既往地给予有力的文献和线索支持。

而访查主要是实地踏勘现存街巷的地理方位和保留建筑,采访原住民。访查工作获得了街巷老居民的大力支持,不仅提供了大量口述记忆和旧影,有的还绘制了各种示意图,他们是顾磐曾、卫然、侯加霖、徐若莲、顾寅、杨国桢、荣申宏、姚华、邹振宇、顾大庆、顾庆祥、顾洁、顾允恭、糜大明、章乐尧、高大千、秦棉、华觉本、杨胜媛、朱嘉象、许净、陆云发、孙煌曾、秦焜华、邹元元、王海、沈杰、李鸿钧、吴总一、周健、刘少达、刘志扬、胡元吉、高冰、李梅玲、李英、陈立己、褚小冬、计民治、胡黛英、杨宝龙、钱彦、陈显扬、刘彩英、陈临、章虹、孟明锋等。从采访实践可知，绝大部分街巷原住居民只能对左右六七家邻居情况比较了解，往往也局限于姓氏和大致家庭结构，至于文化信息等方面基本不了解，故一般只是向他们了解自己住宅的结构、方位等情况，大量的信息还是在文献中获得，但有了原住民的口述，街巷的描述就接了地气，平添生动。

虽然所写街巷在改造前都有印象，但余生也晚，加上学识浅陋，对街巷历史掌故展现的广度和挖掘的深度，还十分有限，故以此小书抛砖引玉，希望有更多的方家和原住民加入进来，一方面，敬请不吝指正，另一方面，大家齐心合力，梳理更多的文献，用各自个人和家庭的记忆小拼图，共同来聚合无锡街巷更完整的历史图卷，呈现旧时锡邑精英曾经的风致。

最后，谨向为此书顺利出版付出心血的领导及友人致以诚挚谢意！

顾　颖

2023 年 5 月 18 日